구조주의의 역사

I

文藝新書 137

프랑수아 도스

구조주의의 역사

I

이봉지 · 송기정 [外] 옮김

동문선

François Dosse

Histoire du Structuralisme · I
le champ du signe, 1945-1966

© 1991, Édition La Découverte

Korea Translation Copyright © 1998, Dongmoonsun
This edition was published by arrangement with
editions La Découverte, Paris

"
구조주의는 새로운 방법이 아니다.
그것은 현대적 지식에 대해 깨어 있고 불안한 의식이다.
"

푸코,《말과 사물》

일러두기

필자의 대담 요청에 응해 주신 모든 분들께 심심한 사의를 표한다. 그분들과의 대담은 모두 완전하게 기록되어, 프랑스 지성사의 한 장인 이 책의 완성에 크게 기여했다(필자가 만나본 분들 개개인의 전공과 현직이 부록에 나와 있다). 그들의 명단은 다음과 같다. 마르크 아벨레스·알프레드 아들러·미셸 아글리에타·장 알루슈·피에르 앙사르·미셸 아리베·마르크 오제·실뱅 오루·코스타스 악셀로스·조르주 발랑디에·에티엔 발리바르·앙리 바르톨리·미셸 보·다니엘 베크몽·장 마리 브누아·알랭 부아시노·레몽 부동·자크 부브레스·클로드 브레몽·위베르 브로시에·루이 장 칼베·장 클로드 슈발리에·장 클라브뢰·클로드 콩테·장 클로드 코케·마리아 다라키·장 투생 드잔티·필리프 데스콜라·뱅상 데콩브·장 마리 도므나크·조엘 도르·다니엘 도리·로제 폴 드루아·장 뒤부아·조르주 뒤비·오스발드 뒤크로·클로드 뒤메질·장 뒤비노드·로제 에스타블레·프랑수아 에발드·아를레트 파르주·장 피에르 페이·피에르 푸제롤라·프랑수아즈 가데·마르셀 고셰·제라르 주네트·장 크리스토프 고다르·모리스 고들리에·질 가스통 그랑제·블라디미르 그라노프·앙드레 그린·알지르다스 쥘리앵 그레마스·마르크 기욤·클로드 아제주·필리프 아몽·앙드레 조르주 오드리쿠르·루이 에·폴 앙리·프랑수아즈 에리티에 오제·자크 오아로·미셸 이자르·장 뤽 자마르·장 자맹·쥘리아 크리스테바·베르나르 락스·제롬 랄르망·장 라플랑슈·프랑신 르 브레·세르주 르클레르·도미니크 르쿠르·앙리 르페브르·피에르 르장드르·제니 르무안·클로드 레비 스트로스·자크 레비·알랭 리피에츠·르네 루로·피에르 마슈레·르네 마조르·세르주 마르탱·앙드레 마르티네·클로드 메야수·샤를 멜망·제라르 망델·앙리 미트랑·쥐앙 다비드 나지오·앙드레 니콜라이·피에르 노라·클로딘 노르망·베르트랑 오질비·미셸 페로·마르슬랭 플레네·장 푸이용·조엘 프루스트·자크 랑시에르·알랭 르노·올리비에 르보 달론·엘리자베스 루디네스코·니콜라스 뤼베·무스타파 사푸앙·조르주 엘리아 사르파티·베르나르 시셰르·단 스페르버·조셉 섬프·에마뉘엘 테레·츠베탕 토도로프·알랭 투렌·폴 발라디에·장 피에르 베르낭·마르크 베르네·세르주 비데르만·피에르 빌라르·프랑수아 발·마리나 야겔로.

한편, 다음의 명단은 연락을 드렸지만 만나지 못한 분들이다. 디디에 앙지외·알랭 바듀·크리스티앙 보들로·장 보드리야르·피에르 부르디외·조르주 캉길렘·코르넬리우스 카스토리아디스·엘렌 식수·세르주 코테·앙투안 퀼리올리·질 들뢰즈·자크 데리다·루이 뒤몽·쥘리앵 프로인트·뤼스 이리가레·프랑시스 자크·크리스티앙 장베·카트린 카엔브라 오레키오니·빅토르 카라디·세르주 크리스토프 콜름·클로드 르포르·필리프 르죈·에마뉘엘 레비나스·장 프랑수아 리요타르·제라르 밀레르·자크 알랭 밀레르·장 클로드 밀네르·에드가 모랭·테레즈 파리조·장 클로드 파스롱·장 베르트랑 퐁탈리스·폴 리쾨르·자클린 드 로미이·프랑수아 루스탕·미셸 세르·루이 뱅상 토마.

다니엘 베크몽·트뤼디 베크몽·알랭 부아시노·르네 젤리·프랑수아 제즈·티에리 파코에게도 감사한다. 수고스럽게도 원고를 직접 읽어본 이들의 많은 제안과 질정은 필자에게 아주 유용한 도움이 되었다. 그 덕에 필자는 이 일을 완수할 수 있었다.

마지막으로 이 책에서 다루어진 기간에 출판된 몇몇 저서들의 인쇄 부수를 알려 준 쇠유 출판사의 모니크 륄랭, 갈리마르 출판사의 피에르 노라, 라 데쿠베르트 출판사의 크리스틴 실바에게 감사를 드린다.

머리말

　프랑스 지성사에서 구조주의가 1950-1960년대에 거둔 성공은 전대미문의 일이었다. 실제로 그 현상은 대다수 지식인들의 동조를 얻었으며, 당시에 일어났던 일부 저항이나 반대를 무력화할 정도였다. 그래서 우리는 그 기간을 구조주의의 시대라고 부를 수 있다.

　이처럼 눈부신 성공은 다른 무엇보다도 구조주의가 엄격한 방법론으로 자처한 사실에 기인한다. 그러한 방법론은 학문을 향한 몇 가지 결정적인 진보에 대한 희망을 품게 해주었다. 동시에 그 성공의 더 근본적인 이유는 구조주의가 비판 의식의 전성기라고 규정할 수 있는 사상사의 한 특별한 순간이었다는 사실에 있다. 이런 정황 덕에 그토록 많은 지식인들이 자기가 구조주의에 속한다고 인정했던 것이다. 구조주의는 아주 다양한 분야에서 열광의 대상이 된 나머지, 1960년대에 프랑스 축구 국가 대표 팀 감독이 전적을 올리기 위해 자기 팀을 〈구조주의적〉으로 재편하겠다고 예고할 정도였다.

　구조주의 패러다임의 승리는 우선 특별한 역사적 상황, 19세기 말 이후 서양의 점진적인 쇠퇴의 결과이다. 동시에 그 승리는 인문사회과학¹⁾의 현저한 도약에서 비롯된 결실이기도 하다. 이러한 인문사회과학의 도약은 지식의 정통성을 보유한 채 고전인문학을 보급하는 구소르본의 주도권과 충돌하였다. 그래서 아카데미주의의 기득권을 타파하려는 무의식적인 전략이 채택됨으로써, 구조주의는 항의와 반문화(反文化)라는 이중적인 기능을 지니게 되었다. 이런 관점에서 구조주의 패러다임은 제도권 밖으로 밀려난 지식 전체를 위한 공간을 확보해 준 셈이었다.

구조주의를 항의의 표현이라고 규정하는 이유는, 그것이 서양사에서 자아에 대한 증오, 서양 전통 문화의 거부, 새로운 모델을 추구하는 모더니즘의 욕구 등을 표현하고 있기 때문이다. 구조주의는 오래 된 가치들을 찬양하는 대신, 서양사에서 억압되어 왔던 모든 것을 지나칠 정도로 중시했다. 그러므로 구조주의 시대의 두 가지 선도 학문인 인류학과 정신분석학이 무의식, 명백한 의미의 이면에 숨어 있는 것 등 서양사에서 억압되고 접근이 불가능한 것에 특권적인 위치를 부여한 것은 우연이 아니었다.

또한 그 시대에는 언어학이 인문사회과학 전체를 위하여 학문적 성취를 선도하는 역할을 담당했다. 이런 측면에서 구조주의는 구세대에 대항하는 신세대의 깃발이었던 셈이다. 동시에 그것은 20세기 후반의 역사에 환멸을 느낀 많은 참여 지식인들이 이데올로기

---

1) 20세기 초부터 사용되기 시작한 sciences sociales이란 프랑스어 표현은 영어의 social sciences를 모방하여 〈사회적 존재들을 (개체들의 구조화된 집단의 관점에서) 연구하는〉 학문을 지칭한다. 이 개체들이 인간일 경우에는 sciences humaines라는 더 한정된 표현을 사용할 수 있으므로, sciences sociales이 sciences humaines보다 더 넓은 의미인 셈이다. 다시 말해서 동물들에 대한 연구는 sciences humaines라고 부를 수 없지만, 인간에 관한 연구는 sciences sociales이라고 부를 수도 있고 sciences humaines라고 부를 수도 있는 것이다. 따라서 sciences sociales은 인문사회과학, sciences humaines는 sciences de l'homme과 함께 인문과학이라고 옮기는 것이 타당할 것 같지만 프랑스에서는 이런 구분을 엄격하게 지키지 않고 두 표현을 혼용하는 경우가 많은 것 같다. 그래서 우리 번역자들은 이 두 가지 표현을 모두 〈인문사회과학〉이라고 옮기기로 하였다. 단 이 둘을 꼭 구분해야 할 경우에는 위의 구분을 따랐다.

에서 탈피하는 도구가 되기도 했다. 환멸을 느끼게 하는 정치적 정황, 그리고 개혁의 성공을 위해 혁명이 필요한 지식의 장, 이 양자의 결합 덕에 구조주의는 한 세대 전체의 구심점이 되었고, 또 그 세대는 구조주의라는 창을 통해 세상을 보았던 것이다.

실존적 당혹으로부터의 출구를 모색하는 이런 탐색의 결과로, 구조에 존재론의 위상이 부여되었다. 구조가 과학 또는 이론의 이름으로 서구의 낡은 형이상학을 대신한다고 자처하게 된 것이다. 그 결과 구조주의는 학문들 사이의 전통적 경계를 허물고, 인문사회과학의 출현에 의해 개척된 새로운 길로 뛰어든 이 시대의 과도한 야망의 표현이 되었던 것이다.

그런데 갑자기 80년대 초에 모든 것이 무너지고 구조주의는 치명적인 타격을 받았다. 국제적으로 유명해진 이 서사시의 프랑스인 영웅들이 거의 한꺼번에 사라져 버린 것이다. 인간의 죽음을 주창하던 그 이론가들이 동시에 눈부신 최후를 맞이한 것 같았다. 1979년 10월 3일에 니코스 풀란차스는 자기가 피에르 골드만을 배반하지 않았다고 절규한 다음에 창문으로 뛰어내려서 자살했다. 롤랑 바르트는 당시 사회당 당수인 프랑수아 미테랑 그리고 자크 베르크와 함께 점심 식사를 하고 나오다가 세탁소 트럭에 치었다. 그는 두개골에 가벼운 외상을 입었을 뿐이었다. 그러나 병원으로 그를 보러 간 사람들의 증언에 따르면, 그는 그냥 삶을 포기하고 1980년 3월 26일에 사망했다. 루이 알튀세는 1980년 11월 16일 밤에 충실한 아내 엘렌을 교살했다. 가장 엄격한 합리주의를 단적으로 대표하던 그는 자기 행동에 책임이 없다는 판정을 받고 생트안 정신병원에 수용되었다가, 나중에 고등학교 은사인 장 기통의 주선으로 파리 지역의 개인병원에 입원한다. 거침없는 말로써 일세를 풍미한 현대의 위대한 무당 자크 라캉은 실어증에 걸려 1981년 9월 9일에 사망했다. 그리고 몇 년 후에는 죽음이, 인기의 정상에서 연구에 매진하고 있던 미셸 푸코를 데려갔다. 성의 역사를 쓰고 있던 그를 우리 시대의 새로운 성병인 에이즈가 쓰러뜨린 것이다. 그는 1984년 6월 25일에 사망했다.

이들이 거의 같은 시기에 아주 유별난 방식으로 사라져 버렸기 때문에, 한 시대가 끝났다는 느낌이 더욱 강하게 들지 않을 수 없다. 심지어 이런 비극적 운명의 일치가 흔히 구조주의라고 불린 공동 사상이 막다른 골목에 도달한 증거라고 단언하면서 그것을 이론화하는 사람들도 있다. 실재와 사변적 사고 사이의 단절은 자기 파멸이라는 결과를 낳지 않을 수 없다는 것이다. 그렇지만 푸코·알튀세·바르트·라캉 4인방에 대한 이러한 비교는, 구조주의의 향연을 대대적으로 다루던 1960년대 언론보다 훨씬 더 작위적이다. 하기야 그때는 이 4인방 모두의 아버지격인 클로드 레비 스트로스도 비교의 대상이 되었으니까 5인방이었던 셈이다.

어쨌든 이 집단적인 사망은 프랑스 지성사의 커다란 전환점이 되었다. 이 사상적 스승들의 사망, 그리고 장 폴 사르트르의 사망으로 새로운 문제를 제기하는 시대가 열리게 된 것이다. 그래서 이미 80년대 초에 이 과거의 인물들을 향수에 젖어 회상하는 분위기가 형성되었다. 특출난 운명 때문에 영웅시되었던 그들에 대한 향수에는 거리감과 황홀감이 뒤섞여 있었다. 그런데 여기저기서 구조주의가 끝났다는 소리들이 나오고 있을 때에도, 《리르》지 1981년 4월호의 여론 조사를 보면, 그 영향력은 여전히 대단했던 것 같다. 『사상·문학·예술·과학 등의 발전에 가장 깊은 영향을 끼친 글을 남긴 3인의 프랑스어권 생존 지식인은 누구라고 생각하십니까?』라는 질문에 수백 명의 작가·기자·교수·학생·정치가들이 답한 결과는 클로드 레비 스트로스가 1백1표로 1위, 레몽이 84표로 2위, 미셸 푸코가 83표로 3위, 자크 라캉이 51표로 4위였다.

그토록 대단한 열광과 비난의 대상이었던 구조주의라는 개념은 어디서 유래하는가? 〈구조〉(라틴어 동사 struere에서 온 structura)에서 파생한 이 단어는 처음에는 건축적 의미로 쓰였다. 구조는 〈한 건물이 지어지는 방식〉을 가리켰다(《트레부 사전》, 1771). 그런데 구조라는 용어는 17-18세기에 의미가 변해서, 유추에 의해 생명체에도 적용되게 되었다. 그래서 보줄라나 베르노가 언어를 하나의 건물이라고 파악한 것과 마찬가지로, 퐁트넬은 인간의 육체를 하나의 건축물이라고 보았다. 이때부터 구조라는 단어는, 한 구체적 존재의 부분들이 하나의 전체로 조직되는 방식에 대한 기술을 의미하게 되었다. 동시에 이 용어는 다양한 분야에서 쓰이게 되었다(해부학적 · 심리학적 · 지리학적 · 수학적 등등의 구조). 그렇지만 이런 개념을 인문사회과학의 영역에 본격적으로 도입한 것은 19세기의 스펜서 · 모건 · 마르크스였다. 그 당시 이 개념은, 한 전체의 부분들을 복합적인 방식으로 상호 연결하는 영속적인 현상이라는 더 추상적인 의미로 사용되었다. 헤겔은 구조라는 용어를 쓰지 않았고, 마르크스도 《정치경제학 비판》(1859)의 서문을 제외하고는 별로 사용하지 않았다. 인문사회과학 분야에서 이 용어를 공인한 것은 19세기 말의 뒤르켐(1895년의 《사회학적 방법의 법칙》)이었다. 여기서 구조주의라는 단어가 나오는데, 앙드레 랄랑드의 《철학용어집》은 이것이 1900년에서 1926년 사이에 태어난 신조어라고 규정하고 있다. 20세기 초에 구조주의라는 단어를 탄생시킨 심리학자들은 이것을 기능주의 심리학에 대립되는 의미로 사용했다. 그러나 모든 인문사회과학 분야에서 이 단어가 현대적 의미로 쓰이기 시작한 것은 언어학의 발전 덕분이었다. 물론 구조라는 용어는 소쉬르의 《일반언어학 강의》에는 세 번밖에 나오지 않지만, 프라하 학파(트루베츠코이와 야콥슨)가 구조와 구조주의라는 용어를 전파하게 된다. 그리고 구조주의를 학문의 기본 프로그램으로서 최초로 표방한 사람은 덴마크의 옐름슬레우였다. 그는 1939년에 《악타 링귀스티카》 창간호의 권두 논문에서 〈구조언어학〉을 다루었다. 이처럼 언어학이라는 핵심에서 출발한 구조주의는 20세기 중반에 모든 인문사회과학 분야에서 말 그대로 혁명을 일으키게 된다. 왜냐하면 인문사회과학이 구조주의에 의지함으로써 진정한 과학의 위상을 확보할 수 있다고 믿었기 때문이다.

기적이었을까 아니면 신기루였을까? 과학적 학문의 역사라는 것은 결국 그 이론들의 묘지의 역사가 아니겠는가? 그렇다고 해서 모든 이전 단계가 더 이상 아무런 효능이 없다는 소리는 결코 아니다. 단지 어떤 프로그램의 효능이 떨어지게 되면 방법론적인 쇄신이 불가피하다는 주장이다. 그런데 구조주의를 섣부르게 극복하려고 했다가는 그 성과까지 수포로 돌릴 위험이 있다. 따라서 구조주의의 한계를 논하기 전에 먼저, 그 장점과 효능을 다시 살펴볼 필요가 있는 것이다. 바로 이러한 작업을 이 책에서 시도해 보려고 한다. 실제로 구조주의는, 여러 가지 문제점에도 불구하고, 인간 사회에 대해 너무도 새로운 시각을 제공해 주었으며, 따라서 그런 혁명이 일어나지 않았던 것처럼 생각할 수는 없다고 생각하기 때문이다.

프랑스 지성사의 한부분인 구조주의 시대에는 인문사회과학 분야의 연구가 크게 활성화되었다. 그렇지만 구조주의의 경계가 대단히 불분명하기 때문에, 그 역사는 아주 복잡다단하다. 따라서 그 시대의 주된 경향을 파악하려면, 수많은 인물들과 방법론들을 일일이 세밀하게 살펴보는 동시에 이 다양한 분야와 대상을 넘어서 일관된 핵심을 찾아내야 할 것이다. 다시 말하자면, 〈구조주의적〉이라는 꼬리표 이면에 존재하는 여러 가지 구조주의들의 층위를 구분하고 차등화하는 한편, 다른 한편으로는 학문 영역의 분류에 관계되는 동시에 이론적인 주요 쟁점들을 조명하는 작업이 필요한 것이다.

특히 집단의 역사로 환원되지 않는 개별적인 작업들의 풍요성을 복원해야 한다. 우발적이지만 결정적인 만남들의 산물인 구조주의의 역사는, 말하자면 개념과 인간 관계의 결합체인 셈이다. 그러므로 구조주의의 역사는 단일한 인과론적 도식이 아니라 다양한 요인에 의해 설명되어야 할 것이다.

인문사회과학의 영역에서 구조주의의 수용은 여러 가지 형태로 이루어졌다. 그리고 이것들 사이의 차용·일치·유사성을 밝혀내는 일이 앞으로 구조주의의 역사를 쓰는 사람들의 임무라고 지적한 바르트의 충고는 이 책에도 해당된다. 그렇지만 우선 다음과 같은 분류를 시도해 볼 수 있을 것 같다. 물론 이러한 분류는 학문 사이의 경계와 일치하지는 않는다. 첫번째 것은 인류학의 클로드 레비 스트로스, 기호학의 알지르다스 쥘리앵 그레마스, 정신분석학의 자크 라캉이 대표하는 과학주의적 구조주의이다. 두번째 것은 〈법칙〉을 탐구하는 첫번째 구조주의와 비슷하면서도 더 유연하고 유동적이며 다채로운 기호학적 구조주의인데, 그 대표자는 롤랑 바르트·제라르 주네트·츠베탕 토도로프·미셸 세르이다. 세번째 것은 역사화된 구조주의 또는 인식론적 구조주의라고 부를 수 있을 텐데, 이것은 루이 알튀세·피에르 부르디외·미셸 푸코·자크 데리다·장 피에르 베르낭, 그리고 더 폭넓게는 아날 학파의 3세대 역사가들이 대표한다고 볼 수 있다. 그러나 이러한 차이점들을 넘어서는 공통의 언어와 목적이 드러나기 때문에 바르트·푸코·데리다·라캉을 구분짓는 상이한 문체와 영역에도 불구하고 똑같은 내용이라는 느낌이 들게 마련이다. 따라서 위와 같이 다양한 대표자들 사이에 학설이나 학파 또는 논전에 관한 연대 의식이 거의 없었지만, 구조주의는 한 세대 지식인들 전체의 공통 언어였던 셈이다.

시기 구분 역시 그렇게 간단하지만은 않다. 물론 구조라는 현상에 대한 언급이 1950년대에 두드러지게 증가하다가, 60년대에는 구조주의가 본격적으로 유행하여 대부분의 학계를 풍미하게 되었다는 것만은 분명하다. 구조주의 활동이 학계에서 가장 활발하게 이루어진 시기는 1966년이었다고 믿어진다. 이 해는 구조주의 활동의 강도와 영향력이 가장 컸을 뿐만 아니라, 기존 학문 분야의 모든 경계를 넘어서는 기호들의 세계가 구축되었다는 점에서 절정기였다. 이처럼 1966년까지 구조주의는 상승기를 구가하며 비약을 거듭했다. 그러나 1967년부터 퇴조가 시작된다. 언론 매체들이 서로 앞을 다투어 구조주의를 일대 사건으로 취급하는 와중에서, 본격적인 비판들이 제기되었을 뿐만 아니라 구조주의자라고 분류되던 사람들이 스스로 거리를 두기 시작했다. 그러므로 구조주의의 퇴조는 이미 1968년 5월 이전에 시작된 것이다. 언론에서 떠들어대는 구조주의에 대해 4인방이 거리를 두기 시작한 1967년부터 구조주의의 퇴조는 잠복해 있었던 것이다.

그러나 구조주의가 퇴조하기 시작한 이후에도 대학에서의 연구는 계속되었다. 대학의 시계는 유행을 따르지 않았던 셈이다. 구조주의의 사망 선고가 내려진 바로 그 순간에 대학에서의 연구는 오히려 증가했다. 구조주의는 더 이상 언론의 각광을 받지 못했지만 대학에서 제도화됨으로써 부활한 것이다. 하기야 구조주의의 시계가 하나만 있었던 것은 아니다. 인문사회과학의 다양한 분야들 사이에 시차를 고려해야만 한다. 언어학·사회학·인류학·정신분석학은 구조주의의 상승기에 과학적 모델을 확보했다고 뽐낼 수 있었다. 그러나 대학 제도 안에 더 안정된 자리를 차지하고 있던 덕에 구조주의로 인한 인식론적 소용돌이를 피할 수 있었던 역사학 같은 분야들은, 나중에 구조주의의 전반적인 퇴조기에 그 프로그램을 수용함으로써 변모하게 된다. 이렇게 구조주의는 근본적으로 학문 영역간의 교환에 기초하기 때문에, 분야들 사이에 시간적 편차가 있고 경계도 불분명했었다. 그럼에도 불구하고 구조주의 덕에 숱한 대화와 학회가 열리고 풍요로운 연구가 이루어져, 이웃 분야의 작업과 성과를 능동적으로 주목하게 되었다. 뿐만 아니라 많은 구조주의 사상가들이 자기의 연구와 사회적 실천을 접목시키려고 노력했기 때문에 그 시기는 더욱더 강렬한 시대였다. 한마디로, 그것은 지금도 우리의 세계관을 좌우하고 있는 진정한 혁명인 것이다.

논자에 따라서 〈공허의 시대〉라고 불리기도 하고 포스트모던의 시대라고 불리기도 하는 현대가 인간에 접근하는 방식은 이분법적이다. 즉, 인간의 해체를 주장한 구조주의의 입장 그리고 이에 대한 반발로 인간을 신격화하는 입장으로 양분되어 있는데, 알다시피 오늘날에는 후자가 득세하고 있다. 물론 이러한 이분법 자체에는 허점이 많다. 어쨌든 지금은 인간의 죽음이라는 명제 대신, 자기 시대의 속박을 극복하는 창조적 인간이 각광을 받고 있다. 구조주의적 접근에서는 소실되었던 인간이, 인문사회과학 이전 시대의 나르시스적 면모로 부활하고 있는 것이다. 다른 한편으로 인문사회과학은 구조주의의 거대한 물결에 의해 역사성으로부터 멀어졌다. 그러나 사상의 퇴조, 서구적 가치의 상실, 서구 유산에 대한 반성을 주장하며 전통으로 돌아가자는 방향으로 일대 전환이 이루어지고 있다. 말하자면, 노병들이 돌아온 셈이다. 그래서 비달이 복원해 낸 고대 희랍의 은은한 매력, 라비스 역사학의 영웅들, 민족 문화의 유산인 라가르드와 미샤르 문학사의 걸작들이 다시 유행하고 있다. 이러한 19세기로의 회귀를 넘어서 우리는 18세기의 지평에 이르게 된다. 18세기에 인간은 인간의 합리성이 실현되는 정치-법률적 체제를 관장하고 시간의 속박에서 자유로운 추상적인 존재로서 인식되었었다.

그렇다고 해서 코페르니쿠스와 갈릴레오의 혁명 그리고 프로이트와 마르크스의 혁명적 단절이 없었다고 치부할 수 없는 것처럼, 인문사회과학에 의해 이루어진 성과가 없었던 것으로 간주할 수는 없다. 구조주의가 치명적인 문제점을 노정했다고 해서, 계몽주의의 황금시대와 같은 옛날로 되돌아갈 수는 없기 때문이다. 오히려 미래를 향하여 구조주의를 극복해 나갈 때이다. 이런 전망에서 필자는 역사적 인간주의의 건설을 제안하고 싶다. 그래서 구조주의의 잘못된 신념, 독단론적 입장, 기계적이고 환원주의적 방식을 정확하게 지적할 필요가 있다. 또 인문사회과학이 학문 사이의 경계를 넘어서 사용한 사통팔달적 개념들의 유효성을 점검해야 한다. 만병통치약적 방법론이나 형태도 없는 잡동사니를 부활시키자는 소리가 아니다. 브라운 운동과도 같은 구조주의적 방식으로부터, 일정 수의 개념들과 조작적 구조화 층위에 근거하여 형성되는 인문사회과학의 토대를 끌어내 보려는 의도이다.

여기서 인문사회과학이 거둔 성과는 인간주의의 건설에 부응해야 하는데, 필자로서는 잠정적으로 대화론적 인간상을 제시하고 싶다. 구조주의의 극복은, 인문사회과학의 영역에서 광범위하게 통용된 그 방법론에 대한 반성을 전제한다. 구조주의가 주도권을 쟁취해 나가는 과정을 단계별로 살펴보고, 하나의 방법론이 인문사회과학의 여러 분야에 적용되는 방식을 조명하고, 사상의 혁신을 시도했던 이 운동의 한계와 치명적인 약점을 파악해야 한다.

필자는 1950년대와 60년대의 프랑스 지성사를 복원하기 위하여 이 기간의 주요 저서들을 살펴본 다음, 이것들에 대해 저자들 자신 그리고 그 제자들이 현재 내리고 있는 평가를 알아보았다. 동시에 다른 학파와 경향의 비판적인 평가와 비교해 보았다. 이 과정에서 철학자·언어학자·사회학자·역사학자·인류학자·정신분석학자·경제학자들과, 그들의 연구 활동에서 구조주의가 차지하는 위상, 구조주의의 공헌, 구조주의를 극복할 수 있는 수단에 관하여 수많은 대담을 가졌으며, 그 내용을 이 책에 수록했다. 필자는 이러한 작업에 의해, 관점의 다양성에도 불구하고, 구조주의의 중요성을 부각시키는 동시에 그 시기 구분도 시도할 수 있었다.

서구 형이상학의 해체를 어떻게든 더 밀고 나가기, 기호학의 토대까지 해체하여 모든 기의와 의미를 배제하고 순수한 기표(Signifiant)만 인정하기, 이런 비판적 양식은 서구의 역사에서 자기 증오로 특징지어지는 한 시대의 산물이었다. 그리고 지식인들이 민주주의적 가치들과 점진적으로 화해하게 되었기 때문에, 그런 시대에서 벗어날 수 있었다. 그러나 이런 비판적 시대의 마감이 그 이전 시대로의 단순한 회귀를 의미하지는 않는다. 실제로 그 비판적 시대 덕택에 타자 또는 차이에 대한 시선이 다시는 돌이킬 수 없을 정도로 변하고 말았다. 따라서 상당수의 획기적인 발견에 의해 인간에 대한 지식을 결정적으로 진보하게 만든 그 시대에 대한 검토가 반드시 필요한 것이다.

I

1950년대:
서사시적 시대

1

스타의 퇴조 : 사르트르

모든 비극에서 그러하듯이, 구조주의도 다른 것을 파괴한 다음에야 득세할 수 있었다. 그런데 2차대전 이후 지식인들의 수호신은 장 폴 사르트르였다. 사르트르는 2차대전 직후부터 철학이 길거리로 나서게 만듦으로써 굉장한 성가를 구가하고 있었다. 그러나 철학의 젊은 세대가 제기하는 새로운 문제들은 점차 그를 무대의 뒷전으로 밀어내게 된다.

장차 구조주의라고 불리게 될 현상의 출현에 있어 결정적인 시기였던 1950년대에, 사르트르는 변함없는 대중적 인기에도 불구하고 극적인 동시에 고통스러운 일련의 결별 사태를 겪게 되고, 차츰 고립되어 간다. 그러한 결별의 한 이유는, 자신이 정치적으로 무지하고 무관심했던 시절을 은폐하려는 사르트르의 의지에 있었다. 실제로 2차대전 전의 사르트르는, 고등사범 수험생들의 선량한 전통을 따라서 공부벌레에 불과했으며, 나치의 부상에 대해서 뿐만 아니라 30년대의 사회문제를 둘러싼 투쟁에 대해서도 전혀 무관심했었다. 이처럼 치명적인 약점을 만회하려고 사르트르는 냉전의 와중인 1952년에 프랑스 공산당과 밀착하게 된다. 그런데 당시에는 구소련의 실상이 연속적으로 폭로되고 있었기 때문에 그 세대의 지식인들 거의 전체가 공산당과 소원해지기 시작하고 있었다. 그래서 1948년 12월 13일에 〈정신의 국제주의〉라는 주제로 개최된 혁명민

주연맹의 플레옐(Pleyel)[1] 집회에서 과시되었던 앙드레 브르통·알베르 카뮈·다비드 루세·장 폴 사르트르 등 많은 지식인들[1] 사이의 단결은 깨지고 말았다.

이때부터 사르트르와 다른 지식인들 사이의 결별이 시작되었다. 냉전의 소용돌이가 《현대》지의 편집진을 덮친 것이다. 1953년에 사르트르는 『비앙쿠르[2]의 노동자들을 실망시키지 말자』라는 글로 공산당의 환심을 샀지만, 그 대신 값비싼 대가를 치르게 된다. 편집진의 핵심이었던 클로드 르포르와 신랄한 논전을 벌이고 결별하게 된 것이다.[2] 사르트르는 이 논쟁 전에 카뮈 그리고 에티앙블과 결별한 바 있으며, 그후에는 《현대》지의 창간 동지인 동시에 절친한 친구였던 모리스 메를로 퐁티와도 결별한다. 사실 그때까지 사르트르-퐁티 짝은 아무런 갈등 없이 완벽한 조화를 이루어 온 결과, 『한때는 엇바뀌어도 알아보지 못할 만큼의 쌍둥이었다』[3]라는 평가를 받을 정도였다. 메를로 퐁티는 1952년 여름에 《현대》지를 떠난 다음, 1955년에 출판된 《변증법의 모험》에서 사르트르의 과격 볼셰비키적 의지주의를 통렬하게 비난한다. 그럼에도 불구하고 젊은 세대에 대한 사르트르의 영향력은 여전히 대단했다. 예컨대 레지스 드브레는 『50년대 고등학교 시절에 나처럼 사르트르의 《존재와 무》를 읽고 가슴이 설레던 사람은 한둘이 아니었다』라고 회상한다.[4] 그렇지만 실존주의에 대한 이의가 제기되고 있었으며, 1960년 윌름의 고등사범[3]에서 장 이폴리트·조르주 캉길렘·메를로 퐁티가 지켜보는 가운데 벌어진 사르트르와 알튀세 사이의 강연 대결은 후자의 승리로 끝났다고 레지스 드브레(당시 고등사범에서 철학 교수 자격시험을 준비하던)는 단언한다. 이처럼 사르트르는 인기와

---

1) 파리에 있는 공연장의 이름.
2) 비앙쿠르는 파리 근교 르노 자동차 회사의 공장이 있는 지역으로서, 1950-1960년대에 프랑스 노동운동을 선도한 곳이었다.

영광에도 불구하고 과거의 인물로 치부되고 있었다. 해방 이후에 만연한 환멸의 화신이었던 그가, 바로 이런 꼬리표 때문에 그러한 환멸의 첫번째 희생자가 된 것이다.

이처럼 사르트르라는 스타의 퇴조는 정치적 요인의 결과이지만, 다른 한편으로는 지식 영역에서 새로운 기운의 도래에 기인하기도 한다. 문학과 자연과학 사이에서 제3의 길을 모색하면서 떠오른 인문사회과학이 제도적 공간을 요구하게 된 것이다. 여기서 새로운 문제들이 제기되었는데, 사르트르는 정치적으로는 과거의 만회에 급급하고, 지적으로는 전통 철학자의 입장을 고수하고 있었기 때문에 이런 변화에 대처하지 못했다. 그때까지 철학자 사르트르에 대한 찬양 일색의 평가에 도취되어 있던 그는 변화의 낌새조차 눈치채지 못하고 있었다. 1948년에 그는 《문학이란 무엇인가》에서, 작가와 독자 그리고 작가의 동기라는 문제를 제기해서 각광을 받았다. 그러나 그는 문학의 특수성과 존재를 기정 사실로 받아들이고 있었다. 그런데 1950년대 말에는 바로 이러한 전제조건이 의심과 비판의 대상이 되기 시작한 것이다.

사상적 지도자로서의 사르트르의 면모가 퇴색하면서 철학자들은 위기·불확실·의혹의 순간을 맞게 된다. 그러자 그들은 각광을 받기 시작한 인문사회과학을 이용해서 비판적 문제 의식을 날카롭게 가다듬는다. 그들은 주관성의 철학, 주체의 철학으로서의 실존주의에 대해 문제를 제기한다. 사르트르적 인간은 〈실존이 본질에 선행〉

3〕 프랑스에서는 대학 입학 자격시험(바칼로레아)에 합격한 학생은 자기 학군(전국이 26개의 학군으로 나누어짐)에서 원하는 대학에 지원하면 된다. 그런데 이런 일반 대학과는 달리 별도의 입학시험을 거쳐서 입학하는 여러 종류의 특수 대학이 있다. 바칼로레아 합격자 중에서 엘리트들이 명문 고등학교에 설치되어 있는 특수 대학 입시반에서 2-3년간 준비를 한 다음에 지원을 한다. 파리 윌름 街에 위치한 고등사범은 이런 특수 대학 중에서도 전통적인 명문이다. 프랑스의 지도층은 대개 특수 대학 출신들이다.

하기 때문에 자유에만 집착한 채, 자기 의식의 지향성에 의해서만 존재한다. 단지 소외와 허위 의식만이 자유에 이르는 길을 방해할 뿐이다. 2차대전 직후에 이러한 사르트르의 철학에 심취하여 사르트르파라고 자처하던 롤랑 바르트 같은 지식인들이, 그런 철학에서 차츰 멀어져 구조주의에 전적으로 참여하게 된다. 주체와 의식 대신 규칙·코드·구조가 득세하는 것이다.

절충을 추구한 인물, 장 푸이용

이러한 변화 그리고 서로 모순되는 것처럼 보이는 양자를 화해시키려는 시도를 상징하는 인물이 바로 장 푸이용이었다. 사르트르의 측근이었던 그가 《현대》지와 《인간》지, 다시 말해서 사르트르와 클로드 레비 스트로스 사이의 연결고리가 된 것이다. 푸이용은 1937년부터 사르트르와 교유하기 시작했으며, 이 두 사람은 지적 행로가 서로 달랐음에도 불구하고 끝까지 변함없는 우정을 유지했다. 푸이용의 경력은 조금 유별난 것이었다.『저는 2차대전 동안 철학 교사를 했어요. 그런데 1945년에 사르트르가 철학 선생 노릇이 재미있느냐고 묻더군요. 저는 학생들 앞에서 익살을 떠는 일은 그런대로 괜찮지만, 채점과 박봉에는 넌더리가 난다고 대답했어요. 그랬더니 국회의 보고서를 작성하는 일자리를 소개해 줄 고등사범 동창이 있다고 하더군요. 삼권분립 덕분에 입법부가 자체 예산을 확정하는 관계로 소속 공무원들에 대해서는 훨씬 더 관대하거든요. 보수가 더 좋고 휴가도 6개월이나 된다고 하더군요. 그래서 채용시험에 합격하여 근무를 하는 동시에, 제가 하고 싶은 일을 따로 할 수 있었죠.《현대》지의 편집진에 참여해서 글을 썼어요. 제가 이렇게 별도의 직장을 갖고 있었기 때문에, 1960년에 레비 스트로스가 저에게 《인간》지를 맡긴 것 같아요. 저는 아무에게도 부담이 되지 않고, 또 아무도 저에게 부담을 주지 않았거든요.』[5]

　푸이용은 《슬픈 열대》가 출판된 1955년까지만 하더라도 인류학에 전혀 무지했었다. 그런데 《슬픈 열대》에 열광한 사르트르가 《현대》지의 편집회의에서 푸이용에게 서평을 써보라고 권유했다는 것이다. 『자네가 한번 써보지 그래?』 푸이용은 《슬픈 열대》에 대한 찬사 일색의 단순한 서평이 아니라, 레비 스트로스 사상의 모든 과정을 살펴보는 논문을 쓰기로 마음먹었다고 한다. 그래서 그때까지 발표된 레비 스트로스의 글, 《친족의 기본 구조》, 그리고 나중에 《구조인류학》(1958)이라는 제목으로 출판될 논문들을 전부 읽었다. 이처럼 서평의 범주를 넘어서 레비 스트로스의 작업을 총정리한 푸이용의 글은 1956년에 《현대》지에 발표되었다.[6]

　그런데 처음에는 우발적이고 일시적인 외도라고 여겨졌던 이 일을 계기로 푸이용의 인생이 바뀌게 된다. 전통 철학을 포기하고 인류학적인 새로운 질문, 즉 타자성(他者性)에 대한 질문을 선택한 셈인데, 푸이용 한 사람만이 아니라 한 세대 전체가 이런 전향을 하게 된다. 『타자는 본질적으로 타자의 관점에서 보아야 한다』[7]라는 문제를 제기하면서 푸이용은 구조주의적 방법에 의해서 경험론, 묘사적인 것, 체험적인 것을 극복할 수 있다고 보았다. 레비 스트로스의 엄격한 모델이 그 합리성에 의해 〈수학화가 가능한 관계〉[8]를 산출할 수 있다고 믿었기 때문이다. 관찰자와 관찰 대상 사이의 긴밀한 관계에서 비롯되는 오류를 극복하기 위해 언어학 모델을 수용한 레비 스트로스의 입장에 푸이용은 전적으로 동조했다. 『뒤르켐은 사회적 사실을 사물로서 다루어야 한다고 말했다……뒤르켐의 말을 다른 식으로 표현하자면, 사회적 사실을 단어로서 다루어야 한다는 이야기가 된다.』[9]

　이처럼 푸이용은 50년대 중반에 말 그대로 개종을 하면서도, 레

비 스트로스가 역사성을 부차적인 것으로 다루었다고 비판한 클로
드 르포르의 논점을 수용한다. 즉, 역사적 변증법에 대한 사르트르
의 입장에 충실한 푸이용은, 장기(將棋)의 공시적 논리 대신 브리지
게임의 통시적 논리를 지지했다. 그러나 푸이용은 이러한 유보를
제외하고는 구조주의와 인류학으로 완전히 전향하여, 이때부터 레
비 스트로스의 고등연구원 5분과 세미나에 참석하게 된다. 한 편의
서평을 계기로 인생을 바꾼 그는 곧 열대의 부름에 응했다. 그는 약
간의 자금을 조달하여, 로베르 졸랭이 민족학적 차원에서 아직 미
개척지라고 소개한 아프리카의 차드를 향하여 1958년에 떠난다.

　사르트르는 스스로 자기 발등을 찍고 있다는 것을 알아차렸을까?
푸이용의 설명[10]에 따르면, 그렇지 않았다고 한다. 사르트르는 《슬
픈 열대》에 대해 오판을 하고 있었다는 것이다. 그는 이 책이 관찰
에서 관찰자의 존재를 부각시키고 원주민들과의 의사소통에 성공
한 점을 높이 평가했다. 다시 말해서 사르트르는 《슬픈 열대》의 민
족학이 설명보다는 이해를 중시하는 것이라고 판단한 셈인데, 바로
이러한 오해 덕분에 전향하게 된 푸이용은 이것을 〈오해의 풍요성〉
이라고 불렀다. 차드에서 푸이용은 일고여덟 개의 집단(각 집단의
최대 인원은 1만 명 정도)을 연구하면서, 그것들의 구성이 언제나 상
이할 뿐만 아니라 정치-종교적 권한의 분배가 비슷한 경우는 한
번도 없다는 점을 발견했다. 그 반면 『그 어휘와 용어는 항상 똑같
고 동일했다』[11] 따라서 차이점들을 설명하기 위해서는 구조에 의존
하지 않을 수가 없다는 것이다. 그런데 이 구조는 집단의 구체적인
삶에서 실현된 것이 아니다. 그것은 치환의 가능성, 가능한 여러 가
지 실현들을 이해할 수 있게 해주는 문법의 논리로서의 구조이다.

　1960년에 사르트르의 `《변증법적 이성 비판》의 1권이 출간되자,
레비 스트로스는 푸이용에게 자기 세미나에서 사르트르의 사상에
관한 발표를 해달라고 부탁했다. 실제로 푸이용은 사르트르에 대해

서는 최고의 전문가로 손꼽히고 있었다. 그래서 푸이용은 세 번에 걸친 두 시간짜리 세미나에서 《변증법적 이성 비판》을 해설했다. 보통 이 세미나에는 30명 정도만 참석해 왔는데, 이번에는 『방이 넘칠 정도로 사람들이 많았으며, 뤼시앵 골드만 같은 명사들도 참석했다.』[12] 이렇게 사르트르는 여전히 굉장한 관심의 대상이었다. 그러나 사르트르와 레비 스트로스를 화해시키려는 푸이용의 시도는 실패하고 만다. 레비 스트로스가 1962년에 출판된 《야생의 사고》의 말미에서 《변증법적 이성 비판》을 격렬하게 공격했기 때문이다(이것은 뒤에서 더 자세하게 다루어질 것이다). 푸이용은 사르트르에 대한 레비 스트로스의 신랄한 비판에 상당히 실망했다고 한다. 그럼에도 불구하고 푸이용은 1966년에 《아르크》지에서, 두 사람의 업적은 공통점이 전무한 대신 상호 보완적이라고 평가했으며, 이러한 관점을 지금도 견지하고 있다. 『사르트르와 레비 스트로스는 서로 상대방이 다룬 문제는 절대로 언급조차 하지 않았어요. 상대방의 영역에는 얼씬도 하지 않는 것이죠. 사르트르가 먼저 다룬 문제는 레비 스트로스는 절대로 다루지 않고, 그 역도 마찬가지예요. 참 재미있어요.』[13]

푸이용이 유망한 인문사회과학인 인류학으로 전향한 반면, 사르트르는 여러 인문사회과학의 다양한 도전에 대해 아주 냉담한 자세를 고수했다. 사르트르는 의식과 주체의 철학에 전념했기 때문에, 언어학을 부차적인 학문으로 간주하고 거의 전적으로 회피해 버렸다. 정신분석 역시 사르트르의 허위 의식, 주체의 자유 이론에 잘 맞지 않았다. 그래서 그는 《존재와 무》(1943)에서 프로이트를 기계론적인 학설의 주창자라고 평가했다. 그러다가 그는 아주 우연한 계기에 프로이트의 미궁 속으로 들어가게 된다. 1958년에 미국의 영화 감독 존 휴스턴이 그에게 프로이트에 관한 시나리오의 집필을 청탁한 것이다. 그는 어쩔 수 없이 프로이트의 모든 저술과 편지를 읽게 되었다. 1958년 12월 15일에 그는 휴스턴에게 95쪽에 달하는 줄거리를 보냈고, 1년 후에는 시나리오를 완성했다. 그렇지만 사르트르와 휴스턴은 곧 사이가 틀어지고 만다. 사르트르의 시나리오가 너무 무겁고 지루하다고 여긴 휴스턴은 시나리오의 축소를 요구했고, 그럴 때마다 사르트르는 시나리오를 더 길게 만든 것이다. 결국 사르트르는 휴스턴의 영화 《내밀한 열정, 프로이트》에서 자기 이름을 빼라고 요구하게 된다. 어쨌든 사르트르는 50년대 말에 프로이트주의를 상당히 이해하게 되었다. 그렇지만 그는 정신분석학에 점점 더 관심이 끌리면서도, 그 중심 개념인 무의식을 받아들일 수가 없었다. 인간의 모든 면모가 실천 속에서 파악될 수 있다는 것이 그의 기본 전제였기 때문이다. 바로 이러한 점을 그는 《플로베르》에서 입증하려고 시도했지만, 이 작업 역시 완성되지 못하고 만다. 어쨌든 사르트르와 레비 스트로스라는 〈두 식인종〉[14]을 같은 우리에 넣었다가는 둘 중 하나가 잡아먹히게 되어 있었다. 그러한 시도가 모두 무산된 것은 푸이용 덕인 셈이다.

참여 지식인의 위기

사르트르에 대한 도전의 세번째 측면은, 참여 지식인 문제였다. 알다시피 프랑스에서 참여 지식인의 전통은 드레퓌스 사건에서 시작되었고, 사르트르는 이런 전통의 완벽한 화신이었다. 그러나 지식인의 참여가 모든 분야에서 이루어질 수는 없으므로, 엄격하게 자신의 전문 영역에 국한되어야 한다는 인식이 확산되기 시작했다. 지식인의 비판작업이 더 제한되고 더 세밀하게 이루어짐으로써, 개입 가능성이 축소되는 대신 타당성은 증대한다는 것이다. 이처럼 합리성을 위하여 지식인의 참여를 제한하자는 주장은, 역사의 권한을 박탈하고, 더 나아가서는 역사 자체를 거부하는 분위기와 맞아 떨어졌다. 『구조주의는 2차대전이 끝난 지 10년쯤 후에 출현했어요. 전후의 세계는 경직된 것이었죠. 그러다가 1948년의 베를린 봉쇄로 말미암아 새로운 세계대전이 터질 것 같았어요. 자유를 외치는 진영과 평등을 외치는 진영이 맞서게 되었죠. 이 모든 것이 역사를 부정하는 분위기의 형성에 기여했어요.』[15]

구조주의의 중심 인물인 조르주 뒤메질과 레비 스트로스는, 사르트르적 참여에 대한 거부를 노골적으로 표명했다. 참여 지식인의 전통에 공감을 해본 적이 없느냐는 질문에 대한 뒤메질의 답변은 단호하다. 『단 한 번도 없었소. 그런 역할을 담당하는 사람들은 딱 질색이오. 특히 사르트르 말이오.』[16] 뒤메질의 이런 입장은, 미래에 대해서 아무것도 기대하지 않으며, 달랠 길 없는 향수에 젖어 머나먼 과거를 관조한다는 점에서 철저히 반동적인 것이다. 『국가의 최고위직을 변덕과 야심으로부터 보호하는 왕조시대가, 당통과 나폴레옹 이후의 보통 선거시대보다 더 낫다고 생각하오. 나는 이런 면에서 그냥 군주제가 아니라 왕조제 지지자요.』[17] 레비 스트로스 역시 마찬가지다. 그는 현실문제에 대해 입장을 취하거나 편드는 일을 한사코 거부해 왔다. 현실 참여에 관한 질문에 대해 그는 『그런 일에는 관심이 없소. 작업의 양 그리고 엄격성과 정확성에 의거해서 나의 지적 권위를 평가해 주길 바랄 뿐이오.』[18]라고 답변한 다음, 자기 시대의 모든 문제를 해결할 능력이 있다고 자처한 빅토르 위고 같은 사람은 현대에는 어울리지 않는다고 단언했다. 왜냐하면 너무나 복합적이고 너무나 분열된 현대 사회의 문제들을 혼자서 다 처리할 수 있다고 설쳐서는 안 되기 때문이다. 이렇게 다양한 세계에서는 질문을 던지는 주체, 문제를 제기하는 주체로서의 철학자는 퇴조하게 마련이다. 그래서 사르트르의 시대는 가고, 분류에 치중하고 이따금 결정론적인 인문사회과학이 득세하게 된다.

영웅의 탄생 : 클로드 레비 스트로스

구조주의는 곧 클로드 레비 스트로스라는 한 인물과 동일시되기에 이른다. 레비 스트로스는 학문의 분화로 말미암아 단편적인 지식만을 추구하는 시대적 분위기 속에서 감각적인 것과 관념적인 것의 균형을 이루려는 시도를 하였다. 레비 스트로스는 악보라는 음악적 모델에 기초하여 커다란 지적 종합을 이루려고 시도하였는데, 이러한 그의 시도의 근저에는 현실 세계의 심층에 존재하는 내적 논리를 찾아내려는 욕구와 함께 자연에 대한 첨예한 시적 감수성이 숨어 있었다.

클로드 레비 스트로스는 1908년 예술적인 분위기의 집안에서 태어났다. 그의 증조부는 바이올리니스트였고, 아버지와 삼촌들은 화가였던 까닭에 소년 시절의 레비 스트로스는 시간이 날 때면 골동품 상점을 돌아다니곤 했다. 또한 그의 부모가 세벤 지방의 산지에 집을 샀을 때, 도시 출신의 레비 스트로스는 이국적인 자연을 대하고 감격하여 10시간 내지 15시간이 걸리는 거리를 걸어서 돌아다니기도 하였다. 이러한 자연과 예술에 대한 열정은 그로 하여금 두 개의 세계에 양다리를 걸치게 하였을 뿐만 아니라 전통적 사상과의 단절도 야기하였고, 또한 작품을 쓸 때에는 항상 미학적인 고려를 하도록 만들었다. 그러나 그는 결코 감수성의 노예가 되지 않았다. 물론 그는 자신의 감수성을 부정하지는 않았다. 하지만 감수성에 함몰되기보다는 커다란 논리적 체계를 구성함으로써 자신의 감수성을 그 체계 속에 포함시키려 하였다. 그리고 이러한 태도는 초기에서부터 후기에 이르기까지 그의 구조주의적 프로그램을 일관하여 흐르는 불변적 요소로 작용한다.

　그에게는 자연에 대한 관심이 많았던 만큼이나 일찍부터 사회에 대한 관심도 많았다. 고등학교 시절부터 사회주의 운동에 활발히 참여하였던 그는 아르튀르 반테르라는 젊은 벨기에 출신 사회주의자 덕택에 17세에 이미 마르크스의 저작을 알게 되었다. 반테르는 레비 스트로스의 집에 초대받아서 여름방학을 함께 보내게 되었다. 이때 그로부터 마르크스의 책을 빌려 읽은 레비 스트로스는 다음과 같이 말하고 있다. 『나는 곧 마르크스에 매료되었다……그리고 곧 《자본론》을 읽기 시작하였다.』[1] 그러나 레비 스트로스가 진정으로 사회주의 운동에 참여하게 된 것은 고등사범 입학 준비학교 시절, 조르주 르프랑의 영향으로 사회주의 연구 그룹에 속하게 되면서부터이다. 이 그룹 내에서 발표와 질문을 활발히 하며 적극적으로 참여하던 그는 1928년에 사회주의 학생연맹의 사무총장에 선출되었다. 그는 또한 사회당 국회의원인 조르주 모네의 비서로도 활동하였다. 그러나 1930년에 그는 철학 교수 자격시험을 준비하기 위하여 이들 직책을 사임하여야 하였다. 그러나 그는 공부에 열정을 느끼지 못하였다. 레옹 브룅스비크·알베르 리보·장 라포르트·루이 브레예 등의 스승들은 그에게 만족을 주지 못하였다. 이에 대해 레비 스트로스는 『나는 그 모든 것을 꼭두각시처럼 수동적으로 행하였다』[2]라고 회상하였다. 그럼에도 불구하고 그는 1931년, 철학 교수 자격시험에 3등으로 합격하였다.

　사회주의 운동에의 참여는 갑자기 끝나 버렸다. 여기에 언급할 가치조차 없는 사소한 한 사건과, 아무리 기다려도 오지 않는 편지 사건 때문에 그는 이 운동에서 멀어졌다. 또한 그의 평화주의 역시

1940년의 충격, 즉 마르크 블로크가 〈우스운 전쟁〉 및 〈이상한 패배〉라고 부른 프랑스의 맥없는 패배의 충격을 이기지 못하였다. 이 경험들로부터 그는 『정치적 현실을 형식적 사상에 가두어 두는 것』[3]은 위험하다는 교훈을 얻게 되었다. 이때 경험한 실망으로 말미암아 이후 그는 어떠한 정치적 운동에도 참여하지 않았다. 물론 민족학자[1]로서의 그의 입장은 그 자체로서 정치적 측면을 가지고 있기는 하였지만. 그러나 이러한 그의 경험은 그에게 있어 매우 중요한 전환점이 되었다. 이제부터 레비 스트로스는 열 살 때부터 자신을 사로잡았던 동키호테와도 같이, 미래의 세계를 내다보기보다는 시대착오적으로 보일 만큼 회고의 정을 가지고 과거를 돌아보게 된다.

먼 바다의 부름

민족학자로서의 그의 경력은, 그가 《슬픈 열대》에서 밝히고 있는 바와 같이, 1934년 가을 어느 일요일, 고등사범학교 교장인 셀레스탱 부글레의 전화 벨 소리와 함께 시작된다. 부글레는 이날 레비 스트로스에게 상파울루 대학 사회학과 교수직에 응모하라고 전화를 하였던 것이다. 그는 상파울루에는 인디언이 많이 살고 있을 것이라면서, 레비 스트로스에게 주말에는 인디언에 대한 연구를 하면 좋을 것이라고 권유하였다. 이렇게 하여 레비 스트로스는 브라질로 떠나게 되었다. 그가 떠난 것은 이국 정취를 즐기기 위함이 아니라

---

1) 민족지(ethnographie)는 현지 조사를 통해 한 나라, 한 사회의 문화를 자세히 기술한 것을 말하며, 민족학(ethnologie)은 인류학 분야 중에서 민족지를 포함한 문화인류학 분야를 가리키는 데 반해 인류학(anthropologie)은 문화인류학·형질인류학·고고학 등을 포함하는 보다 넓은 개념이다.

(『나는 여행도 싫어하고 탐험가도 싫어한다』[4]) 사변적 철학과 결별하고 아직까지 매우 주변적인 위치에 머물러 있던 새로운 학문인 인류학에 투신하기 위해서였다. 그는 자크 수스텔을 통해 이러한 전향의 예를 보았던 것이다. 2년 후 파리에 돌아온 레비 스트로스는 그동안 모은 자료들을 가지고 전시회를 열어 호평을 받음으로써 남비크와라족 조사단 구성에 필요한 자금을 구할 수 있었다. 그리고 그의 작업은 로버트 로이와 알프레드 메트로를 비롯한 소수 전문가 집단의 주목을 받기 시작하였다. 그러나 1939년 프랑스에 돌아온 레비 스트로스는 독일군을 피해 곧 다시 망명의 길을 떠나야만 하게 되었다. 록펠러 재단의 유럽 학자 구출 계획에 의해 뉴욕 사회연구소(뉴스쿨)로부터 초청을 받았던 것이다.

그는 폴 르메를이라는 임시 여객선을 타고 대서양을 건너게 되었는데, 그 배에는 경찰에 의해 〈건달들〉이라고 분류된 앙드레 브르통·빅토르 세르주·아나 세게르 등이 함께 타고 있었다. 뉴욕에 도착한 레비 스트로스는 청바지 상표와의 혼동을 피하기 위하여 클로드 엘 스트로스로 이름을 바꾸어야만 하였다.『나는 거의 한 해도 빠짐없이 청바지 주문(대개는 아프리카에서 오는)을 받았다』[5] 이 우스운 사건에도 불구하고 뉴욕은 레비 스트로스에게 매우 유익한 곳이었다. 그는 뉴스쿨에서 프랑스어로 구조음운론 강의를 하는 망명 언어학자 로만 야콥슨을 만나게 되는데, 그와의 만남은 구조인류학의 생성에 있어 결정적인 역할을 하였다. 이들의 만남은 지적인 측면에서 뿐만 아니라 인간적인 면에서도 매우 풍요로웠다. 그리고 이들의 우정은 끝까지 흔들리지 않고 유지되었다. 야콥슨은 친족에 관한 레비 스트로스의 강의를 들었고, 레비 스트로스는 소리와 의미에 관한 야콥슨의 강의를 청강하였다. 레비 스트로스는 이렇게 회고한다.『그의 강의는 경탄 그 자체였다』[6] 구조인류학은 이 두 학자의 연구의 결합에 의해서 생겨났다. 더구나 1943년에 레비 스트로스가 박사 논문을 쓰기 시작한 것은 야콥슨의 충고에 의한 것이었는데, 이 박사 논문이 바로 구조인류학의 핵심적 저서인 《친족의 기본 구조》이다.

1948년에 프랑스로 돌아온 레비 스트로스는 국립과학연구원의 연구주임직, 그리고 인류박물관의 부관장직과 같은 몇몇 임시직을 맡다가 드디어 조르주 뒤메질의 천거에 의해 고등연구원 제5분과의 〈문명화되지 못한 민족의 종교〉 강좌 담당 교수로 선출되었다. 그러나 그는 흑인 학생들과 토의 끝에 이 강좌의 제목을 〈문자가 없는 민족의 종교〉로 바꾸었다. 『당신과 함께 토론하러 소르본 대학에 오는 사람들을 문명화되지 못하였다고 말할 수는 없다』[7]라는 이유로.

과학적 야심

그러나 인류학 분야에서의 구조주의가 한 학자의 머리에서 갑자기 자생적으로 발생한 것은 아니다. 그것은 새로 태어나는 학문인 인류학을, 더 넓게는 사회의 연구를 보다 과학적으로 하려는 요구의 증대라는 특수한 상황이 만들어 낸 산물이다. 이러한 의미에서 우리는 구조주의가 오귀스트 콩트의 실증주의 및 과학주의의 계열에 속한다고 말할 수 있다. 레비 스트로스는 물론 실증주의와 거리를 두었으며, 혁신적인 개혁을 하기도 하였다. 또한 그는 인류의 역사를 실증적 시대를 향해 나아가는 단계적 진보의 역사로 파악한 콩트의 낙관론을 계승하지도 않았다. 그러나 어떤 지식이 의미가 있으려면 과학으로부터 모델을 빌려오거나, 혹은 하나의 과학, 하나의 이론으로 전환될 수 있어야 한다고 믿는 점에서는 콩트의 사상을 그대로 이어받았다. 그러므로 『이 점에 있어서는 전통적 철학으로의 도피가 일어났다』[8]라고 볼 수 있는데, 이러한 태도는 레비 스트로스의 학문적 도정에 있어서 매우 특징적인 것이다. 콩트의 영향은 또한 모든 것을 포괄하려는 그의 야심, 즉 그의 〈총체론〉[9]과 관계 있는데, 콩트는 후에 레비 스트로스가 그랬던 것처럼 한 특정 분야만을 따로 떼어 고찰하는 학문인 심리학을 부정하였다. 20세기 초반에 배태되고 있던 사회학 분야의 경우, 콩트의 이러한 종합화하려는 야심을 인간에 대한 과학이라는 제한적인 영역에서 계승한 사람이 바로 뒤르켐이었다. 물론 레비 스트로스가 현장 조사를 도외시하는 뒤르켐에 반기를 든 민족학에 심취하여 브라질로 떠난 것은 사실이다. 그러나 30년대의 사회학은 뒤르켐주의에 흠뻑 물들어 있었기 때문에 그 역시 이러한 일반적 조류로부터 자유로울 수 없었다. 그러므로 우리는 다음과 같은 부동의 말에 동의할 수밖에 없다. 『인류학자들은 말하자면 갓난아기 때부터 총체론을 젖병으로 빨면서 자라왔다.』[10]

콩트와 마찬가지로 뒤르켐 역시 사회란 부분의 총체이며, 그것은 부분들의 합으로 환원될 수 없다고 생각하였다. 사회에 대한 이러한 개념은 사회학이란 학문의 기초가 되었다. 19세기에서 20세기로 바뀌는 세기 전환기에 여러 학문 분야에서 일어난 대변화는 무엇보다도 체계, 즉 구조의 개념의 대두와 밀접한 연관성을 가지고 있다. 이 변화의 핵심은 바로 각 학문 분야의 연구 대상이 되는 집단의 여러 구성요소들간의 상호 의존성을 설명하는 방법의 변화에 있었다. 그리고 이러한 대변화의 범위는 사회학 분야에 한정되지 않고 언어학·경제학, 혹은 생물학 등에까지 확장되었다. 그러므로 레비 스트로스는 어쩔 수 없이 뒤르켐의 계열에 포함될 수밖에 없었다. 게다가 1949년에 레비 스트로스는, 1903년에 이미 역사가들에게 도전한 시미앙[12]의 이름을 거명하며 자신도 역시 역사가들에게 도전장을 던진다는 사실을 강조하지 않았던가? 그러나 레비 스트로스는 뒤르켐과 정반대의 순서를 택하였다. 《사회학적 방법의 법칙》을 쓸 당시 뒤르켐은 역사가들의 사료, 즉 문서 자료를 우대하고 민족학자들이 수집한 자료를 경시하였다. 왜냐하면 이때는 역사적 실증주의의 전성기였기 때문이다. 뒤르켐이 역사학적 방법과 민족지적 방법을 동등하게 대우하게 된 것은 1912년이라는 늦은 시기에 이르러서였는데, 이러한 태도 변화는 《사회학 연보》의 창간에 의해 더욱 촉진되었다. 반대로 레비 스트로스의 연구는 브라질에서의 꼼꼼한 현지 조사로부터 시작되었다. 따라서 그에게 있어 관찰이란 어떠한 논리적 구성, 어떠한 개념화보다도 선행하는 제1차적인 것이었으며, 민족학이란 무엇보다도 먼저 민족지를 의미하였다. 『민족학이란 무엇보다도 먼저 하나의 경험적 학문이다……경험적 연구는 구조를 찾아내는 데 있어서 필수적인 조건이다.』[11] 물론 관찰은 결코 그 자체로서 목적이 될 수 없다(후에 레비 스트로스는 경험주의에 맹렬히 반대하기도 하였다). 그러나 그것은 모든 연구에 있어 무엇보다도 우선하는 첫단계이며, 절대로 빠뜨리고 지나칠 수 없는 필수불가결한 단계임에 틀림없다.

기능주의와 경험주의에 반대하여

이러한 뒤르켐과의 입장 차이는 레비 스트로스의 첫 주요 연구 주제인 근친결혼의 금지를 보는 시각에서 분명히 드러난다.[12] 뒤르켐이 근친결혼의 금지를 오직 미개인의 정신과 관련 있는 것, 즉 여성의 생리혈에 대한 공포·미신 등 현대인과는 관계 없는 것으로 파악한 데 반해 레비 스트로스는 이러한 지리적·시대적 한계

---

2) 프랑스 사회학자·경제학자(1873-1935).

를 부정하였다. 그는 이 금기의 비시간적·보편적 뿌리를 찾음으로써, 이 금기가 현대인에게도 영향을 미치고 있음을 보여 주려 하였다. 레비 스트로스가 오귀스트 콩트·에밀 뒤르켐·마르셀 모스의 학문적 계열에 속하는 것은 분명하다. 그러나 이와 동시에 우리는 마르크스 역시 그에게 커다란 영향을 미쳤다는 사실도 잊지 말아야 한다. 우리는 이미 그가 청년 시절에 마르크스에 관한 조숙한, 그리고 매우 깊은 지식을 가지고 있었으며 사회주의 운동에 열성적으로 참여하였다는 점을 지적한 바 있다. 또한 레비 스트로스는 프로이트·지질학 그리고 마르크스를 그의 〈세 주인〉[13]으로 꼽기도 하였다. 그는 마르크스로부터 다음과 같은 사실을 배웠다. 밖으로 드러난 현실이 결코 가장 중요한 현실이 아니며, 따라서 감각에 의해 지각되는 이러한 외양을 꿰뚫고 현실의 근원에 도달하려면 추상적 모델을 구성해야 한다는 것을. 레비 스트로스는 이에 대해 다음과 같이 말한다.『감각적 데이터만 가지고는 물리학이 성립되지 않는 것과 마찬가지로 사회과학 역시 사회적 현상만으로는 안 된다는 것을 마르크스는 가르쳐 주었다.』[14]

그는 상부 구조의 이론을 정립하려는 목표를 가지고 있었다. 그럼에도 불구하고 전통적 마르크스 이론의 신봉자였던 까닭에 그는 하부 구조가 결정적 역할을 한다고 믿었다.『우리는 이데올로기의 변화가 사회적 변화를 가져온다고는 결코 생각하지 않는다. 진실은 그 반대이기 때문이다.』[15] 물론 세월이 지남에 따라 마르크스주의의 영향과 엥겔스의 자취는 점차 사라지게 된다. 그러나 브라질로 출발할 당시 그는 마르크스주의자로 자처하고 있었다. 이에 대해 레비 스트로스는 처음 브라질에 도착하였을 때 자신이 뒤르켐주의자가 아니라는 것 때문에 브라질 사람들이 실망하더라는 말을 에리봉에게 한 적이 있다. 그 당시 사회학자로서 뒤르켐주의자가 아니면 도대체 무엇이었다는 말인가?『나는 그가 마르크스주의자였다고 단언한다. 그는 국제노동자동맹 프랑스 지부[3]의 공식 철학자가 되었을지도 모를 만큼 거기에 빠져 있었다……브라질에 도착하였을 당시의 그와 그곳을 떠날 때의 그는 분명히 다르다. 그러니 브라질에서 무슨 일인가가 일어난 것이 틀림없다. 가장 중요한 것은 물론 현장과의 접촉일 것이다. 그러나 단지 그것만은 아닐 것이다.』[16]

레비 스트로스가 인류학에 입문하였을 당시 인류학에는 두 가지 연구방법만이 존재하였다. 진화주의와 그 뒤를 이은 전파주의, 그리고 다른 한편으로는 기능주의가 바로 그것들로, 레비 스트로스는 이 두 가지 방법을 모두 거부하였다. 물론 그는 말리노프스키[4]의 현지 조사의 탁월성과 그가 행한 멜라네시아인의 성생활에 관한 연구 및 금광을 발굴하기 위해 캘리포니아에 모인 모험가들에 대한 연구를 높이 평가하였다. 그러나 그는 그 연구들에 만연한 경험주의와 기능주의를 간파하였다.『어떤 사회에 대한 경험적 관찰을 통해 보편적 동기를 밝혀낼 수 있다는 생각이 그의 연구의 기저에 일관되게 드러나는데, 이것 때문에 누구나가 칭찬해 마지않는 그의 묘사의 생생함과 풍요함이 반감되었다』[17] 레비 스트로스는 말리노프스키의 기능주의가 비연속성과 특이성이라는 함정에 빠져 버렸다고 보았다. 즉, 말리노프스키의 분석은 눈에 보이는 사회적 관계를 사회구조 그 자체라고 봄으로써 표피적인 차원에 머물러 있었으며, 따라서 사회 현상의 본질을 간과하는 우를 범하였다는 것이다. 또한 근친결혼의 금지의 문제에 있어서도 말리노프스키는 가족간의 애정과 이성간의 사랑이 양립할 수 없다는 생물학적 고려로부터 탈피하지 못하였다. 이보다 좀더 구조주의적 방법에 가까운 것이 래드클리프 브라운[5]의 방법으로, 그는 오스트레일리아인의

---

3) SFIO: 프랑스 사회당의 옛날 명칭.
4) 폴란드 출신의 영국 인류학자(1884-1942).

친족 체계를 연구하면서 이미 사회구조라는 개념을 사용하였다. 그는 체계적인 방법으로 각각의 체계를 분류한 다음 인간 사회 전체에 유효한 일반론을 정립하려 하였다. 『(우리의) 분석은 (2백에서 3백 종류의 친족 체계가 가지는) 다양성을 어떤 하나의 종류로 환원하려는 목표를 가지고 있다.』[18] 그러나 레비 스트로스는 래드클리프 브라운의 방법론이 너무 묘사적이며 경험주의적이라고 생각하였으며, 또한 말리노프스키와 마찬가지로 사회 체계의 표피를 뚫지 못하는 기능주의적 해석에 머무르고 있다고 보았다.

이처럼 레비 스트로스는 앵글로 색슨적 경험주의를 거부하고 독일 역사주의 학파의 계승자인 로이[6]·크로버[7]·보아스[8]에게서 스승을 발견한다. 이들은 역사에서 등을 돌리고 문화적 상대주의를 옹호하는 사람들이다. 레비 스트로스는 이들에 대해 『나는 내가 이들에게 빚을 지고 있음을 밝히고 싶다.』[19]라고 연관성을 강조하였다. 그에 의하면, 로이는 1915년에 이미 『때때로 사회생활의 본질은 친족(parents)과 인척(alliés)[9]의 분류방법에 대한 연구를 통해 분석될 수 있다.』[20]라고 주장함으로써 친족 체계 연구의 길을 열어준 선구자이다. 프란츠 보아스 역시 레비 스트로스에게 많은 영향을 주었는데, 레비 스트로스는 뉴욕에 도착하자마자 보아스를 만나려고 하였다. 당시 그는 미국 인류학계를 지배하고 있었으며, 연구범위가 매우 넓었고 무한한 호기심을 가지고 있었다. 레비 스트로스는 심지어 보아스의 임종을 목도하기도 했다. 컬럼비아 대학을

---

5) 영국 인류학자. 기능주의의 대표적 학자인 동시에 구조주의의 선구자로 간주된다(1881-1955)
6) 오스트리아 출신의 미국 민족학자(1883-1957).
7) 미국 인류학자(1876-1960).
8) 독일 출신의 미국 인류학자(1858-1942).
9) 친족은 혈통 관계에 의한 것이며, 인척은 결혼 관계에 의한 것이다.

방문한 리베를 환영하기 위해 보아스가 개최한 점심 식사 자리에서 『보아스는 매우 유쾌했다. 대화 도중에 그는 격렬하게 식탁을 밀치더니 뒤로 벌렁 나자빠졌다. 그의 옆자리에 앉아 있던 나는 그를 일으키려고 황급히 그에게 다가갔다……그런데 그는 죽어 있었다.』[21] 보아스가 레비 스트로스에게 끼친 가장 중요한 영향은 문화적 현상의 무의식적 특성에 대해 강조하였다는 점과, 이 무의식적 구조를 푸는 열쇠로 언어의 법칙을 들었다는 점이다. 이처럼 언어학적 자극은 이미 1911년 프란츠 보아스에 의해 인류학 내부로부터 왔다. 그리고 이것은 레비 스트로스에게 야콥슨과의 만남을 준비시켜 주었다.

언어학적 모델의 도입

엄밀한 의미에서의 레비 스트로스의 혁신은 바로 인류학에 언어학적 모델을 도입한 데 있다. 19세기를 관통하여 인류학을 지배하였던 것은 형질인류학이었던 까닭에 당시 프랑스 인류학은 자연과학과 밀접하게 연관되어 있었다. 게다가 자연과학의 모델은 레비 스트로스가 손쉽게 접근할 수 있는 것이기도 하였다. 왜냐하면 1948년에 프랑스로 귀국하였을 때 그는 인류박물관의 부관장직을 맡게 되었기 때문이다. 그러나 그는 이 방법을 선택하지 않고 인문사회과학, 보다 정확하게 말하자면 언어학에서 과학적 모델을 찾게 된다. 그렇다면 그는 왜 손쉬운 방법을 두고 이런 새로운 시도를 하였을까? 이에 대해 장 자맹은 이렇게 대답한다. 『생물학적 인류학, 즉 형질인류학은 온갖 인종차별주의에 다 협조하여 그 평판이 무척 나빴기 때문에 그것에서 일종의 일반과학, 즉 생물적 측면과 문화적 측면을 총괄하는 일반인류학을 창설하는 것은 매우 어려운 일이었다. 형질인류학은 이미 역사에 의해 청산이 되어 버렸기 때문에 이론적인 논쟁의 대상조차 되지 않았다. 다시 말하면 클로드 레비 스트로스가 왔을 때 마당은 이미 역사에 의해 깨끗이 치워져 있는 상태였던 것이다.」[22] 과거의 프랑스 인류학이 자연주의적·생물학적 전통에 의해 완전히 지배당하고 있었던 만큼 클로드 레비 스트로스가 시도한 방법의 새로움과 그것의 전통과의 단절성은 더욱 두드러졌다. 즉, 과거 프랑스에서는 인류학이란 용어 자체가 인간의 자연적 토대를 연구하는 학문을 가리킬 정도로 생물학적 결정론에 기초해 있었던 반면, 레비 스트로스의 방법은 이와는 전혀 달랐던 것이다. 이 생물학적 인류학은 2차대전이 끝나면서 깨끗이 청산되어 버렸다. 덕택에 레비 스트로스는 아무런 이데올로기적 위험 없이 인류학이란 용어를 언어학이라는 선도 학문에 기초한 완전히 새로운 경향의 연구를 지칭하는 데 사용할 수 있었다. 또한 이러한 언어학적 방법의 도입을 통해서 프랑스 인류학은 당시 영미 인류학이 도달해 있던 의미론적 영역의 수준까지 올라갈 수 있었다.[23]

자연과 문화의 집합점에서 : 근친결혼

1948년 프랑스로 돌아온 레비 스트로스는 〈친족의 기본 구조〉라는 논문으로 박사학위를 받았다. 그의 부전공 논문은 〈남비크와라 족의 가족과 사회생활〉이었으며, 논문 심사위원은 조르주 다비·마르셀 그리올·에밀 벤베니스트·알베르 바이예·장 에스카라였다. 이 논문은 이듬해에 책으로 출간되었는데,[1] 그것은 전후 지성사에 있어 매우 중요한 사건이었으며, 동시에 구조주의 이론의 초석이 되었다. 그리고 이러한 중요성은 다음과 같은 마르크 오제의 지적처럼 40년이 지난 후에도 여전하다. 『가장 중요하고 기본적인 것은 《친족의 기본 구조》이다. 그것은 사회의 확대 현상에 대한 분석에 과학적 방법을 도입하였을 뿐만 아니라 언뜻 보기에 같은 분석 범주에 속하지 않는 것처럼 보이는 현상들을 한꺼번에 설명할 수 있는 포괄적인 모델을 찾아내려 시도하였으며, 또한 연구의 방향을 혈통 관계에서 결혼 관계로 바꾸었다.』[2]

레비 스트로스의 논문 출간은 프랑스 인류학계에 진정한 인식론적 혁명을 일으켰다. 그러나 이 논문의 영향은 인류학계에만 국한되지 않고 철학계를 비롯한 다른 학문 분야에까지 미쳤다. 당시 철학 교수 자격시험을 통과한 젊은 철학자이던 올리비에 르보 달론은 다음과 같이 증언한다. 『그것은 중요하고 결정적인 계기였다. 1948년, 내가 철학 교수 자격시험에 통과한 후 릴 고등학교에 부임

한 지 얼마 안 되었을 때 이 책이 출판되었는데, 그것은 나의 학문에 기본 관점을 제공해 주었다. 당시 나는 《친족의 기본 구조》가 마르크스의 이론을 증명하는 것이라고 생각하였다」[3] 즉, 이 책의 충격파는 공간적으로 인류학이라는 학문 경계를 넘어섰을 뿐만 아니라 시간적으로도 한때의 유행에 그치지 않고 지속적인 영향력을 발휘하였다. 예를 들어 초판이 발행된 지 약 10년이 흐른 1957년, 프랑스 고등사범학교에 입학한 에마뉘엘 테레는 《친족의 기본 구조》를 접하고 이 책에 홀딱 빠지게 되었다. 철학도인 테레는 벌써부터 인류학에 관심을 가지고 있었고, 식민지 전쟁의 와중에 처해 있는 프랑스를 떠나고 싶은 욕망을 느끼고 있었다. 또한 그는 프랑스의 식민지 전쟁에 대항하여 활발히 반대 활동을 벌이고 있었다. 그때 그의 친구인 알랭 바듀가 당시 구하기 어려웠던 《친족의 기본 구조》를 빌려 주었다. 『나는 알랭으로부터 그 책을 빌려서 1백여 쪽이나 베꼈는데, 나는 그때 베낀 것을 아직도 간직하고 있다. 내 노력에 감명을 받은 알랭은 그 책을 내게 주었다. 그리하여 나는 그 책의 초판을 소유하게 되었다. 나는 당시에 그 책이 마르크스의 《자본론》이나 프로이트의 《꿈의 해석》만큼이나 학문적 진보에 공헌한 책이라고 생각했고, 그 생각에는 아직까지도 변함이 없다」[4] 이 책은 전혀 논리성이라고는 있어 보이지 않는 분야에 질서를 부여하였다. 테레는 이러한 점 때문에 이 책에 매료되어 인류학으로 전공을 바꾸게 되었다.

변화하지 않는 보편적 요소

레비 스트로스는 제반 사회행위에서 보편적으로 나타나는 현상을 설명해 줄 수 있는 불변요소들을 찾던 중, 인간의 여러 다양한 사회형태에서 공통적으로 나타나는 근친결혼의 금지라는 요소를 발견하였다. 그의 연구는 전통적 연구방식과는 근본적인 차이를 보인다. 즉, 이전까지의 연구는 근친결혼의 금지가 가진 긍정적인 사회적 역할을 간과하고 그것을 도덕적 금지의 관점에서만 설명하였다. 예를 들어 루이스 헨리 모건은 근친결혼의 금지를 근친결혼이 야기하는 치명적인 유전적 결함을 방지하기 위한 하나의 기재로 보았으며, 에드바르트 베스테르마르크는 그것을 성적 욕망의 차원에서 설명하였다. 베스테르마르크는 가족의 경우, 일상생활의 습관에 의해 성욕이 감퇴하므로 이 때문에 가족끼리의 결혼이 금지되었다고 보았다. 이 설명은 프로이트의 오이디푸스 콤플렉스 이론에 의해 맹렬한 비판을 받았다. 레비 스트로스의 혁명은 이 현상을 생물학적 차원에서 분리시키고 부계 혈족 관계라는 단순한 도식 및 자민족 중심주의적인 도덕적 고려로부터 해방시킨 데 있다. 즉, 그의 구조주의적 가설은 혼인이라는 결합이 결국 하나의 거래이며 교환이라는 점을 부각시킴으로써 연구 대상의 성격을 새로이 규정하는 계기를 마련하였으며, 이로써 친족은 사회적 재생산의 제1차적 기초로 자리잡게 되었던 것이다.

실제 상황에서 나타나는 천태만상의 결혼 양상의 복잡한 미로에서 길을 잃지 않기 위해서 레비 스트로스는 수학적인 의미에서의 약분을 시도하였다. 즉, 그는 몇몇 정해진 수의 가능태만을 뽑아 그것들을 친족의 기본 구조들이라고 규정하였다. 『친족의 기본 구조들이란……어떤 특정한 종류의 친척과 결혼을 하도록 규제하는 체계, 다르게 표현하자면 친척이란 큰 범주를 두 가지 집단, 즉 결혼 가능한 집단과 결혼이 금지된 집단으로 구분하는 체계들을 말한다.』[5] 이러한 기본 구조들은 하나의 리스트 속에서 친족과 인척을 나누는 역할을 한다. 이러한 구조에 의해 남매간과 친사촌간의 결혼은 금지되는 반면 교차사촌간, 특히 모계 교차사촌과의 결혼이 요구된다. 이렇게 하여 사회는 부부가 될 수 있는 집단과 부부가 될 수 없는 집단의 양자로 나누어지는 것이다. 이러한 체계는 레비 스트로스가 연구한 오스트레일리아의 종족 체계, 즉 카리에라 체계 및 아란다 체계에서도 발견된다. 카리에라 체계 내에서 한 종족은 두 개의 집단으로 나뉘어지고 그 두 집단은 각각 다시 두 개의 하위 집단으로 나뉘어지는데, 이 체계 내에서 한 개인의 소속 집단은 아버지에 의해 결정된다. 그러나 그 아래 단계인 하위 집단의 경우, 아들은 아버지와는 반대의 하위 집단에 소속된다. 그러므로 하위 집단에의 소속은 세대마다 교대가 되며(아들은 아버지와는 다른 하위 집단에, 할아버지와는 같은 하위 집단에 소속된다) 결혼 관계는 항상 양계 교차사촌과(왜냐하면 〈나〉의 고종사촌 누이는 동시에 나의 외사촌이기도 하기 때문이다) 이루어진다. 아란다 체계도 이와 비슷하다. 다만 부계 중심이 아니라 모계 중심으로 이루어진다는 점이 다를 뿐이다. 이 경우는 레비 스트로스가 한정교환이라고 명명한 대칭적 결혼 관계를 말하는 것으로, 이 체계는 세 집단 이상과 혼인 관계를 맺는 체계와 대비된다. 세 집단 이상과 관련되는 결혼 체계 역시 두 집단 사이에서만 이루어지는 대칭적 결혼 관계와 마찬가지로 인간 사회에 널리 퍼져 있는 기본적 결혼 관계이다. 이 경우는 여자의 교환이 한쪽 방향으로만 일어나므로 일방 결합이라고 할 수 있으며, 이때 교환의 범위는 보다 넓어진다. 다시 말하면『양계 결합 체계는 두 개의 혈연 집단 사이에서만 일어나나 일방 결합에 있어서는 적어도 세 개 이상의 혈연 집단이 필요하다. 즉, A집단의 남자들은 아내를 모두 B집단에서 데려오고, A집단의 여자들은 모두 C집단으로 시집을 가며, C집단의 여자들은 모두 B집단으로 시집을 감으로써 여자의 교환은 B-〉A-〉C-〉B로 원을 그리며 일어난다.』[6] 이처럼 친족끼리 결혼하는 기본 친족 체계와는 반대로 크로 오마하(Crow-Omaha)족의 체계처럼 상당히 복잡한 체계들도 존재하는데, 이러한 체계에서는 친족 관계와 결혼 관계는 서로 양립할 수 없다. 즉, 여기서는 이미 결혼 관계가 이루어진 혈족간에서는 그 당사자들이 죽고 그 결혼의 기억이 잊혀질 때까지는 다시 혼인이 이루어질 수 없다.

이처럼 레비 스트로스는 혈통과 부계 혈족 관계라는 관점에서 탈피하여 남녀의 결합이 사회가 규제하는 거래의 일종이며, 따라서 사회적·문화적 현상임을 보여 주었다. 그에 의해서 근친결혼의 금지는 이제 전적으로 부정적인 것이기는커녕 사회를 형성하는 데 긍정적인 역할을 하는 것으로 간주되게 되었다. 또한 소쉬르의 기호 이론에 있어 기호가 자의적인 것으로 간주된 것처럼 친족 체계 역시 자의적인 재현(représentation) 체계로 이해되게 되었다.

레비 스트로스에 의해 이제 근친결혼의 금지라는 개념은 이전까지 이 개념을 이해하는 틀로 사용되던 자연주의와 결별하게 되었다. 즉, 이 현상은 자연으로부터 문화에로의 이행에 있어 하나의 시금석으로 간주되게 되었으며, 이로써 레비 스트로스는 인류학사에 있어서 커다란 전환점을 이루게 되었다. 근친결혼의 금지를 근간으로 하여 이루어지는 배우자 교환이라는 현상으로부터 사회적인 것이 탄생하게 되었다. 그러므로 근친결혼의 금지는 결정적인 중요성을 갖는다. 왜냐하면 『근친결혼의 금지는 혈통이라는 자연적 현상으로부터 결혼이라는 사회적 현상으로 나아가는 통로 단계의 구실을 하였기』[7] 때문이다. 즉, 그것은 사회적 질서가 태어나는 데 결정적인 역할을 하였던 것이다. 그것은 자연과 사회의 중간 위치에 속하고 또한 사회적인 현상의 시발점이 되기 때문에 보편성·자발성을 특성으로 하는 자연적 질서의 차원에만 속할 수도 없고, 그렇다고 해서 규범성·특수성·구속성을 특징으로 하는 사회적 차원에만 속할 수도 없다. 자연과 문화의 교차점에 위치한 근친결혼의 금지는 결국 이 두 영역 모두에 속한다. 그리고 그것은 자연적 질서를 대치하는 인간의 규칙 중 가장 근원적이고 필수불가결한 것이다. 근친결혼의 금지는 여러 가지 특수한 규칙들과 하나의 규범 체계(문화의 영역) 그리고 보편적 성격(자연의 영역)을 가지고 있다. 즉,『근친결혼의 금지는 문화의 입구에 위치하는 동시에 문화 속에 속해 있기도 하며, 또 어떤 의미에서는 바로 문화 그 자체이기도 하다.』[8] 우리는 이 근친결혼의 금지로부터 야기되는 기본적 구조들을 관찰에 의해 인식이 가능한, 또한 환원이 가능한 자연 현상으로 간주해서는 안 된다. 그것들은『암호 해독용의 난수표, 혹은 칸트식으로 말하자면 하나의 표상으로, 이것이 기능하기 위해서는 모든 항(項), 모든 면(面)이 다 존재해야 하는 것은 아니다.』[9] 레비 스트로스는 이 표본적인 연구를 통해 단번에 인류학을 순수한 문화의 영역에 편입시킴으로써 이 학문을 자연과학의 영역으로부터 해방시켰다.

로만 야콥슨과의 만남

레비 스트로스로 하여금 이러한 발상의 전환을 가능케 한 것은 바로 구조언어학이었다. 이렇게 볼 때 사회과학 분야를 뒤흔든 장본인은 바로 음운론이라고 할 수 있다. 그리고 음운론의 도입은 다음의 진술에서 보듯 레비 스트로스 본인에게도 코페르니쿠스적 혁명으로 인식되었다.『음운론은 핵물리학이 자연과학에서 수행한 역할만큼이나 혁신적인 역할을 사회과학의 영역에서 수행할 것이다.』[10] 음운론적 방법의 성공을 통해 레비 스트로스는 보다 효과적인 설명 체계가 존재한다는 것을 인식하게 되었고, 또한 이것의 핵심적 내용을 인류학에 도입하여 복합적인 사회적 현상에 적용하여야겠다는 생각을 하게 되었다. 그는 음운론의 기본 패러다임을 거의 글자 그대로 도입하였다. 음운론은 의식적 언어 현상의 단계를 초월하는 것을 목표로 삼고 있었다. 따라서 언어적 요소들은 개별적으로 뿐만 아니라 자신들의 내부적 관계망이라는 연관 관계 속에서 고찰되었다. 따라서 음운론에는 체계라는 개념이 도입되었고, 또 일반법칙을 만들어 내려는 목표가 설정되었다. 이렇게 볼 때 우리는 구조주의적 방법의 모든 것은 바로 이러한 음운론의 목표 속에 들어 있다고 말할 수 있다.

레비 스트로스의 이러한 언어학적 지식은 두말할 나위 없이 뉴욕에서 교우하던 로만 야콥슨으로부터 얻어진 것이다. 이 점에 대해서는 레비 스트로스 자신도 분명히 밝히고 있다.『나는 그때 일종의 초보 구조주의자였다고 말할 수 있다. 나는 일종의 구조주의를 하고 있었지만 나 자신은 내가 그런지조차 몰랐다. 야콥슨은 내게 내가 전혀 모르는 한 학문 분야, 즉 언어학 분야에서 이미 공인되어 있던 일련의 학설을 가르쳐 주었다. 그 순간은 내게 있어 계시의 순간과도 같았다.』[11] 그러나 레비 스트로스는 자신의 학문에다 또 하나의 다른 지식의 신세계를 병렬적으로 덧붙이는 데 그치지 않고 그 지식을 자신의 방법론 속에 포함시킴으로써 자신의 학문의 전체적 관점을 뒤엎어 놓았다.『음소들과 마찬가지로 친족의 여러 항(項)들도 의미의 요소들이다. 또한 이 항들은 음소들과 마찬가지로 체계 속에 편입됨으로써만 의미를 얻는다.』[12] 레비 스트로스는 뉴욕에서 야콥슨의 강의를 청강하였으며, 1976년 이 강의 내용이 책으로 출판되었을 때 서문을 썼다.[13]

야콥슨의 가르침 중에서 인류학에 가장 유용한 것 두 가지를 들자면, 그 첫째는 여러 가지 관찰되어진 다양한 현상 속에서 그러한 현상적 차이를 뛰어넘는 불변의 요소를 추구하는 태도이고, 둘째는 연구에서 언어 주체의 의식을 완전히 배제함으로써 구조의 무의식적 현상을 무엇보다 우선하는 태도이다. 레비 스트로스에 의하면

이 두 태도는 음운론뿐만 아니라 인류학의 연구에서도 정당성을 가진다. 왜냐하면 이러한 태도가 체계적 형식주의에 집중하느라 구체적 현실에서 학문을 유리시키는 것은 결코 아니기 때문이다. 레비 스트로스는 그 증거로 러시아 음운학자 니콜라이 트루베츠코이[1]를 든다. 『최근의 음운론은 그저 음운이 하나의 체계 속에 속한다고 선언하는 데 그치지 않고 구체적인 음운 체계들을 제시할 뿐 아니라 그 체계들의 구조를 분명히 드러낸다.』[14] 그러므로 구조인류학자는 언어학자들이 개척해 놓은 구조언어학의 길을 따라가야 한다. 구조언어학은 언어의 진화에 대한 개괄적인 설명 대신 여러 언어들 사이에서 존재하는 의미 있는 차이점들을 찾아내는 것을 목표로 삼았다. 그런데 이와 같은 복잡한 언어 자료를 한정된 수의 음운으로 분해하는 방식은 원시 사회의 여러 사회 체계를 조사하는 인류학자에게 많은 시사를 준다. 즉, 인류학자 역시 언어학자와 같은 방식으로 관찰 가능한 현실을 한정된 수의 변수로 환원하여야 하는 것이다. 결혼 체계는 이러한 인류학적 현실 중의 하나이다. 이것은 혈통의 규칙과 거주의 규칙이라는 두 개의 축의 관계를 중심으로 이루어지며, 이 축들의 관계는 소쉬르의 기호와 마찬가지로 자의적이다. 이처럼 레비 스트로스는 소쉬르의 이론을 야콥슨이란 스승을 통해 받아들여 인류학에 알맞게 변형시켜 적용하였다.

예를 들어 소쉬르의 시니피앙과 시니피에의 구분의 문제만 해도 레비 스트로스는 이 개념을 받아들이기는 하되 인류학에 알맞게 수정하였다. 즉, 소쉬르가 시니피앙을 소리로, 시니피에를 개념으로 본 데 반해 레비 스트로스는 시니피앙을 구조로, 시니피에를 의미로 보았다. 그러나 공시태와 통시태의 문제에 있어서는 이러한 수

---

1) 러시아 언어학자(1890-1938). 그의 사후에 출판된 《음운론 입문 *Grundzge der Phonologie*》은 구조주의에 커다란 영향을 미쳤다.

정이 전혀 일어나지 않는다. 레비 스트로스는 소쉬르 언어학의 공시태 우선주의를 그대로 받아들였는데 실제로 구조주의의 특징인 역사의 배제는 여기서부터 시발한 것이라고도 할 수 있다. 즉, 음운론의 모델을 받아들임으로써『클로드 레비 스트로스는 사회 현상의 과학적 설명에 있어 역사적 접근이 과연 유효한가? 그리고 주체의 의식을 중심으로 하여 이를 설명하는 것이 과연 타당한가? 하는 비판을 선도하였다』[15]

언어학자들의 모델이 성공한 사실에 감명을 받은 레비 스트로스는 언어학자들 그룹에 끼었다.『우리는 언어학자들로부터 그들의 성공의 비밀을 배우고 싶다. 우리도 그들과 마찬가지로 우리 연구 분야에……이러한 엄정한 방법을 적용할 수 없을까? 왜냐하면 이 방법의 효율성은 언어학에 의해 점점 더 확실히 증명되고 있으니까』[16] 그러나 이 말은 결코 레비 스트로스가 언어학에서 스승을 발견함으로써 자신의 본령인 인류학을 포기하였음을 의미하는 것은 아니다. 그렇기는커녕, 레비 스트로스는 언어학에서 빌려온 것들을 언어학마저도 포괄하는 보다 일반적인 관점에서 재구성하였는데, 이러한 일반적인 관점을 주관하는 학문은 언어학이 아니라 인류학이었다. 이러한 구상에 의하면 모든 사회 현상은 세 가지 차원에서 일어나는 〈커뮤니케이션 이론〉[17]에 의해 설명될 수 있다. 첫째 차원은 집단 사이에서 일어나는 여자의 커뮤니케이션, 즉 여자의 주고받음으로, 이것은 친족의 법칙에 의해 규제된다. 둘째 차원은 물자와 서비스의 커뮤니케이션으로, 이것은 경제법칙에 따라 이루어진다. 셋째 차원은 메시지의 커뮤니케이션으로, 이것은 언어학적 법칙에 의해 규제된다. 이 세 차원은 모두 종합적인 인류학적 구상 속에 포함되기 때문에 레비 스트로스는 자신의 이론을 설명하는 데 있어 끊임없이 언어학적 방법에 대한 비유를 사용하였다.『친족의 체계는 하나의 언어이다』[18] 혹은『그러므로 언어의 구조와 친족의 구조는 형식적인 면에서 서로 대응 관계를 이룬다고 가정하자』[19) 같은 표현이 이러한 비유의 대표적 예들이다. 레비 스트로스에 의해 언어학은 선도 학문의 반열에 올라서게 되었으며, 학문의 기본 모델이 되었다. 또한 인류학은 언어학 덕택에 과거의 형질인류학에서 탈피하여 문화적·사회적인 것을 다루는 새로운 학문으로 재탄생할 수 있게 되었다. 야콥슨을 통하여 레비 스트로스는 매우 일찍부터 언어학의 이러한 전략적 역할을 인식하였다. 따라서 우리는 레비 스트로스에게 있어서의 언어학의 공헌이란 『의미는 항상 위치에서 생겨난다』[20) 라는 생각을 하게 해준 것뿐이라고 폄하한 장 푸이용의 의견에 결코 동의할 수 없다. 실제로 레비 스트로스의 박사 논문인 〈친족의 기본 구조〉에서부터 벌써 구조주의적 패러다임의 양대 원동력인 언어학과 수학, 즉 자연언어를 다루는 학문과 공리화된 언어를 다루는 학문이 함께 나타난다. 레비 스트로스는 시몬 베유의 오빠인 앙드레 베유를 통해 구조수학을 하는 부르바키 그룹을 알게 되었고, 이들의 지원을 얻어 연구를 진행하였다. 앙드레 베유는 바로 레비 스트로스의 책의 수학적 부록을 쓴 장본인이기도 하다. 레비 스트로스의 발견을 수학적 도식으로 바꾸어 쓴 이 부록에는 야콥슨이 언어학 분야에서 이룩한 전환과 같은 전환이 발견된다. 즉, 지금까지 관계망을 이루는 여러 요소들에 주로 관심을 두었다면 여기서는 이들 여러 항 사이의 관계에 관심이 돌려진 것이다. 그리고 이때 문제가 되는 것은 이 항들의 내용이 아니라 그것들의 상대적인 위치인 것이다.

아직 자리를 잡지 못하고 걸음마 단계에서 머물고 있던 흐리멍텅한 사회과학에 이러한 엄정성과 과학성이 도입되어 좋은 결과를 거두자, 이와 함께 사회과학이 자연과학과 동등한 과학성에 도달할 수 있다는 꿈도 커져 갔다. 『클로드 레비 스트로스의 책을 통해 사람들은 사회과학이 뉴턴의 물리학과 마찬가지로 완전한 과학이 될 수 있을 것이라는 인상을 받았다……이러한 과학주의는 신뢰성을 획득하였다. 왜냐하면 언어학은 자연과학에서 말하는 의미의 과학성을 가지고 있는 것처럼 보였기 때문이다……그리고 무엇보다도 이것이 바로 성공의 열쇠였다.』[21] 이 길은 여러 가지 좋은 결과를 산출할 수 있는 길이었다. 그러나 이 길은 또한 20여 년간 사회과학계를 사로잡았던 환상과 신기루로 점철된 길이기도 하였다.

반향의 파장

《친족의 기본 구조》가 출간되자 그 반향은 즉각적이었다. 여기에는 시몬 드 보부아르의 공헌이 절대적이었다. 보부아르는 《현대》지에 게재된 서평에서 이 책에 대해 칭찬을 아끼지 않았다. 이 글은 레비 스트로스의 책을 인류학이라는 좁은 학문 영역을 넘어 보다 넓은 지식인 사회로 전파하는 데 커다란 공헌을 하였다. 프랑스 지식인들은 레비 스트로스의 두꺼운 책을 직접 읽기보다는 주로 이 글을 통해 레비 스트로스를 접하였고, 또 이를 기초로 논의를 전개하였다. 장 푸이용 역시 이러한 지식인 중의 하나로, 그는 처음에는 레비 스트로스의 저작을 읽지 않다가 《슬픈 열대》부터 원문을 직접 읽기 시작하였다. 구조주의의 첫 저작이라고 할 수 있는 이 작품이 사르트르적 실존주의의 기관지라고 할 수 있는 《현대》지에 의해 전파된 것은 매우 아이러니컬한데 그 전후 상황은 다음과 같다. 시몬 드 보부아르는 레비 스트로스와 동갑이었으며, 2차대전 전 그녀가 교수 자격시험을 준비하고 있을 때 레비 스트로스를 만난 적이 있기 때문에 그와는 약간의 친분 관계를 유지하고 있었다.

《제2의 성》의 집필 마지막 단계에 이르러 있던 보부아르는 미셸 레리스[22]로부터 레비 스트로스가 친족의 체계에 대해 논문을 써서 출판 단계에 있다는 사실을 전해 들었다. 인류학적 관점에 흥미를 느낀 보부아르는 《제2의 성》을 끝내기 전에 레비 스트로스의 책을 볼 수 있도록 교정쇄를 한 벌 얻어 줄 것을 부탁하였고, 레비 스트로스는 이를 흔쾌히 수락하였다. 『그러므로 그녀는 클로드 레비 스트로스에게 감사를 표시하기 위하여 《현대》지에 긴 서평을 썼던 것이다.』[22] 이 서평에서 그녀는 레비 스트로스의 논문의 가치를 매우 높게 평가한다. 그녀는 『지금까지 프랑스 사회학은 오랫동안 잠을 자고 있었다』[23]면서, 레비 스트로스의 저작을 잠을 깨우는 행위로 이해한다. 그녀는 레비 스트로스의 방법과 결론에 동의하였으며, 독자들에게 이 책을 읽어볼 것을 권유하였다. 그러나 그녀는 이 책에 실존주의적 색채를 덧입힘으로써 이 책을 사르트르 계열에 집어넣었다. 이것은 분명히 오해의 산물이거나 아니면 아전인수격의 태도이다. 그녀는 레비 스트로스가 친족 구조의 논리만 기술할 뿐 결코 그 구조의 기원은 밝히지 않는다고 주장하면서 그녀 스스로 이에 대한 대답을 제시하였는데, 아래의 인용에서 보듯이 이 대답이란 매우 사르트르적인 것이었다. 『레비 스트로스는 결코 철학의 영역에 손을 대려 하지 않는다. 그는 결코 엄정한 과학적 객관성에서 벗어나지 않는다. 그러나 그의 사상은 분명히 휴머니즘적 사상, 즉 인간 존재를 그 자체 속에 자신의 존재 이유를 포함하고 있는 즉자적인 존재로 보는 그러한 사상적 조류에 속한다.』[24]

《현대》지는 레비 스트로스의 저작을 널리 알리는 데 지대한 공헌을 하였다. 1951년 초에는 클로드 르포르 또한 이 잡지에 레비 스트로스에 대한 논문을 실었는데, 여기서 르포르는 상당히 비판적인 입장을 취하였다. 그는 레비 스트로스가 경험으로부터 의미를 제거

---

2) 프랑스 초현실주의 작가·인류학자(1901-1990). 대학에서 민속학을 공부하고 다카르 탐험에 참가했다.

하였을 뿐만 아니라 수학적 모델을 현실보다 더 중요하게 취급하였다고 비난하였다.『레비 스트로스는 사회에 있어서 사람들의 구체적인 행위보다는 법칙을 더 중요시하였는데, 이러한 그의 태도에는 비판의 소지가 있다.』[25] 그러나 장 푸이용은 1956년에 레비 스트로스의 저작에 관한 논의를 결산하면서 클로드 르포르의 비난이 근거 없는 것이라고 일축하였다. 왜냐하면 레비 스트로스는 현실과 수학적 모델을 결코 혼동하지 않았을 뿐만 아니라 이 둘 중 후자를 우대하지도 않았기 때문이다. 푸이용에 의하면 수학적 모델의 존재화(ontologisation)는 결코 일어나지 않았다. 왜냐하면『현실에 대한 이러한 수학적 표현은 결코 현실과 혼동되지 않기 때문이다.』[26] 1950년대 중반에는 이처럼 모두들 레비 스트로스의 의견에 동조하는 분위기였다. 그러나 이러한 상황은 구조주의적 패러다임의 약화와 함께 영국과 프랑스에서 여러 가지 비판이 대두되면서 변화하기 시작한다. 이러한 변화에 결정적인 역할을 한 것은 바로 1968년 5월 혁명이었다.

구조주의 프로그램의 모색 : 레비 스트로스의 모스

레비 스트로스는 《친족의 기본 구조》에서 하나의 특별한 주제, 곧 인류학에 특유한 친족의 문제를 집중적으로 다룬다. 그러나 그의 〈마르셀 모스의 저서에 대한 서론〉은 사정이 다르다. 이 책에서 그는 프랑스 인류학의 뒤르켐파 대가들 가운데 하나인 모스의 저서를 단순히 소개하는 것으로 만족하지 않는다. 그는 이 글을 자기 자신의 구조주의 프로그램을 규정하기 위한 기회, 다시 말해서 하나의 엄밀한 방법론을 개진하는 계기로 삼는다. 따라서 기이하게도 처음에는 겸손하고 의례적인 서문으로 보이는 것이 사실은 획기적인 것으로 드러난다. 거기에서는 인문사회과학 전체를 대상으로 한 통일된 프로그램이 최초로 규정되어 있다. 이와 같은 프로그램은 사실 아직 미확정 상태인 어떤 광범위한 관념학을 명확히 규정하려 했던 데스튀트 드 트라시[1]를 비롯한 19세기 초 관념학파의 시도 이래 계속해서 제안되어 왔다. 그러나 소극적인 제안에 그치지 않고 적극적인 규정으로 나아간 것은 레비 스트로스의 이 글이 처음이다. 또 하나의 놀랄 만한 것은 나중에 레비 스트로스의 입장에 매우 적대적이 되는 사회학자 조르주 귀르비치[2]가 레비 스트로스

---

1) 스코틀랜드 명문가 출신의 프랑스 관념학파 철학자(1754-1836).
2) 러시아 태생의 프랑스 사회학자(1894-1965)로서, 사회학을 더욱 엄밀한 학문으로 만들기 위해 사회학과 철학의 변증법적 관계를 옹호했다.

에게 이 서론을 프랑스 대학 출판사 총서의 하나로 발간하자고 요청했다는 사실이다.

게다가 조르주 귀르비치는 자신과 레비 스트로스 사이의 거리를 곧바로 파악하며, 그가 추가한 구절에서 알 수 있듯이, 모스의 저서를 매우 유별나게 해독하는 레비 스트로스의 해석방법에 대하여 『바로 여기서 사태가 악화되기 시작했다』[1]라고 규정하면서, 레비 스트로스의 모스 해석에 찬동하고 싶지 않은 속마음을 내보인다. 반면에 알지르다스 쥘리앵 그레마스는 이 텍스트의 중요성을 정확히 인식했다. 당시에 그는 알렉산드리아에 있었으며, 지적 양식에 굶주린 처지에서 〈마르셀 모스의 저서에 대한 서론〉을 읽게 되었다. 그는 다른 책들도 읽었겠지만 특히 이 글을 읽고 나서 인문사회과학을 총괄하는 하나의 방법론을 구축하려는 계획을 품게 된다. 『책의 관점에서 보자면 아마도 바로 이 글이 구조주의에서 가장 큰 구실을 하게 될 것이다. 구조주의란 결국 언어학과 인류학의 만남이다』[2] 그러니까 레비 스트로스는 마르셀 모스의 저서가 누려온 권위에 기대어 인류학을 이론적으로 정립하고, 현지에서 관찰된 사실들의 의미를 설명할 수 있는 모델에 의거하여 인류학 연구를 시작하는 셈이다. 이런 연유에서 언어학이 원용된다. 언어학이 개념을 그 개념이 표상하는 대상에 적합하게 만드는 가장 좋은 수단으로 제시된 것이다. 그는 자연과학에서처럼 인류학에서도 사실이란 그 자체로 존재하는 것이 아니라 오로지 구성될 뿐이라는 기본 전제에서 출발한다. 이것은 현대언어학의 기본 전제와 유사하다. 이처럼 언어학에 힘입어 예전의 자연주의적 또는 에너지론적 인류학 모델들이 일소된 것이다. 언어학은 인류학을 문화 쪽으로, 상징계 쪽으로 끌어당기는 도구가 된다. 레비 스트로스가 이러한 방법론상의 프로그램을 정한 것은 프랑스의 일반적인 민족학 연구 동향에 비추어 볼 때 대단히 유별난 노릇이었다. 그는 인류학을 테크놀로지·박물관으로부터 떼어내어 개념과 이론 쪽으로 향하게 했다. 『모든 것이 박물관에서 출발하여 박물관으로 돌아간다. 그런데 레비 스트로스는 인류학을 이론적으로 정립하기 위해 박물관에서 벗어난다』[3] 그러므로 레비 스트로스는 모스를 구조주의의 정신적 아버지로 보는 셈이다. 물론 이 선택에는 여느 선택처럼 임의적인 측면이 있다. 그리고 이 선택에 깃들어 있는 레비 스트로스의 불공평한 처사는 장 자맹이 구조주의 패러다임의 고고학에서 모스보다 더 선구적이라고 여기는 로베르 에르츠[3]를 망각으로부터 발굴해 낼 때 강조하는 바이다. 1915년 1차대전중에 죽은 로베르 에르츠는 몇몇 텍스트들을 남겼다. 이것들은 『내 생각에 구조주의 정립의 토대가 되는 글들이다. 이는 영국의 민족학자 니덤이 《오른쪽과 왼쪽》이라는 저서 전체를 로베르 에르츠에게 헌정하게 된다는 점으로 미루어 짐작할 수 있다』[4] 이 텍스트들 중의 하나에는 실제로 구조 이원성이 내포되어 있다. 〈오른손의 우위〉[5]는 오른쪽 신성(神聖)과 왼쪽 신성 사이의 종교적 극성(極性)이 실재한다는 발견으로 귀착한다. 로베르 에르츠는 아마 생물학적 바탕에서 기인했을 측성화(側性化)가 어떤 점에서 상징적 차원에 토대를 두고 있는가를 보여 주며, 오른쪽의 길하고 순수한 양상을 왼쪽의 불순함과 불길함에 대립시킨다. 『이 발견은 생각보다 훨씬 더 큰 중요성을 지니게 된다. 왜냐하면 사회학 콜레주에서 미셸 레리스·조르주 바타유·로제 카유아가 이 신성의 극성을 다시 취급하게 되기 때문이다』[6]

---

3) 프랑스 사회학자·민족학자(1881-1915). 그가 남긴 글들은 마르셀 모스에 의해 《종교사회학 및 민속학 논문집 Mélanges de sociologie religieuse et folklore》(1928)으로 묶여 발간되었다. 이 책은 1970년에 《종교사회학 및 민속학 시론 Essais de sociologie religieuse et folklore》이란 제목으로 재발간되었다.

무의식

그러나 레비 스트로스는 모스의 〈현대성〉[7]을 강조하며 모스에게 기댄다. 그는 모스를 인류학적 관점에서 다른 인문사회과학 분야들에 접근하기 시작한 사람, 그리하여 인류학과 다른 분야들과의 학제간 연구의 초석을 놓은 사람으로 생각한 것이다. 민족학과 정신분석 사이의 관계도 이러한 식이다. 이 두 분야는 상징계가 공통의 분석 대상이다. 상징계에는 경제나 친족 또는 종교 체제들이 모두 포함된다. 여기에서도 레비 스트로스는 모스에게 기댄다. 모스는 1924년부터 사회생활을 〈상징적 관계들의 세계〉[8]로 정의했다. 레비 스트로스는 망아상태의 샤먼에서 신경증 환자까지 자기 자신의 비교 연구를 인용하면서 모스와 동일한 계통의 연구를 수행한다.[9] 레비 스트로스는 모스가 《주는 행위에 관한 시론》에서 표명한 바 있는 야망, 곧 사회 현상 전체를 연구하려는 야망을 품는다. 그렇지만 사회원자설이 극복된 이후에야, 그리고 『모든 행동의 물리적·생리적·정신적·사회학적 측면들을 동시에 설명하는』[10] 총체적인 해석 체계로서의 인류학에 모든 사실들을 통합하는 것이 가능해진 연후에야 총체성이 실재하게 된다. 이러한 총체성의 중심을 차지하는 것은 겉보기에는 자연의 기호이나 사실은 전적으로 문화에 관련된 기호, 곧 인간의 몸이다. 그런데 모스는 〈몸가짐의 고고학〉[11]을 도입한다. 이것은 나중에 미셸 푸코가 더 자세하게 다루어 성공시킬 프로그램이다.

몸의 핵심에는 무의식이 있다. 레비 스트로스는 무의식의 우위를 강조한다. 이 무의식의 우위는 구조주의 패러다임의 주요 특징이 된다. 이 점과 관련해서도 레비 스트로스는 모스에게서 선구적 태도를 읽어낸다. 『모스가······무의식을 사회 현상들에 특유한, 그리고 공통적인 특징을 결정하는 인자로 간주하여 그것을 끊임없이 원용하는 것은 놀랄 일이 아니다』[12] 그런데 무의식으로의 접근은 언어를 매개로 하여 이루어진다. 이 언어의 영역에서 레비 스트로스는 소쉬르의 현대언어학을 동원한다. 이 현대언어학에서는 언어 현상들이 무의식적 사유의 층위에 놓인다.『정신분석에서 우리들 자신으로 하여금 우리들의 가장 낯선 자아를 되찾도록 해주는 것과, 민족학적 조사에서 우리들로 하여금 또 하나의 우리 자신이라고 할 수 있는 가장 낯선 타자에게로 접근하게 하는 것은 동일한 유형의 활동이다』[13] 여기에서 레비 스트로스는 위대한 구조주의 시대를 비추는 두 등대 학문, 곧 인류학과 정신분석의 근본적인 결합을 확고히 표명하고 있다. 그의 이 표명은 매우 타당하다. 왜냐하면 구조주의 시대에 이 두 분야는 또 하나의 선도 학문, 즉, 학문 탐구의 진정한 모델이라고 할 수 있는 언어학을 토대로 발전했기 때문이다.

구조주의 시대의 또 다른 특징은 레비 스트로스가 일종의 선언 서라고 할 수 있는 〈마르셀 모스의 저서에 대한 서론〉에서부터 표명해 온 바로서, 소쉬르적 기호 개념에서 기의가 배제되는, 다시 말해서 기표는 강화되고 기의는 약화되는 현상이다. 이것은 특히 라캉의 경우에서 두드러지게 나타난다.『사회체도 언어처럼 자율적인 (게다가 동일한) 현실이다. 상징들에 의해 상징되는 것들보다 상징 그 자체가 더 실재적이며, 기표는 기의에 선행하고 기의를 결정한다』[14] 바로 이런 대목에서 인문사회과학 전체를 위한 총괄적인 기획이 여물어 갔다. 이를테면 인문사회과학의 영역에서 어떤 광범위한 기호학 프로그램이 구현된 것이다. 이러한 프로그램은 인류학에 힘입어 활기를 띨 판이었다. 왜냐하면 인류학만이 여러 인문사회과학 분야들의 연구 활동을 종합할 수 있기 때문이었다. 레비 스트로스는 여기에서 학제간 연구의 지평뿐만 아니라 구조주의의 규범적

테제를 규정한다. 그는 약호가 전언에 선행한다고, 약호가 전언에 예속되어 있는 것은 아니라고, 그리고 주체는 기표의 법칙을 따르게 되어 있다고 확언한다. 구조주의적 사유방법의 핵심은 바로 여기에 있다. 『약호의 기본적 특성은 그것이 다른 약호로 번역될 수 있다는 점이다. 약호를 약호이게 하는 이 속성이 바로 구조라고 불린다.』[15]

마르셀 모스에게 진 빚

레비 스트로스는 마르셀 모스를 구조주의 프로그램의 선도자로 치켜세움으로써 모스에게 진 빚을 갚는다. 왜냐하면 《친족의 기본 구조》의 중심적인 학설을 고취시킨 것은 뭐니뭐니 해도 마르셀 모스이기 때문이다. 《주는 행위에 관한 시론》, 특히 이 책에 피력되어 있는 상호성 이론이 《친족의 기본 구조》에 모델의 구실을 했다. 모스의 상호성 이론은 친족 관계에 대한 레비 스트로스의 연구를 통해 확장되고 체계화된다. 상호성의 법칙, 이에 따른 삼중의 책무, 곧 주기·받기·돌려 주기는 결혼에 의한 여자 교환의 기초를 이룬다. 주기, 그리고 받은 대가로 주기라는 행위를 추적함으로써 결합·등가·연대(連帶)의 조직망이 파악될 수 있다. 이 조직망들의 규칙은 집단에 따라 다른 것이 아니라 매우 보편적이다. 그러므로 이러한 조직망들 역시 하나의 경험적 여건이 아니라 그 이상의 것으로 이해되어야 한다. 바로 이 층위에서 근친결혼의 금지가 이해 가능한 것으로 밝혀질 뿐만 아니라, 보편적인 것으로 인정되어 사회 전체의 설명에 필요한 열쇠의 가치를 갖게 된다. 『근친결혼의 금지는 상호성에 토대를 둔 규범이다. 이것이 사회적으로 확대된 형태인 족외 결혼도 마찬가지이다……근친결혼이 금지된다는 사실만으로는 근친결혼 금지의 내용이 완전히 규명되지는 않는다. 근친결혼의 금지는, 교환을 보장하고 확립하기 위한 수단일 뿐이다」[16]

그러므로 혼인을 통해 여자들이 유통되는 현상의 핵심에 교환이 자리잡는다. 교환은 진정한 관계 설정의 구조이다. 이것에 입각하여 사회 집단들이 상호 관계를 확립한다. 근친결혼이 금지되는 것은 근친결혼이 도덕적으로 비난받을 만하거나 양심에 가책이 되기 때문이 아니라, 사회 관계의 토대를 이루는 교환 가치가 근친결혼에 의해 손상되기 때문이다. 마가렛 미드가 연구한 아라페쉬족의 경우에 자기 누이와 결혼하는 것은 불합리한 짓이다. 왜냐하면 그것은 매형이나 매제를 포기하는 것이기 때문이다. 매형이나 매제가 없다면 누구와 함께 물고기를 잡거나 사냥을 하겠는가?『근친결혼은 도덕적으로 유죄이기 이전에 사회적으로 불합리하다』[17] 그러므로 《주는 행위에 관한 시론》은 실로 새로운 시대의 기원을 이루는 책이다. 이 책에서 온갖 교훈을 끌어내는 레비 스트로스는 이 책을 현대의 수학적 사유에서 조합론이 발견된 것에 비유한다.『근친결혼의 금지는 어머니나 누이 또는 딸과의 결혼을 금하는 규범이라기보다는 오히려 어머니나 누이 또는 딸을 타인에게 제공하도록 강요하는 규범이다. 근친결혼의 금지는 증여행위에 관한 전형적인 규범이다』[18] 여기에 명백하게 함축되어 있는 다산성과 친자 관계는 〈마르셀 모스의 저서에 대한 서론〉에서도 생생하게 확인해 볼 수 있다. 레비 스트로스가 제시하는 프로그램에서는 음운론의 결정적인 성과, 즉 트루베츠코이와 야콥슨의 저술, 그리고 이 두 언어학자가 도입한 임의 변이체·결합 변이체·집단 용어·중화를 비롯하여 경험적 자료의 불가피한 축소를 가능하게 하는 여러 개념들이 모스의 관점에 다시 덧붙여진다. 레비 스트로스는 이 텍스트에서 구조주의 프로그램을 분명히 정의한다.『나에게 구조주의는 〈마르셀 모스의 저서에 대한 서론〉에서 찾아볼 수 있는 상징적인 것에 관한 이론이다. 언어와 친족 규범들의 독립성은 바로 상징적인 것의 자율화, 기표의 자율화를 의미한다.」[19]

칸트 철학의 한 형태

레비 스트로스가 철학의 영토를 떠나 다른 지식의 영역으로 들어갔기 때문에 분명하게 단언할 수는 없지만, 이러한 구조주의 프로그램의 기저에는 칸트 철학이 있다고 말할 수 있다. 모든 사회 체제를 본체의 범주로 작용하는 근본 범주들에 결부시키려 한다는 점에서 칸트 철학의 흔적을 간직하고 있다는 것이다. 구조주의 프로그램에서는 〈선험적〉 범주들에 의해 사유가 제어된다. 물론 사회에 따라 사유가 그 사회에 맞게 변하지 않는 것은 아니다. 그렇지만 매경우마다 복원되는 것은 언제나 인간의 정신이다. 레비 스트로스의 이와 같은 칸트적 측면은 철학에서라기보다는 오히려 음운론에서 연유한 것이다. 그래서 제로 음소에 대한 야콥슨의 정의(1949)와 제로 상징가(象徵價)에 대한 레비 스트로스의 정의는 조목조목 상응한다. 야콥슨의 경우로 말하자면 제로 음소는 어떤 변별적 특징도, 어떤 일정한 소리값도 내포하지 않는다는 점에서, 그리고 음소의 부재가 일어나지 않도록 막는 고유한 기능 때문에 다른 음소들 전체와 대조를 이룬다. 한편, 레비 스트로스는 상징 체계의 정의가 모든 우주론의 본질적인 부분이라고 말한다.『상징 체계는 단순히 제로 상징가일 것이다. 다시 말해서 이미 기의를 채우고 있는 상징 내용 이외에 여분의 상징 내용이 필요하다는 것을 가리키는, 그러나 어떤 가치로도 변화될 수 있는 기호일 것이다.』[20]

귀르비치는 레비 스트로스가 모스 저서의 진실을 왜곡시켰다고 보았으며, 클로드 르포르 역시 이에 동조한다. 르포르는 1951년

《현대》지에 실린 논문에서 《친족의 기본 구조》와 〈마르셀 모스의 저서에 대한 서론〉을 공격하면서, 사회 관계를 수학적으로 설명하려는 의지와 이 프로그램에서 기인하는 의미 상실을 비난한다. 클로드 르포르에 의하면, 사회 현상들을 하나의 상징 체계로 환원하는 것은 『모스의 발상과 동떨어진 것으로 보인다. 왜냐하면 모스가 겨냥하는 것은 상징이 아니라 의미이기 때문이다. 그가 지향하는 방향은 체험의 차원을 떠나지 않고 행위에 내재하는 의도를 이해하는 것이지 구체적인 사실을 의미 없는 껍데기에 불과한 것으로 폄하하면서, 논리적 질서를 정립하는 것이 아니다.』[21] 클로드 르포르는 레비 스트로스의 프로그램에 깔려 있는 과학지상주의를, 그리고 수학의 진실성 아래 더 깊은 현실이 숨겨져 있다는 그의 믿음을 비판한다. 레비 스트로스에게서 그는 칸트적 관념론의 흔적을 알아본다. 클로드 르포르에 의하면, 레비 스트로스의 칸트적 관념론은 무의식이란 용어의 허울을 쓰고 있지만 본질적으로는 칸트가 말하는 의미에서의 초월적 의식을 의미하며, 그것은 〈무의식의 범주〉나 〈집단 사유의 범주〉[22]라는 표현들로 드러난다. 그리고 경험 주체들의 행동은 초월적 의식에서 연역되는 것이 아니라 그와는 정반대로 경험을 통해 구성된다고 단언함으로써, 클로드 르포르는 레비 스트로스의 관념론을 뒤엎는다. 우리는 클로드 르포르가 표명한 비판에서도, 구조주의 프로그램에 대한 레비 스트로스의 진술에서도, 합리성이 핵심을 차지하고 있다는 것을 알아차릴 수 있다. 구조주의에 관한 50-60년대의 모든 논쟁과 싸움은 바로 이 합리성이란 핵을 둘러싸고 벌어진다.

5

비정규병 : 조르주 뒤메질

1979년 6월 13일 조르주 뒤메질은 프랑스 학술원 회원으로 선출된다. 그를 프랑스 학술원 회원으로 맞아들여 그의 저서를 종합한 동료는 다름 아닌 클로드 레비 스트로스이다. 이 선택은 우연한 상황의 탓이 아니라, 그들이 세운 연구 계획의 유연성(類緣性) 때문이다. 물론, 두 사람은 각기 다른 연구 계획을 세워놓고 있었다. 그리고 뒤메질로 말하자면, 그는 자신의 연구를 자신이 납득하지 못하는 이론 모델에 흡수시키려는 모든 시도에 대해 줄곧 불신하는 태도를 보였다. 뒤메질로서는 자신이 구조주의의 역사에서 언급되는 것을 용납하기 어려웠을 것이다. 그는 구조주의에 대해 생소함을 느끼고 있었다.『나는 구조주의자가 아닐 뿐더러 구조주의자일 필요도, 구조주의자가 아닐 필요도 없다』[1] 그러므로 그의 입장은 실체를 파악하기가 어렵다. 그는 구조주의로의 온갖 회유를 미리 피하기 위해 〈구조〉라는 낱말의 언급을 철저하게 기피하기까지 한다. 젊은 시절에 추상적인 체계에 대한 열정 때문에 호되게 당한 적이 있는 그는 소란스러움을 피해 문헌학의 영역에 전념한다.

뒤메질의 위치가 특이하다는 것은 확실하다. 그가 따른 학문적 계보는 그의 연구 활동이 남긴 유산의 계보처럼 설명하기 어려운 굴곡을 따르고 있다. 조르주 뒤메질은 레비 스트로스와는 달리 학파의 중심 인물도 아니었고, 옹호해야 할 특별한 전문 분야의 실용적인 기치도 내걸지 않았다. 그런 만큼 그는 재능 있는 혁신가, 고독한 단독 행동자, 비교신화학의 진정한 선구자처럼 보인다. 그는 이미 개척된 전문 분야들에 눈길을 주지 않고 홀로 비교신화학의 윤곽을 그려나갔다. 그러한 전문 분야들 편에서도 그를 무시했다. 그는 독점 또는 제도적 토대 마련에 신경을 쓰지 않고 새롭고도 풍요로운 연구를 다양한 방식으로 수행했으리라고 짐작된다. 그렇다고 해서 그의 의지를 거슬러, 이 인도-유럽 신화학의 야심가가 답파한 몇몇 혁신의 발자취를 구조주의 패러다임이 완성되는 과정의 테두리 안에서 간단하게 언급해 볼 수는 없는 것일까? 그렇지 않을 것이다. 그런 만큼 레비 스트로스가 그를 프랑스 학술원 회원으로 받아들인 것은 당연하다. 레비 스트로스는 그를 프랑스 학술원 회원으로 맞아들이면서, 그가 1973년에는 구조 또는 구조적이라는 용어를 거부했지만 그의 학설 전체를 규정짓기 위해서는 이 용어를 떠올릴 수밖에 없으리라고 그에게 말했다.

게다가 이 두 사람이 지적으로 뜻이 맞은 것은 뒤메질이 프랑스 학술원 회원으로 받아들여지기 훨씬 전이었다. 그들은 1946년부터 서로 알게 되었다. 뒤메질은 우선 레비 스트로스가 고등연구원 교수로 선임될 때, 그리고는 1959년 레비 스트로스가 콜레주 드 프랑스 교수로 뽑힐 때 결정적인 역할을 했다. 그렇지만 그들 사이의 친근성이 경력상의 배려로만 생겨난 것은 아니다. 레비 스트로스는 교수 자격시험을 준비하면서 뒤메질의 저서를 발견한다. 그러나 이것은 우연한 첫번째 접촉일 따름이었다. 훗날 전쟁이 끝난 뒤, 민족학자가 된 레비 스트로스는 자신의 뒤메질 발견을 오랫동안 숙고하며, 뒤메질이 『구조 연구방법의 선구자였다』[2]라는 것을 마음 속으로 확신하게 된다. 더군다나 그들에게는 같은 스승이 두 명 있었다. 이미 살펴보았듯이 레비 스트로스에 대한 모스의 영향은 막대했다. 또한 마르셀 그라네[1]의 강의를 뒤메질이 듣게 된다. 그리고 레비 스트로스가 회상한 바 있듯이 마르셀 그라네는 레비 스트로스가 친족 관계를 연구 주제로 선택하는 데 중대한 영향을 끼쳤다. 사실 레비 스트로스는 몽펠리에에서의 고등학교 시절에 〈고대 중국에서의 결혼 범주와 근친 관계〉를 읽음으로써 마르셀 그라네를 발견한다. 뒤메질로 말하자면 마르셀 그라네의 저서로부터 훨씬 더 뚜렷한 영향을 받았다. 그는 1933-1935년에 동양어 학교에서 마르셀 그라네의 강의를 들었다. 『뭐라 말할 수 없는 일종의 변모 또는 성숙이 나에게 일어난 것은 그라네의 강의에 귀를 기울이고, 그라네를 바라보면서였다.』[3]

실제로 뒤메질은 구조주의의 주류와는 따로 떨어져 독자적인 위치를 차지하며, 그 자신 또한 이 동향에 흡수되기를 꺼렸다. 뒤메질의 이러한 입장은 모든 구조주의 활동의 불가피한 기준이 된 사람, 페르디낭 드 소쉬르의 영향이 그에게는 부재한다는 점에서 기인한다. 뒤메질은 언제나 문헌학자로 알려져 있었다. 이런 이유로 그의 저서는 소쉬르적 〈단절〉 이전의 유산에 포함된다. 다시 말해서 19세기 문헌학자들이 즐겨 행했던 비교연구, 특히 프리드리히와 아우구스트 빌헬름 폰 슐레겔 형제,[2] 아우구스트 슐라이허[3]와 프란츠 보프[4]가 행한 연구 활동의 맥을 잇고 있다. 특히 프란츠 보프는 산스크리트어·그리스어·라틴어, 그리고 슬라브어의 어휘적이고 통사론적인 연관성을 분명하게 밝혀놓았다.[4] 뒤메질은 이러한 역사언

---

1) 프랑스 중국학자(1884-1940). 파리 대학의 고등중국학연구소를 창설하는 데 이바지했다.
2) 동생인 프리드리히(1772-1829)는 독일 낭만주의 작가 겸 학자로서, 《인도인들의 언어와 철학에 관하여 Sur la langue et la philosophie des Indiens》(1808) 같은 저서를 남겼다. 형인 아우구스트 빌헬름(1767-1845) 역시 독일 낭만주의 작가로서, 스탈 부인의 《독일론 De l'Allemagne》에 영향을 주기도 했다.
3) 독일 언어학자(1821-1868). 비교문법 전문가로서 원시 인도-유럽어를 재구성하려고 시도했다.

어학의 동향에 훨씬 더 긴밀하게 연결되어 있다. 역사언어학은 19세기 초부터 하나의 공통된 뿌리, 하나의 모어(母語), 곧 인도-유럽어에서 파생한 이 다양한 언어 체계들 사이의 연관성을 기본 전제로 하여 시작되었다. 뒤메질은 또한 언어과학의 탄생의 기초적 개념이 되는 변형의 개념을 이 역사문헌학의 동향에서 이끌어 낸다. 이 개념은 눈부신 성공을 거두게 된다. 말하자면 대부분의 구조주의적 연구 활동에서 핵심적인 자리를 차지하게 되는 것이다. 그리고 레비 스트로스는 이런 점에서도 뒤메질이 선구자라고 생각한다.『선생은 우리들 중에서 변형의 개념을 최초로 사용함으로써,〔인문사회과학에〕가장 훌륭한 도구를 제공한 셈입니다.』[5]

물론 뒤메질은 현대언어학에서 동떨어져 있지 않았다. 요컨대 그가 소쉬르의 저서를 몰랐던 것은 사실이지만, 그렇다고 해서 그가 소쉬르의 제자들 가운데 하나인 앙투안 메예[5]와 에밀 벤베니스트의 저서를 모르고 있었던 것은 아니다. 특히 에밀 벤베니스트는 1948년 모든 전통 옹호자들이 이 성가신 선구자[6]에 대해 반대하는 가운데 치열한 논쟁도 마다하지 않고 온 힘을 다해 뒤메질을 지지하여 뒤메질이 콜레주 드 프랑스 교수로 선임되게 하는 데 크게 이바지한 바 있다. 중세 연구가 에드몽 파랄, 로마 전문가 앙드레 피가뇰, 슬라브어 학자 앙드레 마종이 모두 뒤메질의 교수 선임에 반대했지만, 뒤메질은 에밀 벤베니스트가 주도한 격렬한 논쟁과 쥘 블로크 · 뤼시앵 페브르 · 루이 마시뇽 · 알프레드 에르누 · 장 포미

---

4) 독일 언어학자(1791-1867). 비교문법의 창시자 가운데 한 사람으로서, 그의 주저는 6권으로 간행된 《산스크리트어 · 젠드어 · 아르메니아어 · 그리스어 · 라틴어 · 리투아니아어 · 고대 슬라브어 · 고트어 · 독일어를 포함하는 인도-유럽어들의 비교문법》이다.
5) 프랑스 언어학자(1866-1936). 그의 연구는 기본적으로 인도-유럽 언어 체계들에 관한 역사적 연구와 일반언어학의 두 방향을 지향한다.
6) 콜레주 드 프랑스 교수 자리에 지원한 뒤메질을 말한다.

에의 지지 덕분으로 승리를 거두었다. 그러므로 뒤메질에게서는 마르셀 모스에 의해 표현된 바 있는, 총체적인 사회 현상에 대한 뒤르켐적 의지, 즉 사회·신화·종교를 하나의 전체로 생각한다는 사실이 다같이 확인된다. 이로 말미암아 그는 자연스럽게 구조라는 개념을 사용하기에 이른다. 그는 또한 다른 구조주의자들과 마찬가지로 언어 체계를 이해 가능성의 본질적인 매개물, 전통의 전달 수단, 낱말들 아래에서 개념들의 항구성을 회복하게 해주는 불변요소의 구현물로 여긴다. 한 언어적 모델의 변이를 파악하기 위해 그는 차이·유사성·가치 대립의 개념들을 사용한다. 그런데 이 개념들은 모두 비교연구적, 혹은 구조주의적이라고 불리는 방법론에서 사용되는 도구들이다.

삼기능성

조르주 뒤메질이 우리들의 확신을 뒤엎게 될 고성능 폭탄을 설치한 것은 1938년으로 거슬러 올라간다. 물론 그것이 정말로 폭발한 것은 2차대전 이후이기는 하였지만. 1924년에 출판되기 시작한 그의 많은 저작물들 사이에 어떤 인식론적 단절이 있다면, 그것은 1938년에 그가 인도와 관련된 일련의 객관적 사실과 로마와 관련된 일련의 객관적 사실을 성실하게 비교 검토한 뒤에, 로마의 주요 제관을 주피터·마르스·퀴리누스를 섬기는 세 부류로 나누어 설명하고, 이 세 부류와 베다 시대 인도의 세 가지 사회 계급, 곧 사제·전사·생산자 사이의 상관성을 설파하는 시기에 놓여 있을 것이다.[6] 삼부분 또는 삼기능 이데올로기가 인도-유럽인들에게 공통적으로 나타난다는 가설은 바로 이러한 발견에서 연원한다. 뒤메질은 죽을 때까지 끊임없이 이 가설을 붙들고 연구를 계속한다. 그리하여 인도-유럽 상상계에 관한 고고학자가 된다. 이 발견에 대해 그가 어떻게 말하건 상관 없이 그는 이 발견으로 말미암아 구조주의의 선구자들 가운데 낄 수 있게 된다. 왜냐하면 그는 자신이 주기라고 부르고 나중에는 체계라고 명명하다가 결국에는 구조라고 칭하는 구성 도식을 중심으로 서양 역사 전체를 조직적으로 해독(解讀)하기에 이르기 때문이다. 인도-유럽인들의 정신적 표상들에 공통되는 이 구성 도식은 위에서 말한 삼기능성의 형태를 띠는 것으로서, 뒤메질에 의하면 기원전 3000년기 말에 발트 해와 흑해, 카르파티아 산맥[7]과 우랄 산맥 사이의 넓은 문화권에서 뿌리를 내렸다. 그러므로 뒤메질은 인간 정신의 보편적인 법칙들에 결부되지 않는 특이한 현상을 상정하는 셈이다. 이 점에서 그는 레비 스트로스와 입장이 갈린다. 그러나 아무튼 그의 접근방법은 구조주의의 접근방법과 비슷하다. 그는 이 삼기능적 불변요소가 하나의 핵으로부터 확산되어 연속적으로 차용된 결과에 의해 생겨난 것이라고 생각하지 않는다. 이와는 반대로 그는 발생론적인 비교연구 방법론을 채택하는데, 이 방법론에는 차용이라는 가설이 애초에 배제되어 있다. 신화를 대상으로 하기 때문에 그가 초역사적이라고 규정하는 접근방법에 따라, 뒤메질은 베다의 자료, 그리고는 《마하바라타》[8]의 자료를 스키타이 · 로마인 · 아일랜드인 등의 자료와 체계적으로 비교하며, 이 서로 다른 사회와 시대 전체를 어떤 공통된 구조에 맞춰 재분류한다. 이 구조에서는 절대권 또는 성직의 기능, 전사의 기능, 마지막으로 생산 또는 양식 공급의 기능이 서로 대립한다. 첫번째 기능의 예로는 제우스 · 주피터 · 미트라[9] · 오딘[10]이 있고, 두

---

7) 폴란드와 체코슬로바키아 국경을 동남으로 달리는 습곡 산맥.
8) 고대 인도의 대서사시. 카우라바스족의 형제 1백 명과 판다바스족의 형제 5명 사이의 전쟁 이야기. 힌두교도는 종교 · 철학 · 윤리 · 정치 등 모든 방면의 근본 성전으로 존중한다.

번째 기능은 마르스·인드라[11]·티르[12]가 맡아하며, 세번째 기능은 퀴리누스·나사티아·느요르드[13]가 담당한다.

뒤메질의 상대적인 고립상태는 또한 그의 이론 모델이 전파되기 힘들다는 점에서도 기인한다. 그렇다고 해서 그의 저서에 내일이 없으리라는 것은 아니다. 그러나 그의 구성 도식은 특정한 한 영역에만 적용되었고, 따라서 그의 이론은 구조주의 시대의 특징이라 할 수 있는 이론의 범학문적 확대 적용을 거부한다. 게다가 뒤메질은 자신의 신화 연구방법론을 신화 외적인 요소들에 대한 탐구와 신화가 가리키는 것과는 아무런 관계가 없는 어떤 내적 구조에만 몰두하는 탐구 사이의 중간 단계에 위치시킨다. 이 점에서도 그는 구조주의 현상에서 동떨어지게 된다. 뒤메질은 개념들의 고유한 구조 내에서 개념들이 유기적으로 결합하는 현상과 동시에 신화에서 다루어지는 현실 세계의 양상들을 하나로 통합하려 함으로써, 19세기 문헌학자들의 비교연구와 구조주의 방법론 사이에 어정쩡하게 자리잡는다. 뒤메질의 이러한 잡종적 성격, 역사를 고려하고자 하는 그의 태도(『나는 내 자신을 역사가로 규정하고 싶다』[7])는 그의 발견이 아날 학파의 제3세대 역사가들에게서 폭넓게 원용되는 요인이 된다. 비록 삼기능 도식이 헬레니즘 세계의 중요한 전제일 수는

---

9) 고대 페르시아 신화에 나오는 태양·광명·전투의 신. 인류에게 모든 선한 것을 마련해 주는, 신과 사람의 중재자로서 1천 개의 눈과 귀를 가졌다 한다.

10) 북유럽 신화의 主神. 싸움의 아버지, 만물의 아버지 등으로 불리며, 귀족과 전사의 신으로 농민의 신 토르(Thor)를 밀어내고 주신이 됐다.

11) 인도 베다 신화의 軍神으로, 폭풍과 구름을 구사하며, 몸은 모두 갈색이고, 팔은 네 개로 두 개의 창을 들고 싸우며, 전차로 공중을 날면서 맹위를 떨친다 한다.

12) 스칸디나비아 신화에 나오는 전쟁의 신.

13) 스칸디나비아 신화에 나오는 풍요·번영·항해의 신. 일명 네르투스(Nerthus)라고도 한다.

없다 할지라도, 피에르 비달 나케 · 장 피에르 베르낭 · 마르셀 데티엔을 비롯한 고대 그리스 전문가들이 뒤메질의 저서를 참조하여 그리스의 신들에 대한 그들의 접근방법을 쇄신한 것은 사실이다. 그리고 자크 르 고프나 조르주 뒤비 같은 중세 연구가들도 세 부류로 나누어진 사회를 연구하게 될 때에는 이 삼등분의 근거들에 관해 자문하지 않을 수 없었다. 그러나 이러한 사정은 좀더 나중에 벌어지는 사태이다. 다시 말해서 70년대의 일이다. 우리는 이 시기를 다루면서 뒤메질의 영향력을 재론할 생각이다.

따라서 뒤메질의 가르침은 그가 발드그라스 병원에서 88세의 나이로 숨을 거둔 1986년 10월 11일 그날에도 사라지지 않는다. 그에 대한 조의의 글을 《르몽드》지에 발표한 사람은 언어학자 클로드 아제주이다. 〈문명의 열쇠〉라는 제목의 글에는 다음과 같은 구절이 들어 있다. 『뒤메질 이후에는 종교학이 더 이상 뒤메질 이전의 상태일 수 없다. 이성[14]이 카오스에 질서를 부여한 것이다. 그는 종교적 감정이라는 막연한 개념의 유혹을 물리치고 그 대신 사유 구조들을 생생하게 비춰 주는 빛을 이끌어들였다. 이것이 그의 위대한 가르침 가운데 하나이다.』[8] 확실히 그에게는, 그의 의향(意向)과는 달리, 그의 죽음을 넘어서까지, 구조라는 용어가 계속 따라붙을 것이다. 이처럼 한 저서의 의미가 반드시 저자의 의지와 일치하는 것은 아니다. 조르주 뒤메질은 실로 구조주의 시대의 선각자, 선구자로 남을 것이다.

---

14) 뒤메질을 암시한다.

6

현상학이라는 가교

    현상학은 50년대의 프랑스 철학을 주도하였다. 여기에서 문제가 되는 것은 후설의 영향에 따라 〈사물 자체〉로 돌아가, 그것의 필연적 귀결, 즉 항상 사물로 향해 있는 의식의 지향성에 대해서 탐구하는 것이었다. 따라서 현상학은 경험한 것, 묘사된 것, 구체적인 것에 주의를 기울였고, 주관성에 분명한 우위를 부여하였다. 후설의 계획은 이념에 머물러 있는 철학에 과학적 지위를 부여하는 것이었다. 그러나 현상학적 방식의 기본이 되는 것은 실제의 사실이 아니라 근원적인 기반을 구성하는 본질이다. 이 경우 본질이란 대상과의 관계하에서 의식의 가능성에 대한 조건을 의미한다.

    2차대전이 끝났을 때, 프랑스 현상학은 무엇보다도 사르트르적이었으며, 의식 자체에 투명한 의식을 강조하였다. 한편 메를로 퐁티는 후설의 작업을 이어받는다. 그러나 후설과는 달리 발화된 것의 의미와 사물 안에서 드러나는 의미 사이에 작용하는 변증법에 관심을 기울인다. 당시 한창 인문사회과학이 유행이었던 만큼 이러한 방식은 그를 점점 더 인문사회과학과의 대화로 이끌게 된다. 그는 후설의 생각을 이어받아, 철학이 회피했을 과학적 사고로부터 물려받은 모든 요소들을 통해 현상학자에게 부여된 경험적 자료들을 정화하고자 한다. 여기에서 다음과 같은 메를로 퐁티의 공식이 나오게 된다. 『현상학이란 무엇보다도 먼저 과학에 대한 부인이다』

그러나 실제에 있어 메를로 퐁티는 과학을 부정하기보다는 오히려 과학을 철학적 사고의 영역 안으로 끌어들이고자 한다. 전쟁 당시부터 그는 자신의 연구를 생물학, 그리고 특히 심리학에 대응시키는데, 이 과정에서 그는 심리학의 사물화되고 기계론적인 특성을 신랄하게 비판한다.[1] 그러나 그는 또한 순수 의식을 중시하는 관념론에 의문을 제기하면서, 새로운 인문사회과학의 의미 구조들에 점점 더 관심을 기울인다. 메를로 퐁티에게 있어서 이 의미 구조들은 많은 개별적인 존재론의 온상이 된다. 그는 주체를 세계 전체로 향하는 초월적 존재로 이해하고, 주체를 중요시하는 자신의 입장 덕분에 관점들을 검증하고 그 의미를 복원함으로써 이 존재론들을 다시 자신의 것으로 삼을 수 있었다. 『메를로 퐁티는 대단히 야심 찬 계획을 가지고 있었다. 그것은 철학과 인문사회과학 사이에 일종의 보충적 관계를 유지하는 것이었다. 따라서 그는 모든 분야의 지식에 관심을 가지고 이해하고자 노력했다.』[2]

현상학의 프로그램

메를로 퐁티가 현대언어학과 인류학으로부터 얻은 지식을 철학자들에게 알린 주요 저서는 1960년 갈리마르 출판사에서 출판된 《기호들》이다. 당시 학자들의 관심을 불러일으켰던 이 책에는 메를로 퐁티가 1951년에 학회에서 발표했던 논문[3]이 재수록되어 있다. 이 논문에서 그는 소쉬르의 언어학을 현대언어학의 발단으로 간주하면서, 소쉬르 책에 대한 관심을 표명한다. 『우리가 소쉬르로부터 배우는 것은 다음과 같다. 즉, 기호들 하나하나는 어떤 것도 의미하지 않으며, 각각의 기호는 하나의 의미를 지닌다기보다 다른 기호들과의 의미 차이를 나타낸다.』[4] 같은 책에서 그는 철학과 사회학의 관계를 다루면서, 두 학문이 확연히 분리되는 것을 유감스럽게 생각하고 두 학문의 학제간 연구를 촉구한다. 『학문의 분리는 철학에 해를 입힐 뿐 아니라 지식의 발전을 저해한다. 그러므로 우리는 이러한 분리를 타파하고자 노력한다』[5] 메를로 퐁티는 가능한 것들의 영역을 제한하고 사회과학에서 실현된 경험적 작업을 해석하는 것이 철학자의 몫이라고 생각한다. 그에 의하면 철학자는 해석학적 연구를 통해 실증적 학문에 의미의 문제를 제기하여야 한다. 다른 한편으로 철학은 실증주의적 과학을 필요로 하는데, 왜냐하면 철학자는 이미 알고 있는 것에 대해 추론하고, 그것을 과학적 과정을 통해 유효화시켜야 하기 때문이다.

메를로 퐁티는 레비 스트로스의 사회인류학에서 학제간 연구를 위한 또 하나의 수단을 찾아낸다. 사르트르와의 결별 이후 그는 레비 스트로스와 가까워진다. 1952년 콜레주 드 프랑스의 교수로 선출된 그는 1954년부터 레비 스트로스에게 콜레주 드 프랑스의 교수 자리에 응모하도록 권하였다. 그는 또한 레비 스트로스에게 3개월을, 그의 표현에 따르면 『인생 행로에 있어서 큰 변화를 가져올 수도 있을 3개월의 기간』[6]을 응모 준비에 할애하도록 권고한다. 메를로 퐁티는 자신의 저서 중 제4장에서 인류학을 다루는데, 그 제목은 〈마르셀 모스로부터 클로드 레비 스트로스까지〉이다. 이 장에서 그는 1950년 레비 스트로스가 〈마르셀 모스의 저서에 대한 서론〉에서 정의한 프로그램을 열렬히 옹호한다. 『사회 현상은 사물도, 사고도 아니다. 그것은 구조이다……구조는 사회로부터 그 두께와 무게를 제거하지 않는다』[7] 이러한 지적 동질감으로부터 그들 사이에 진정한 우정이 탄생한다. 그리하여 메를로 퐁티의 사진은 항상 레비 스트로스의 책상을 장식하게 된다.

메를로 퐁티가 여러 학문들과의 대화를 통해 얻고자 한 것은 과연 무엇일까? 그는 철학자에게 인문사회과학에 맞서 싸울 무기를 부여해야 한다고 생각했던 것일까? 물론 그것은 아니다. 그는 모스 · 레비 스트로스 · 소쉬르 · 프로이트가 이룬 업적을 다시 연구하는 것이 현상학자의 역할이라고 생각했다. 그것은 각각의 학문에 인식론적인 기초를 부여하기 위해서가 아니다. 그보다는 차라리 철학자들은 자신들이 확인할 수 없는 전문가들의 정보를 받아들여, 그것들을 철학적 관점에 입각해서 재정의하고 자료들을 현상학적으로 종합하여야 한다. 그의 생각은 말하자면 관현악단 지휘자의 역할을 현상학자가 맡아야 한다는 것이다. 즉, 현상학자는 모든 인문사회과학에서 이룬 연구의 객관적 결과를 종합하여 주관적 경험과 전체적 의미의 관점에서 그것들에 의미와 가치를 부여해야 한다. 『나는 레비 스트로스에 대한 그의 강의를 기억한다. 그는 레비 스트로스의 이론을 친족에 관한 일종의 대수학처럼 제시하였다. 그런데 메를로 퐁티에 의하면, 그 대수학은 부성 · 부자 관계 등 가족 현상의 의미에 의해 보완될 필요가 있었다.』[8]

패러다임의 전복

50년대에 메를로 퐁티가 철학과 인문사회과학의 접근을 시도한 이후 패러다임이 급격히 변화됨을 목격할 수 있다. 그것은 마르셀 모스가 자신의 철학 교수였던 알프레드 에스피나스[1]로부터 총체적 사회 현상이라는 개념을 빌려온 것처럼, 인류학이 주도가 되어 인류학과 철학적 담화와의 관계를 파헤치려는 시도가 아니다. 그와는 반대로 여기서는 철학이 주가 되어 다른 학문과의 관계를 모색하

---

1) 프랑스 철학자(1844-1922). 동물 사회에 대한 연구를 통해 사회유기체설을 주장했다.

고자 하는 것이다. 《현대》지가 미셸 레리스와 레비 스트로스에게 지면을 할애했을 당시 철학은, 다시 말해서 메를로 퐁티의 철학은 인류학·언어학·정신분석학과의 관계하에 자신을 위치시키고자 한다. 메를로 퐁티는 다음과 같은 글을 쓰면서 상당히 장래성 있는 전망을 제시한다. 『우리의 이성의 영역을 넓혀서 우리 자신, 그리고 우리와 다른 사람들에게 존재하는 이성 이외의 영역, 즉 이성 이전의, 그리고 이성을 넘어서는 세계를 이해할 수 있도록 노력해야 한다.』[9] 그는 광인, 그리고 야만인에게서 볼 수 있는 비합리적인 것에 명료함을 부여함으로써 철학의 영역을 넓힌다. 그리하여 60년대에 들어가 주요 학문이 될 인류학과 정신분석학에 중요한 위치를 부여한다.

그렇다면 철학은 왜 확실성을 잃었는가? 어찌하여 현상학적 시도는 계속되지 못했는가? 첫번째 이유는 전기적 사실에 연유한다. 즉, 이 계획을 주도했던 철학자의 이른 죽음 때문이다. 메를로 퐁티는 이제 막 시작한 작업을 그대로 놔둔 채 1961년 54세의 나이로 세상을 떠난다. 그러나 그보다 더 근본적인 이유에 대해 뱅상 데콩브는 다음과 같이 지적한다. 『그의 철학적 시도는 다음과 같은 아주 단순한 이유로 인해 실패할 수밖에 없었다. 즉, 각 학문들은 이미 그 나름의 고유한 개념들을 지니고 있다는 이유 때문이다. 따라서 그 학문들의 발견에 의미를 부여하는 데에는 메를로 퐁티나 어떤 다른 철학자도 필요하지 않았다. 그 학문들의 연구는 이미 두 가지 방향에서 각각 진행되고 있었다.』[10] 따라서 회의로 가득 차 있을 뿐 아니라, 미래를 약속하는 새로운 인문사회과학을 택하고자 하는 많은 사람들로부터 버림받은 철학에게 인문사회과학을 복원하려는 시도는 함정이 될 것이다. 바로 그러한 의미에서 메를로 퐁티는 중요한 역할을 했다. 즉, 메를로 퐁티 덕분에 새로운 세대의 젊은 철학자들은 새로운 문제에 대하여 눈을 뜨고는 인류학이나 언어학, 그리고 정신분석학을 하기 위해 보따리를 싸가지고 철학을 떠나게 되었던 것이다. 이러한 패러다임의 변화는 60년대의 구조주의 시대를 지배하게 된다. 그리고 그것은 인류학에 큰 변화를 가져오게 된다. 뤼시앵 레비 브륄[2]·마르셀 모스·자크 수스텔 혹은 클로드 레비 스트로스 등 몇몇만이 철학으로부터 인류학에 이르렀을 뿐, 다른 민족학자들은 각각 다양한 분야를 전공한 사람들이다. 그것은 학문적 계열 관계에 의한 결과라기보다는 일종의 학문적 융합의 결과이다.[11] 폴 리베[3]는 의사 출신이고, 비행기 조종사 출신인 마르셀 그리올[4]은 다른 대부분의 연구자들과 마찬가지로 동양 언어학자였으며, 미셸 레리스는 시인이자 초현실주의자였다. 그리고 알프레드 메트로[5]는 조르주 바타유와 고문서 학교 동창생이다. 서로 이질적인 이 민족학자들의 집단은 따라서 『공통적인 논리를 강조하지 않는다』[12]

  젊은 세대의 철학자들이 이처럼 현대과학으로 우르르 모여든 것은 무엇보다도 메를로 퐁티의 영향 때문이었다. 1952년에서 1953년 사이 소르본 대학의 학생이었던 알프레드 아들러는 메를로 퐁티의 책을 발견하고는 다음과 같이 말하였다. 『메를로 퐁티에 의해 우리는 정신분석에, 아동심리에, 그리고 언어의 이론적 문제에 관심을 갖게 되었다』[13] 이러한 눈뜸과 더불어 정치적 상황의 변화는 50년대에 철학을 공부하던 학생들이 60년대 초반에는 민족학을 공부하도록 만들었다. 언어학의 영역에서는 미셸 아리베가 메를로 퐁티의 역할이 중요했음을 강조한다. 『메를로 퐁티는 중요한 중개인

---

2) 프랑스 철학자·사회학자(1857-1939). 원시인의 도덕을 연구했다.
3) 프랑스 민족학자(1876-1958). 남아메리카 인디언들의 기원이 오스트레일리아 멜라네시아 원주민들이라는 주장을 폈다.
4) 프랑스 민족학자(1876-1958).
5) 스위스 인류학자(1902-1963). 남아메리카 종족사 및 아프리카 문화 연구.

이었다. 라캉이 소쉬르를 읽게 된 것은 메를로 퐁티 덕분이다』[14] 자크 라캉이 메를로 퐁티 덕분에 소쉬르를 읽었다는 가정은 사실 임직하다. 50년도 초에 그들은 대단히 가까웠으며, 미셸 레리스·클로드 레비 스트로스와 함께 사적으로 자주 만나곤 했던 것이다. 소쉬르에 대한 메를로 퐁티의 저서는 1951년에 나왔으며, 라캉의 로마 연설은 1953년에 행해졌다. 알지르다스 쥘리앵 그레마스 역시 메를로 퐁티의 중요성을 잘 인식한다. 『1952년 콜레주 드 프랑스에서 있었던 메를로 퐁티의 첫 강의가 개시 신호였다. 그 강의에서 그는 이제 역사철학을 만드는 사람은 마르크스가 아니라 소쉬르가 될 것이라고 말했던 것이다. 이 말은 역설적이었지만 나로 하여금 다음과 같은 생각을 하게 만들었다. 즉, 사건 중심의 역사를 만들기 전에 사고 체계의 역사, 경제 구조의 역사를 만들어야 한다는 생각을 말이다. 그런 연후 비로소 그것들의 변화 추이를 살펴보아야 한다』[15] 레비 스트로스의 친구이자 《구조의 혁명》(1975)의 저자인 장 마리 브누아라는 철학자는 자기도 역시 메를로 퐁티를 통해 1962년 고등사범학교 입학 준비반 시절부터 레비 스트로스를 읽게 되었음을 증언한다. 『메를로 퐁티는 풍부한 구조주의적 연구를 받아들이기 위한 자유로운 조건을 만드는 데 있어서 선구자의 역할을 했다』[16]

이러한 갑작스런 변화는 철학에 진정한 손실을 가져왔고, 철학은 그 손실을 복구하기가 매우 힘들었다. 그러나 그것은 철학이 받은 첫번째 타격에 불과했다. 왜냐하면 현상학의 시도뿐 아니라 경험주의 과학 위에 존재하는 철학을 세우겠다는 계획마저도 부정하는 최후의 일격을 가할 사람이 나타났기 때문이다. 그는 다름 아닌 미셸 푸코이다. 그의 비판은 한참 후인 60년대에 가서야 나온다. 그러나 그의 작업은 그가 《광기의 역사》(1955-1960)를 쓸 당시 철학계를 지배했던 현상학의 프로그램에 대한 불만으로부터 출발한다.

그는 철학이 우리의 현실이 무엇인가를 알고자 하는 칸트적 문제를 외면한 채, 판에 박힌 학구적 영역에만 머물러 있는 것을 비난한다. 미셸 푸코는 새로운 대상에 대해 문제를 제기할 것이며, 현상학적 지평을, 즉 경험한 것에 대한 내면화된 묘사를 바꾸어 놓을 것이다. 푸코는 실천적인 것, 그리고 문제시되는 사회제도를 밝히기 위해 그것들을 포기했던 것이다. 『60년대에 발생했던 모든 일들은 주체에 대한 현상학적 이론 앞에서 느끼는 불만으로부터 발생한다.』[17] 푸코의 사고는 마르크스주의에 있어서 뿐 아니라 현상학적 문제 제기에 있어서도 분기점이 된다. 그럼에도 불구하고 현상학은 철학적 문제 제기의 지평을 여는 데 중요한 역할을 한다. 왜냐하면 현상학은 인간이란 알려지는 대상, 즉 수동적 존재가 아니라 아는 존재, 즉 능동적 존재라고 강조할 뿐 아니라, 안다고 생각하는 심급은 기껏해야 자신의 얼굴과 표상 사이의 보이지 않는 차이를 드러내는 거울 유희를 통해서밖에는 자신을 알지 못한다는 사실을 강조하기 때문이다.

이러한 관점은 알제리 전쟁 이전 시기에 라캉에 의해 〈거울 단계〉 이론에서 다시 광범위하게 채택된다. 라캉도 생물학적 환원주의를 피할 수 있는 방안을 현상학자들에게서 찾으려 한다. 푸코 역시 그 유명한 메닌의 그림을 가지고 《말과 사물》을 시작하면서 거울이 있어야만 그 그림 속으로 들어갈 수 있는 주체-왕을 제시한다. 그러나 현상학은 인류학적 범주로부터 벗어날 수도 없었고, 또한 벗어날 줄도 몰랐다. 미셸 푸코가 제안한 것은 어떤 본질적인 초월이었다. 『아마도 경험적 사실에 초월적 가치를 부여하는 것이나, 경험적 사실을 주체성 쪽으로 이동시키는 것은 인류학 편에 가담하지 않는 한 불가능할 것이다.』[18]

서로 매우 상이한 개념이면서도 실제로 경험한 것이라는 점에서는 둘 다 같은 목표를 지향하는 경험적인 것과 초월적인 것 사이의 내적 긴장 속에서 현상학은 이제 다른 문제에 관심을 가지고 질문을 던져야만 한다. 즉, 인간은 진정 실존하는가, 인간은 결핍된 존재에 불과한 것은 아닌가, 그리고 그 존재 주위에서 서구 인본주의는 처벌되지 않은 채 잠자고 있었던 것은 아닌가 하는 질문을 말이다. 현상학적 시도는 자신의 지각의 내부와 외부 그리고 자신들이 속하는 문화 영역의 안과 밖을 동시에 아우를 수 있다는 야망에도 불구하고 진퇴양난에 빠진다. 왜냐하면 현상학자들은 생각되지 않은 그 무엇의 기초를 인간 내부에 세우려 하기 때문이다. 그러나 푸코에 의하면 미처 생각되지 않은 그 무엇은 인간의 내부가 아니라 인간의 그림자, 즉 타자 안에, 이타성 안에, 그리고 절망적인 이원성 안에 존재한다. 인간의 이러한 이면은 옷의 안감과 같은 것으로서, 찢어져야만 한다. 그리하여 말하고 일하는 살아 있는 주체 안에 있되 〈나〉에 의해 지배되지 않는 것, 그리고 경험주의를 넘어서서 언어학과 정신분석학의 개화를 가능하게 하는 것에 자리를 양보하여야만 한다. 푸코의 계획은 인간이 말하는 것이 아니라 인간 속에서 말하여지는 것에 대한 확고한 일관성을 구현하고자 하는 목적을 가진다. 따라서 푸코의 계획 안에 현상학적 주체는 설자리가 없다. 푸코의 철학은 훗날 구조주의 철학에서 가장 중요한, 그리고 가장 논의가 많이 될 사항 중의 하나가 될 것이다.

ㄱ

소쉬르의 단절

　철학이라기보다는 하나의 방법론인 구조주의는 매우 다양한 현상을 망라하고 있는데, 이 다양성을 관통하는 핵심과 통합적 토대는 현대언어학의 모델과 그 창시자 페르디낭 드 소쉬르에서 발견된다. 그러므로 구조주의 시대를 지배하게 될 소쉬르로 돌아가자는 주제는 같은 시대에 나타난 마르크스나 프로이트로의 〈돌아감〉과 같은, 보다 일반적인 회귀 성향의 틀 속에 자리잡는다. 마치 현대성과 합리성을 구현하려는 인문사회과학이 소쉬르 등에 의한 최초의 단절과, 그것의 재발견이라는 두 시점 사이에 시간적 허비가 있었음을 전제하고 과거의 지식을 동원할 필요성을 느끼기라도 한 것처럼.

　그러므로 비록 소쉬르의 저서에 대한 지식이 이런저런 이들에 의해서 간접적으로 전해지는 경우가 많이 있었지만, 소쉬르는 여전히 그 창시자로 여겨질 것이다. 그는 플라톤이 《크라틸루스》에서 오래 전에 제기한 문제에 대하여 해답을 제시한다. 실제로 플라톤은 자연과 문화의 관계에 관하여 다음과 같이 두 가지 설을 대립시키고 있다. 헤르모게네스는 사물에 붙여진 명칭이 문화에 의해서 자의적으로 선택된다는 입장을 옹호하는 반면에, 크라틸루스는 명칭에서 자연의 복사, 즉 기본적으로 자연적인 관계를 보고 있는 것이다. 이와 같이 돌고 도는 식의 해묵은 논의에 대해서 소쉬르는 기호의 자의성 개념을 주장하며 헤르모게네스가 옳다고 판정한다. 뱅상 데콩브는 익살스럽게도 몰리에르의 《서민 귀족》 2막 5장에 등장하는 철학 교수를 구조주의 방법론의 선구자로 간주하면서 이러한 발견의 〈혁신적〉 성격을 상기시키고 있다.[1] 그 이야기는 잘 알려져 있는 것처럼, 주르댕씨가 한 후작 부인에게 『아름다우신 후작 부인, 당신의 아름다운 눈동자가 저로 하여금 사랑에 미치게 합니다』라고 전하기 위해서 편지를 쓰려고 하는 이야기이다. 그런데 이 간단한 고백이 1백20개의 가능한 환치로 나누어지는 다섯 가지 어순을 야기시키고, 그만큼 다양하게 내포된 의미(connotation)를 동일한 외시(dénotation)로부터 끌어낸다.

그럼에도 불구하고 현대언어학의 탄생은 《일반언어학 강의》(이하 《강의》로 약칭)의 출간을 기다려야 했다. 이미 알려져 있듯이, 소쉬르의 이 저서는 구술된 것으로, 1907년부터 1911년까지의 강의와 제자들이 필기한 노트, 또한 얼마 안 되는 스승의 저술을 제자들이 수집하여 정리한 것이다. 그 제자들은 바로 제네바 대학의 교수인 샤를 발리와 알베르 세슈에이며, 이들은 소쉬르 사후인 1915년에 《강의》를 출판하였다. 강의의 핵심은 기호의 자의성을 확립하고, 언어가 내용, 혹은 체험된 것에 의해서가 아니고 순수한 차이에 의해서 구성된 가치 체계임을 제시하려는 데 있다. 소쉬르는 언어를 경험론과 심리주의적인 경향에서 보다 멀리 떼어놓기 위해서 추상의 차원에 확고하게 위치시키는 언어관을 제시한다. 그리하여 그는 다른 인문사회과학에 비하여 독자적이고 새로운 학문인 언어학을 창시한다. 언어학의 고유한 원칙들이 수립된 이후 언어학은 엄밀성과 형식화에 있어 선도적인 역할을 하고, 이 때문에 다른 학문들은 언어학의 프로그램과 방법을 흡수하기 위해 노력하게 된다.

그런데 이 저서의 운명은 꽤 역설적이다. 그 궤적을 좇아본[2] 프랑수아즈 가데는 60년대 이래 오늘날까지의 기간에 비해서 그 책이 출간되었던 당시의 미미한 반향을 대조적으로 보여 준다. 1916년부터 1960년까지 출판된 다섯 개의 번역본과, 1960년부터 1980년까지의 짧은 기간에 나온 열두 개의 번역본을 비교해 보면, 번역본과 재판의 리듬이 구조주의의 상승 기류를 따라서 증폭되었음을 볼 수 있다. 두 가지 사건이 《강의》의 눈부신 성공에 결정적인 역할을 하여, 《강의》를 《모택동어록》에 견줄 만한 구조주의 필독서가 되게 하였다. 첫째 요인은, 1차대전 이후 러시아 학자들과 스위스 학자들이 그 당시 주로 비교문헌학을 찬양하는 독일학자들이 지배하던 언어학 분야에서 중개자 역할을 했다는 점이다. 1928년 헤이그에서 열린 제1차 국제언어학회에서 위대한 미래를 여는 결속이 맺어지는데, 『한편으로는 야콥슨·카르세프스키·트루베츠코이 같은 러시아 학자들과, 또 다른 한편으로는 발리·세슈에 같은 제네바 학자들이 언어를 체계로 기술하기 위해서 소쉬르를 참조하자고 주장하였다』[3] 그러므로 구조주의 프로그램의 토대는 제네바 학파와 모스크바 학파에 의해 이룩되었다고 할 수 있다. 또한 〈구조주의〉라는 용어가 처음으로 야콥슨에 의해서 사용된 것도 바로 이 회의에서였다. 소쉬르는 체계라는 용어만을 사용했으며, 이 말을 《강의》의 3백 쪽에 걸쳐서 1백38번이나 쓰고 있다.

《강의》의 변천을 결정하는 두번째 사건은 프랑스에서 일어났다. 이 시기에 일어난 일련의 사건 중에 특히 중요한 것은 1956년에 발표된 그레마스의 논문, 《현대 프랑스어》지 1956년 3호에 실린 〈소쉬르주의의 현황〉이다. 『이 논문에서 나는, 사람들이 모든 분야에서, 즉 메를로 퐁티는 철학에서, 레비 스트로스는 인류학에서, 바르트는 문학에서, 라캉은 정신분석에서 언어학을 내세우고 있는 반면에, 정작 언어학 내부에서는 아무 일도 일어나지 않았으므로, 이제는 페르디낭 드 소쉬르를 제자리에 자리잡게 할 때라고 지적하였다』[4] 언어학을 넘어서, 모든 인문사회과학을 총망라하는 총괄적

인 기호학 프로그램을 만들려는 1950-1960년대의 야심 찬 계획은
『사회생활 속에서 기호의 삶을 연구하는 학문』이라고 요약한 소쉬
르의 정의에 의해서, 그 의의를 갖게 되고 장려된다.

단절의 문제

소쉬르의 《강의》는 한 세대 전체에게 창시의 시점으로 읽히고
인식되었다. 그러므로 구조주의의 패러다임을 이해하기 위해서는
소쉬르의 단절에서 출발하여야 한다. 물론 몇몇 학자들은 소쉬르의
단절이 신화화된 측면이 있다고 주장한다. 그러나 《강의》가 창시의
시점으로 간주된다는 사실 자체만으로도 우리는 단절의 존재를 충
분히 가성해 볼 수 있다. 그럼에도 불구하고 우리는 그 영향이 미
치는 범위를 보다 잘 이해하기 위해서, 소쉬르 이전과 이후의 언어
학 사이에 실제로 단절이 있었는지 자문해 볼 수 있다. 이 질문에
대한 답변은 언어학자들에 따라 달라진다. 물론 아무도 언어학 이
론이 페르디낭 드 소쉬르 한 사람에게서 다 만들어져 나온 것이라
고 믿을 정도로 순진무구하지는 않지만, 어떤 사람들은 불연속성을
더 강조하기도 하고, 또 다른 사람들은 보다 연속성 있는 변화를
강조하기도 한다.

프랑수아즈 가데는 〈소쉬르 이전의 언어관〉[9]과 소쉬르가 창시한
언어관 사이에는 명백한 단절이 있다는 설을 옹호한다. 기술언어학
적 접근, 체계의 우위성, 명시적으로 구축된 절차를 통하여 기본 단
위에 이르려는 관심, 이러한 것들이 소쉬르에 의해서 제공되어 구
조주의의 공통 분모를 이루는 새로운 방향이 된다. 롤랑 바르트 역
시 소쉬르가 현대언어학의 진정한 탄생을 이루었다고 하면서, 『소
쉬르를 통하여 인식론적인 전환이 있었다. 즉, 유추론이 진화론의

자리를 차지하고, 모방이 파생에 대치된다』[6]라고 평하였다. 롤랑 바르트는 사회계약론과 언어계약론 사이의 상동관계를 열광적으로 논하면서 소쉬르를 민주주의적 모델의 전령이라고까지 소개했다. 이런 점에서 보면, 구조주의는 매우 뿌리가 깊은 것임을 알 수 있다. 실제로 이러한 경향은 예술이 현실의 모방에서 벗어난 구조라는 관념을 옹호하는 독일 낭만주의로부터 깊은 영향을 받고 있다. 슐레겔 형제에 의하면,[7] 시는 공화적 담론이 되어야 한다는 것이다.

  소쉬르의 단절을 신봉하며 언어학에 입문한 파리 10대학 언어학 교수 클로딘 노르망은 단절을 인정하지만, 일반적으로 알려진 것과는 다른 각도에서 단절을 논한다.『단절을 위치시키기가 어렵다. 소쉬르의 담론은 그 시대의 실증주의적 담론으로 이루어졌기 때문에 전혀 명료하지 않다』[8] 소쉬르의 주요한 기여는 이미 19세기 후반의 모든 언어학자들이 인정한 기호의 자의성의 발견이 아니다. 비교문법론자들은 소쉬르 이전에 이미 협약론을 채택하고 자연론의 모델을 배제했다. 그렇지만,『소쉬르는 거기에서 다른 것을 만들어냈다. 그는 자의성을 기호론의 원칙, 즉 가치에 관한 이론에 결부시켜, 언어에는 대립적인 기호 없이 차이만이 존재한다고 말한다』[9] 그러므로 단절은 무엇보다도 가치 이론을 정의하는 층위, 기술의 일반원칙, 절차의 추상성에 위치한다. 체계에 대한 그의 생각은 추상적이고 개념적인 방법론의 표현이다. 왜냐하면 체계는 표면에 드러나지는 않지만 그럼에도 불구하고 각각의 언어요소들은 이러한 보이지 않는 체계에 종속되기 때문이다. 통시성과 공시성의 구분에 대해서도, 클로딘 노르망은 그것이 소쉬르 이전에, 특히 방언 수집에 있어서 문헌의 부족으로 당연히 공시성을 우위에 둘 수밖에 없는 방언학의 연구에서 이미 잉태되었음을 고찰한다. 이 점에 대해서 소쉬르는『이미 이야기되고 행해지기 시작한 것을 체계화한』[10] 것에 불과하다는 것이다.

장 클로드 코케는 현대언어학의 커다란 움직임을 19세기, 혹은 18세기 말까지 거슬러 올라가게 한다. 체계의 개념은 소쉬르 이전에 이미 존재했다는 것이다. 『그것은 원래 분류학적 개념으로, 생물학 분야에서 성공을 거두었다. 그 시대는 바로 괴테와 조프루아 생틸레르의 시대이다.』[11] 그러므로 소쉬르는 체계의 개념을 더욱 공고히 굳혔을 뿐이다. 그는 이 개념의 영향력을 극대화시키기 위해서 역사적이고 범시간적인 양상을 배제하고 연구 영역을 공시적인 체계에 국한한다. 미셸 푸코·장 클로드 밀네르는 보프에게서 고전주의 시대의 세계, 즉 재현의 세계에서 벗어난 문법 형성의 효시를 찾는다. 소쉬르는 단지 그 시대의 언어학, 즉 역사언어학이 필요로 했던 기본 원칙을 작성했을 뿐이다. 역사언어학은 이미 19세기 말부터 일반언어학을 필요로 하였으며, 따라서 일반언어학이 문헌학 연구의 역사주의에 짓눌리기 이전의 시기와 연결을 맺을 필요를 느꼈다. 『그러므로 불연속성을 특별히 부각시킬 필요는 없다.』[12] 왜냐하면 일반언어학은 이미 1880년부터 쓰이기 시작한 용어이기 때문이다. 앙드레 마르티네는 소쉬르를 읽히고 알리는 데 많은 공헌을 했지만, 소쉬르가 랑그/파롤의 구분으로 사회학의 압력에 굴하여서, 『언어 현상을 그 자체로, 그것을 위해서 연구한다는 자신의 프로그램을 저버렸다』[13]라고 말하기도 한다. 그에 따르면 프라하 학파와 음운론이 출현함으로써 비로소 진정한 의미의 구조주의 프로그램이 탄생하였다는 것이다. 그래서 그는 『나는 소쉬르 학파이고 그를 매우 존경하지만, 소쉬르는 구조주의의 창시자가 아니다』[14]라고 단언한다.

공시성의 우위

앙드레 마르티네는 특히 소쉬르가 《강의》에서 그 당시에 제기되었던 중요한 문제, 즉 왜 음성변화가 규칙적인가라는 문제를 회피한 것에 대해서 비판한다. 그런데 이 현상을 파악하기 위해서는 구조를 공시성 또는 정태성에 가두어 두어서는 안 된다.『구조는 변화하는 것이다』[15] 그렇지만 소쉬르적 범주(catégories saussuriennes)는 여전히 일반화된 구조주의에 인식론적 수단으로 사용된다. 비록 몇몇 학자들이 연구 영역의 특수성에 따라서 소쉬르를 어느 정도 자의적으로 해석한다 하더라도 말이다. 아마도 소쉬르가 이룩한 가장 큰 변혁은 공시성에 우위를 둔 점일 것이다. 소쉬르는 공시성의 우위와 그 결과로써 파생되는 현상인 역사성의 배제를 장기의 은유를 통하여 설명한다. 시합은 장기판 위에 현재 놓여 있는 장기들의 위치와 가능한 결합을 파악함으로써 이해될 뿐『어떤 길을 통하여 그곳에 도달했는가는 전적으로 무관하다』[16] 언어를 지배하는 내적 법칙은 이처럼 이산적 단위(unités discrètes)들의 상호 결합을 연구함으로써 복원된다. 이와 같이 오직 공시적 연구만으로 체계에 접근하려는 태도에 의해 소쉬르는 시간적으로 잇달아 일어나는 차용과 다양한 기층을 연구함으로써 언어의 형성 과정을 연구하는 비교문법론자와 고전주의 철학자의 방식과 결별하게 된다.

이와 같은 관점의 변화는 통시태를 단순히 파생된 것으로 격하시키고, 언어의 변화를 하나의 공시태에서 다른 공시태로의 이행으로 설명한다. 비록 푸코가 소쉬르를 참조했는지 확실하지는 않지만, 여기서 우리는 푸코의 에피스테메를 떠올리지 않을 수 없다. 소쉬르는 이처럼 비역사성이라는 비싼 대가를 치르면서, 언어학을 역사의 영향으로부터 벗어나게 하고, 독자적인 학문으로 발전시켰다.

이러한 단절은 당시에 득세하던 진보론과 결별하기 위해서 꼭 필요한 것이었다. 그러나 공시성과 통시성의 관계를 변증법적으로 발전시키지 못하는 바람에 이 단절은 후에 논리적 궁지에 이르고 만다. 그럼에도 불구하고 소쉬르는 언어가 사회와 동일한 법칙하에 변화하지 않는다는 점을 보여 주었으며, 따라서 입증된 언어를 통하여 인도-유럽 사회의 역사를 재구성하려는 19세기 언어학자들과는 달리, 언어가 인종적 특수성의 단순한 표현이 아니라는 것을 인식시켜 주었다.

언어의 폐쇄성

소쉬르의 접근방식이 초래한 또 하나의 중요한 변화는 언어 체계가 그 자체로 닫혀 있다는 것이다. 언어 기호는 사물을 명칭에 결합시키는 것이 아니라 자의적 관계에 의해서 개념을 청각 영상에 결합시킨다. 이와 같은 정의를 통해 소쉬르는 현실, 즉 지시 대상을 언어학자의 연구 영역의 외부에 속하게 한다. 그러므로 소쉬르의 기호는 지시 대상을 배제한 기의(개념)와 기표(청각 영상)의 관계를 다룬다. 바로 이 점에 의해서 기호가 상징에 대립되는데, 상징은 기호와는 달리 기의와 기표가 자연적인 관계를 유지하고 있기 때문이다. 이에 대해 소쉬르는 『언어는 그 자체의 질서만을 인정하는 체계이다』, 또한 『언어는 실체가 아니고 형식이다』[17]라고 말한다. 즉, 각 언어 단위는 언어 외적인 것과는 상관이 없으며 오직 언어 체계 내의 다른 언어 단위들과 결합할 뿐으로, 이러한 내적 결합은 음성과 의미의 두 가지 차원에서 일어난다.

그러므로 외시(dénotation)라고 부르는 지시작용은 뒤로 물러나게 된다. 그것은 다른 층위, 즉 기호와 지시 대상의 관계라는 층위에 위치한다. 비록 소쉬르가 기의에 대한 기표의 우위성을 조금도 인정하지 않고 그 둘을 종이의 양면처럼 분리할 수 없는 것으로 여길지라도, 기의는 부재(absence)에 의해서 특징지어지는 반면, 기표는 감각적인 실재(présence)에 의해서 정의된다. 뒤크로에 의하면 『기호는 표지인 동시에 결여로서, 본질적으로 이중적이다.』[18] 이와 같이 의미 생성에 필수적인 두 요소인 기표와 기의의 관계는 결코 동등한 관계가 아니다. 그리고 이러한 불균형은, 특히 내재주의적 언어 연구를 극단적으로 밀고 나간 자크 라캉의 기표를 우선하고 기의를 과소평가하는 태도에 의해 더욱 심화된다. 이러한 내재주의적인 방향 설정으로 소쉬르는 자신의 연구 영역을 제한하였으며, 또한 자신이 설정한 두 가지 명제, 즉 『언어가 기호 체계라는 명제와 언어가 사회 현상이라는 명제』[19] 사이의 상관 관계의 문제를 회피하고 있다. 그는 약호의 출현 상황과 그 의미작용을 배제함으로써, 언어학의 연구 대상을 약호 체계로 제한한다.

  소쉬르는 이처럼 의미를 이미 한물간 형이상학의 영역에 속하는 것이라고 간주하여 의미 대신에 기호를 선택하고, 이러한 선택은 구조주의 패러다임의 특성이 된다. 이와 같은 형식주의는 언어의 기술에 있어서 매우 일관된 진보를 가능하게 한다. 그러나 다른 한편으로 이러한 형식주의는 수단을 목적으로 변질시키기도 하기 때문에 사람들을 오도하기도 하였다. 소쉬르에 의하면 언어의 내적 결합 관계를 파악하는 데도 두 가지의 분할방식이 있다. 소위 통합적·선형적이라고 하는 인접성의 관계와 부재의(in abscentia)[1] 관계가 바로 그것으로, 부재의 관계는 소쉬르가 연합 관계라고 불렀으나 후에 계열 관계라고 불리게 되었다.

___

1) 문장에 실현된 요소들 사이의 관계와는 달리, 문장의 어떤 한 위치에 실현가능한 요소들의 집합, 즉 계열체를 이루는 요소들 사이의 관계는 잠재적이고, 부재의 관계이다.

이처럼 소쉬르의 방식은 매우 제한적이다. 그러나 다른 한편으로 그럼에도 불구하고, 그것은 사회생활 속에 있는 기호의 삶에 관한 모든 학문을 통합하는 일반기호학을 구축하려는 매우 폭넓은 야망을 품고 있다. 『언어학은 이러한 일반적인 학문의 일부분일 뿐이다』[20]라는 말은 이러한 야망을 단적으로 표현한다. 하나의 동일한 패러다임을 중심으로 기호에 관한 모든 학문을 집결시키려는 구조주의 계획은 바로 이러한 야망의 프로그램을 실현시키는 데 있다. 이러한 추진력에 의해서 언어학은 구조주의적 기획의 중심적 위치를 차지하게 되며, 가시적인 결과를 산출할 수 있는 효율적인 방법론을 갖춘 선도 학문이 된다. 그리고 더 나아가 모든 인문사회과학의 도가니, 멜팅 팟의 역할을 하게 된다.

소쉬르의 언어학이 이처럼 예외적이고 혁신적이었다고 하지만 그것은 프랑스의 지적 풍토에서의 이야기일 뿐이다. 19세기 독일의 경우 문헌학과 비교문법은 이미 근대학문으로 확립되어 있었기 때문이다. 실제로 독일의 경우 이들 학문은 제도화된 최초의 근대학문이었기도 하다. 지표가 되는 대학의 교수직·학점·학술지의 수를 비교해 보면, 이러한 독일의 선진성을 확인할 수 있다. 『나는 19세기 독일에서는 비교문법이 물리학보다 비용이 더 들었다고 생각한다』[21]라는 말이 있을 정도다. 그러므로 소쉬르주의자들은 소쉬르라는 인물의 한 면모일 뿐인 《강의》를 가장 중요하게 받아들인다. 그의 체계적이고 형식주의적인 일면이 《강의》에 프로그램으로 전개되어 있지만, 제자들의 증언에 의하면, 넷으로 적당히 접힌 종이쪽지 외에는 별다른 노트도 없이 강의중에 즉흥적으로 진술된 것이라 한다.

두 명의 소쉬르?

이러한 이원성은 소쉬르의 주요 관심사나 개성 자체에서도 발견
되는데, 그는 자주 제네바를 떠나 마르세유로 향하곤 했다. 이러한
정기적인 여행중에 그는 작은 수첩을 펴들고, 인도와 로마 종교시,
베다와 사투르누스 텍스트에 대한 명상으로 수첩을 가득 메우곤
했다. 이렇게 그는 글자 수수께끼(anagrammes)[2]에 대한 고찰로 2
백 권의 수첩을 가득 채웠으며, 수신자인 동시에 전언의 궁극적인
의미가 될 어떤 고유명사의 글자들이 텍스트 속에 숨어 있지 않은
가를 보기 위해서 온갖 난삽한 연구를 수행했다.

자신의 발견에 동요되어서, 소쉬르는 1895-1898년에 심령술에까
지 관심을 보였다. 그런데 이러한 이중성은 소쉬르만의 고유한 특
징은 아니고 다른 과학자들에게서도 종종 나타난다. 뉴턴의 경우도
마찬가지인데, 그는 《프린키피아》[3]를 저작하는 중에도 연금술에 대
하여 수천 쪽의 글을 쓰곤 했다. 고전역학과 서양의 합리성의 창시
자가 또한 연금술의 돌에 관한 연구도 하였던 것이다. 그러므로 우
리는 루이 장 칼베가 제2의 소쉬르[22]라고 불렀던 다른 모습의 소쉬
르에서, 언어 속의 언어의 존재와 어휘 속의 어휘의 의식적, 또는
무의식적 부호화에 대한 그의 사상을 엿볼수 있다. 이는 《강의》나
공적인 소쉬르에게서는 흔적을 찾아볼 수 없는 잠재적 구조에 대
한 연구이다. 소쉬르는 1898년 제네바 대학 심리학 교수인 플뢰리
의 부탁으로, 스미스양의 증상을 진찰하기도 했다. 그녀는 최면상

---

2) 주제어(일반적으로 고유명사)를 이루는 음소들을 반복시킴으로써 일종의
   음성적 유희가 이루어지는 시행을 말한다.
3) 《자연철학의 수학적 원리 *Philosophiae naturalis princia
   mathematica*》(프린키피아; 1687).

태에서 산스크리트어를 말한다고 주장했다. 산스크리트어 교수인 소쉬르는 거기에 대해서 『산스크리트어는 아니지만, 그렇다고 산스크리트어에 어긋난 것도 없었다』[23]라고 결론짓고 있다.

이 수첩은 그의 가족에 의해서 세심하게 비밀에 부쳐지다가, 1964년이 되어서야 장 스타로뱅스키가 글자 수수께끼의 일부를 출판하게 되었다.[24] 그리하여 60년대 중반에, 특히 쥘리아 크리스테바에 의해서, 이러한 발견을 토대로 한 아주 새로운 연구 방향이 열렸다. 야콥슨의 표현대로 오랫동안 억눌려 있던 〈제2의 소쉬르 혁명〉이 일어날 것이다.

주체의 부재

〈제2의 소쉬르 혁명〉은 주체의 회복을 가능하게 할 것이다. 그렇지만 《강의》에만 국한시켜 보자면 주체의 중요성은 명백히 축소되어 있다. 랑그와 파롤의 구분은 결과적으로는 주체의 배제를 의미하기 때문이다. 랑그와 파롤의 대립은 사회적인 것과 개인적인 것, 구체적인 것과 추상적인 것, 우발적인 것과 필연적인 것 사이의 구분을 포함한다. 이러한 이유로 언어과학은 연구 대상을 과학적 합리화를 가능하게 하는 유일한 대상, 랑그로 제한해야 한다. 그 결과 화자, 즉 파롤의 주체를 배제시킨다. 『랑그는 화자에 따라 기능하는 것이 아니고, 개인이 수동적으로 받아들이는 것이다……파롤과 구별되는 랑그는 분리해서 연구할 수 있는 대상이다』[25] 언어학은 소쉬르에 의해서 과학의 단계에 진입하게 되는데 그 선결조건은 랑그라는 특정한 대상을 확정하는 것이며, 따라서 파롤·주체, 또는 심리학 같은 찌꺼기를 제거해야 한다. 개인은 소쉬르식의 과학적 관점으로부터 내몰려지고, 형식주의의 희생양으로 더 이상 있을 곳이 없게 된다.

이와 같이 이미 소쉬르 시야의 사각지대에 위치한 인간을 부정하는 것은 언어학 분야뿐만 아니라 전체 구조주의 패러다임의 중요한 요소가 될 것이다. 그러한 경향은 형식주의를 극단으로 이르게 하고, 의미를 제거하고 화자를 배제시켜서『마치 말하는 사람이 없는 것 같은』[26] 상황에 도달하고자 한다. 현대언어학이 자리잡기 위해서 치러야 할 대가는 보다시피, 기본 원칙 자체에 의해 주체 등 중요한 요소들을 부정하여야 했다는 점에서 매우 과중한 셈이다. 그러나 이점에 있어서도, 소쉬르의 이론은 19세기의 독일 비교문법론자의 전통과 관련이 있다. 이들 비교문법론자들은 파롤 행위가 언어 구조를 파괴한다고 여겼기 때문에 랑그에서 진짜 구조를 찾으려 했다. 그러므로 사람들의 행위 밖에 존재하는 랑그의 구조를 복원해야 한다고 생각했다. 이런 점에서 또한 소쉬르는 결국 기존의 것을 체계화했을 뿐이다.

오스발드 뒤크로는, 이러한 랑그/파롤의 대립 이면에 소쉬르가 혼동한 두 개의 다른 층위가 있다고 주장한다.『그 층위를 구분하는 것은 흥미 있는 일로, 내가 시도한 것이 바로 그것이다』[27] 뒤크로에 의하면 랑그/파롤의 대립은 무엇보다도 이미 주어진 것 ——파롤——과 구축된 것 ——랑그——의 구분으로 간주될 수 있다. 이러한 방법론적이고 인식론적인 구분은 반드시 필요하고 항상 유효하며 과학적 절차의 조건이기도 하다. 그러나 이 구분은 이론의 여지가 있는 소쉬르의 두번째 대립, 즉 주체가 배제된 추상적 언어 체계와 파롤 행위의 구분, 다시 말하면 객관적인 약호 체계와 주체에 의한 약호 사용의 구분을 전제하지는 않는다. 그러나 60년대의 소쉬르 유파들은 이러한 두 층위의 혼동을 여전히 계속하여 인간의 죽음, 이론상의 반인간주의의 주제를 확립한다. 그것은 언술행위의 주체가 완전히 배제된 과학주의의 소망을 절정에 이르게 할 것이다.

8

만능인 로만 야콥슨

프랑스 구조주의의 성공은 특히 1942년 뉴욕에서 레비 스트로스와 로만 야콥슨의 만남에서 비롯된다. 오해에서 비롯된 이들의 우정은 같은 사상적 맥락과 방법에 속하는 각자의 연구에서 더욱 찬란한 빛을 발하게 된다. 만일 야콥슨이 레비 스트로스를 밤새도록 함께 술 마실 사람으로 여겼다면 그것은 착각이었을 터이지만, 그렇다 하더라도 그들의 우정은 변함없었을 것이다. 로만 야콥슨이 말년에 레비 스트로스에게 논문의 별쇄본을 보내면서 〈나의 형제 클로드에게〉라는 헌사를 썼을 정도였다. 레비 스트로스는 야콥슨을 통해 음운론 모델을 빌렸으며, 야콥슨은 언어학에 인류학을 도입하였다.

야콥슨은 프로그램 형식으로 씌어진 〈언어학자와 인류학자의 공통어〉[1]라는 글에서, 소쉬르와 그의 동시대인 퍼스 이후 언어학의 발달에 있어서 의사소통의 수학 이론과 정보 이론의 역할을 강조한다. 그러므로 언어학에서는 의미에 관한 모든 분야를 다루어야만 하고, 더 이상 기호와 의미 사이에서 숨바꼭질을 해서는 안 된다. 『우리는 언어적 의미를 언어학이라는 학문에 합체시키는 과제에 직면하고 있다』[2] 광범위한 공동 연구 프로그램은, 한 언어에서 다른 언어로의 코드 전환이라는 면에서, 인류학자에게나 마찬가지로 언어학자에게도 가능한 것인데, 이러한 코드 전환은 내적 구조의 동형성(isomorphie)에 의해서 가능하다. 야콥슨과 레비 스트로스는 모두 보편성을 추구한다.『언어의 보편적 법칙을 다룰 시점이 도래했다.』[3] 또한 자연과학의 현대성에 기대려는 의지도 엿보인다. 야콥슨은 발생론적 접근방식에서 기술적인(descriptive) 방식으로 변화하는 일반언어학의 발전을 전통역학에서 양자역학으로의 변모에 비유한다.『구조언어학은 양자역학과 같이 시간결정론에서 잃은 것을 형태결정론에서 얻은 셈이다.』[4]

그런데 야콥슨이 인류학에 관심을 갖게 된 것은 레비 스트로스와의 만남에서 처음 비롯된 것은 아니다. 그것은 그가 유럽 언어학과 미국 언어학이라는 두 계보에 속해 있다는 점에서, 더 이전의 일이라 할 수 있다. 왜냐하면, 미국 언어학은 아메리카인디언어를 통해서 민족언어학을 연구하는 사피어나 보아스 같은 인류학자들의 작업에 의거하고 있기 때문이다. 이러한 미국 언어학의 전통 역시 소쉬르와 사고 과정은 다르지만, 언어 기술과 내적 구조의 우위성을 강조한다. 실제로, 아메리카인디언어가 급속도로 사라져 가고 있는 중이어서 이 언어들의 일관성을 될 수 있는 대로 빨리 찾아내야 했다.

그러나 로만 야콥슨은 미국 생활을 시작하기 이전에 이미 놀라운 인생 노정을 걸었다. 세계를 누비고 다니는 구조주의자인 그가 중심적 위치에서 명성을 누리게 된 것은 빈번한 파리 여행과 프라하·코펜하겐·오슬로·스톡홀름·웁살라를 거쳐 모스크바로부터 뉴욕에 이르는 노정의 덕이다. 따라서 그의 여정을 추적하는 것은 태동하는 구조주의의 우여곡절을 국제적인 차원에서 살펴보는 것이 된다.

모스크바 언어학회

학문에서와 마찬가지로 예술에 있어서도 현대적인 것을 유달리 잘 수용하는 성격을 가진 야콥슨은 1896년 10월 11일 모스크바에서 태어났다. 그는 아주 일찍이 이야기에 관심을 가졌으며, 이미 여섯 살부터 〈책벌레〉[5] 소리를 들을 정도로 이야기책을 탐독했다. 또한 그는 아주 어린 나이에 프랑스어·독일어 등의 외국어를 배웠고, 푸슈킨·베를렌의 시를 접했으며, 열두 살에 말라르메를 읽었다. 1912년, 그가 새로운 창조적 경향인 미래파에 가담한 것은 하나의 충격이었다. 그는 벨리미르 홀레브니코프와 그의 친구가 된 블라디미르 마이아코프스키, 또한 화가 카지미르 말레비치의 시를 읽었다. 『나는 화가들 사이에서 성장했다』[6]라고 그는 회상한다. 야콥슨은 레비 스트로스처럼 회화와 친근한 환경에서 자랐는데, 회화는 그에게 가장 강렬한 창조적 문화를 구현시켜 주었다.

1915년 그는 언어학과 시학의 발전을 과제로 하는 모스크바 언어학회 창설을 주도한다. 이 학회의 첫 모임은 야콥슨의 부모님 댁 식당에서 열렸다. 그러나 차르 치하에서 한창 전쟁중에 학회 활동을 한다는 사실은 위험한 일이어서, 그 학회는 곧 한림원의 방언학 위원회에 병합되고 만다. 야콥슨이 이처럼 언어학 연구에 대한 충동적 욕망을 가졌다면 그것은 형식주의자와 미래주의자들 덕분이었다. 소쉬르와의 연관은 보다 후에 이루어지는데, 왜냐하면 야콥슨은 1920년이 되어서야 프라하에서 《일반언어학 강의》를 접하였기 때문이다. 그렇지만 그는 이미 1914-1915년 니콜라이 트루베츠코이와 결정적인 만남을 가진 바 있다. 바로 그때 트루베츠코이는 야콥슨에게 프랑스 메예 학파의 연구 업적에 대해서 알려 주었던 것이다.

앙투안 메예에 의하면, 트루베츠코이는 현대언어학의 뛰어난 수장이었다. 그는 음운론을 통하여 현대언어학을 결정적으로 혁신시키는 단초를 제공한다. 그는 특히 1920년부터 그가 사망한 1938년까지 야콥슨과 깊은 우정을 맺었었다. 그 점에 대해서 야콥슨은 어떤 것이 자신의 생각이고, 또 어떤 것이 친구의 생각인지 분명히 구별할 수 없을 정도로 서로 주고받은 것이 풍부하고 유익했었다고 말하고 있다.『그것은 놀라운 협력이었다. 우리는 서로가 서로를 필요로 했다』[7] 또한 야콥슨은 후설의 《논리탐구》를 읽었는데,『그 책은 아마도 나의 이론적인 작업에 가장 큰 영향을 미쳤을』[8] 것이라고 술회한다. 1917년 초, 야콥슨은 상트페테르부르크에서 열린 〈오포이아즈〉 학회의 창립에 참여한다. 이 학회는 시어의 연구를 위한 것이었다. 그는 아이헨바움·폴리바노프·야쿠빈스키와 슈클로프스키 등의 시인들 사이에서 이론과 시학과 실천의 관계를 더욱더 발전시켰다.『이러한 시도를 통하여 시의 언어적인 면이 확실하게 강조되었다』[9]

야콥슨은 문학 텍스트 연구의 내재성, 내적 일관성을 옹호함으로써 텍스트를 부분의 총합이 아니라 하나의 전체로 여긴다. 언어학에 의하여 창작과 과학을 접목하고자 한 야콥슨은 언어학을 과학의 단계에 이르게 하려고 시도한다. 이때 그의 이론의 토대가 되는 것은 시어이다. 왜냐하면 그것은 본질적으로 자체지향적이기 때문에, 언어의 고유한 논리와는 무관한 외부지향적인 요소들에 의해서 결정되는 일상언어와 구분되기 때문이다. 그런데 이러한 형식주의적 방식은 1920-1930년대에 러시아를 휩쓴 스탈린주의에 적응할 수 없었다.

프라하 학파

친구 폴리바노프가 러시아에 그대로 남은 반면, 야콥슨은 조국을 떠나 처음에는 프라하 주재 구소련 적십자 대표부 통역관으로 체코슬로바키아로 갔다.『그러므로 서구에서 구조주의의 발전을 이룬 것은 역사의 우연이었다』[10] 사실 구조주의는 구소련에서 발달될 수도 있었고, 구소련 학자들이 언어학 연구의 선두에 설 수도 있었다. 물론 폴리바노프 같은 언어학자들은 러시아에 남는 것을 선택했으나, 그들은 곧바로 구소련 당국에 의해서 그들의 저서와 함께 숙청당하는 운명을 맞아야 했다. 그런데 이러한 탄압은 오히려 형식주의의 한계를 드러내기도 한다. 즉, 글쓰기의 정치적 측면을 명백히 해줌으로써, 문학이 역사적 맥락을 초월하여 그 자체 외에는 어떤 목적성도 갖지 않는다는 형식주의의 입장과 상반되게 된 것이다. 야콥슨은 앙토노프 대사 덕분에 프라하 주재 구소련 대사관의 문정관이 되었다. 한편 앙토노프는 1917년 10월 트로츠키 지휘하에 동절기 왕궁을 점령했었지만, 이는 얼마 지나지 않아 숙청되기에 충분한 중죄에 해당되었다.『앙토노프는 모든 대사관원들과 함께 소환되었는데, 그들은 심지어 사동이나 가정부까지도 모조리 총살당하고 말았다』[11]

야콥슨은 프라하에서 지루한 나날을 보내고 있었다. 그래서 체코 시인들과 어울리게 되었고, 아직 그 시기에는 러시아 문화가 체코 문화를 지배하지 않았던 때라서, 이러한 만남을 통해서 체코 시인들에게 러시아 시를 체코어로 번역해 주곤 하였다. 바로 이와 같이 고리키·마이아코프스키를 체코어로 읽고, 열띤 토론을 야기시키는 즉흥 번역을 하면서 야콥슨은『러시아어와 체코어 사이의 음악성의 차이, 음조의 차이를 새삼스럽게 발견했다. 그런데 이 두 언어는 어휘면에서 유사한 어근을 갖는 반면 아주 다른 음운 체계를 보여 주는데, 그럼에도 불구하고 오히려 조금만 바뀌어도 관여적인 차이가 감지될 정도로 유사한 언어이다.』[12]

이와 같이 구조음운론은 자연언어, 문화적 언어 활동, 그리고 시적 언어 사이의 상호작용으로부터 싹트게 된다. 또한 야콥슨은 러시아 혁명을 피하여 빈으로 망명한 러시아 공작 니콜라이 트루베츠코이를 만나곤 했다. 그들은 1915년부터 서로 알고 지내고 있었던 것이다. 1926년 10월 26일 프라하 언어학회가 체코의 빌렘 마테시우스 · 마카로프스키 · 바체크, 그리고 러시아의 니콜라이 트루베츠코이 · 로만 야콥슨 · 세르주 카르세프스키 등의 주도하에 창립되었다. 그후 명시적인 구조주의 프로그램을 정의하는 이 학회의 논문집이 1929년부터 발간되었다. 『이 학회는 스스로 구조주의라는 명칭을 부여했다. 왜냐하면 구조를 역동적 총체로 인식하면서, 자신들의 기본 개념을 구조로 보기 때문이다.』[13] 프라하 학파의 연구는 소쉬르와 러시아 형식주의 · 후설 · 게슈탈트 심리학[1] 계보에 속하고, 또한 빈학파와 관련을 맺고 있다. 프라하 학회의 〈1929년 주제〉는 여러 세대에 걸쳐서 언어학자들에게 프로그램의 의미를 갖는다. 그것은 내적 언어와 표현된 언어 사이의 엄격한 구분을 정의한다. 『언어의 사회적인 면에서는, 언어와 언어 외적 현실과의 관계에 따라서 언어를 구분해야 한다. 언어는 기의에 치중하는 의사소통의 기능이나, 또는 기호 그 자체를 중시하는 시적 기능을 가진다.』[14] 프라하 학파는 특히 그 당시까지 소홀했던 시어의 연구에 몰두하고자 했다.

1939년까지 브르노 대학의 교수로 지내면서, 야콥슨은 학회의 부

---

1) 20세기 초 독일에서 발달한 심리학. 인간의 심리를 여러 요인으로 나누어 따로따로 분석하는 구성주의 심리학에 반대하여 인간의 심리에 대한 전체적 고찰을 주장했다.

회장으로서 서구에 구조주의 프로그램을 전파하는 데 기여했으며, 특히 1928년 4월 10일부터 15일까지 헤이그에서 열린 제1차 일반 언어학 대회를 통하여 구조주의를 널리 알렸다. 프라하 학파는 사전에 정성을 들여 조율한 현대주의적인 명제를 갖고 이 대회에 참가했다. 그래서 처음 이틀 동안 그들의 주도로 이론적 범주의 문제가 다루어졌다. 『우리는 처음으로 구조언어학과 기능주의 언어학이라는 용어를 사용하였다. 우리는 언어학에서 구조를 논하지 않고는 어떤 문제도 다룰 수 없으므로 구조의 문제를 핵심에 두었다.』[15] 야콥슨은 루이스 옐름슬레우와 브롱달이 1939년에 창설한 코펜하겐 학회와도 긴밀한 관계를 맺었으며, 이 두 학자는 프라하 학회에 초청되어 강연을 하기도 했다. 야콥슨은 특히 옐름슬레우와 생각이 달랐음에도 불구하고, 코펜하겐 학회지인 《악타 링귀스티카》지에 모습을 나타낸다. 그는 언어 연구에 있어서 모든 음성적이고 의미적인 실체를 배제하려는 옐름슬레우의 작업이 지나치다고 비판한다.

그러나 프라하 학파와 코펜하겐 학파의 공동작업은, 또다시 1939년 나치의 체코 침입이라는 역사적인 이유로 인해 결실을 보지 못한다. 야콥슨은 덴마크로, 또 후에 노르웨이로, 스웨덴으로 도피한다. 그러나 나치 군대가 점점 서방으로 진격해 오자 야콥슨은 유럽을 떠나 뉴욕의 자유고등연구원으로 망명한다. 그런데 이미 그곳에는 1934년에 뉴욕 언어학회가 창설된 바 있다. 그러므로 그는 자신의 주장이 수용되는 땅에 오게 된 셈이고, 이 학회가 발간하는 학회지 《워드》지의 편집위원이 되었다. 《워드》지의 제1호는 언어학과 인류학에서의 구조분석 적용을 다루었기 때문에, 구조주의 프로그램을 압축한 것이라 할 수 있다. 그리고 《워드》지가 『미국 언어학자들과 여러 경향의 유럽 언어학자들 사이의 협력』[16] 강화를 목적으로 하기 때문에, 야콥슨이 바로 이러한 시도를 성공시키는 데 가장 유리한 자리에 있음을 알 수 있다.

구조주의 발전에 가장 풍요로운 토대를 세운 시기는 프라하의 1920-1930년대이다. 그런데 프라하 학파는, 소쉬르의 관점을 택하면서도 주요한 몇몇 쟁점에 대해서는 소쉬르와 거리를 두고 있다. 우선 프라하 학파는 언어를 기능적인 체계로 정의한다. 그런데 『기능적이라는 형용사는 목적론을 도입하는데,[2] 이것은 소쉬르에게는 생소하고, 오히려 뷜러의 기능[3]에서 영향을 받은 것이다』[17] 게다가 프라하 학파는 통시성/공시성이라는 소쉬르식의 구분에 동조하지 않고, 이러한 구분을 넘을 수 없는 경계로 보지 않는다. 야콥슨은 수차에 걸쳐서 이러한 경계선을 거부하고, 역동적 공시성의 개념을 선호한다. 『공시적이라는 개념은 정태적이라는 개념과 다르다』[18] 그러므로 언어학의 모델을 넘어서 구조주의의 핵심을 이루는 모델 중의 모델은 구조음운론이라고 할 수 있다.

프라하에서 이러한 음운론의 대가는 니콜라이 트루베츠코이이다. 그는 고전이 된 《음운론 원리》(1939)를 집필하였다. 이 저서에서 그는 음소를 음운 체계 내에서의 위치에 의해서 정의한다. 그 방법은 비음성·조음점·원순화·구강의 개폐라는 네 가지 변별 자질을 고려한 음운 대립을 발견하는 데 있다. 거기에서 관여적 차이, 관여적인 최소 단위 —— 여기에서는 음소 —— 를 찾아내는 소쉬르적 원리를 볼 수 있다. 소쉬르의 지시 대상 배제는 언어 체계에 내재된 법칙 탐구와 함께 중시된다. 음운론은 모든 언어 외적 현실과 거리를 두고 있다. 야콥슨은 음운론이 실현하고자 하는 음의 기술을 12쌍의 이원적 대립에 의한 관여적 자질로 작성된 표로 나타내

---

2) 프라하 학파의 기능이라는 개념은 언어의 모든 요소(음운·형태소·문 등)는 그것들이 어떤 목적에 응하기 때문에, 다시 말하면 작용해야 할 기능이 있기 때문에 존재한다는 것을 의미한다.

3) 뷜러는 언어의 세 가지 기능을 표현·환기·전달로 보고 있다.

는데, 이 12쌍의 대립은 모든 언어의 대립을 파악하게 하고, 구조주의 경향을 고무시키는 보편성의 꿈을 실현시키고자 한다.[19] 야콥슨의 핵심사상은 다양성의 이면에 존재하는 불변성을 추구하는 것이다.

수학의 형식언어와 마찬가지로, 야콥슨에게 있어서 음소론적 약호 체계는 어린 시절부터 이원적이었다. 이원론은 음운론 체계의 중심에 자리잡고 있으며, 이 점에서 소쉬르의 이분법적 사고가 엿보인다. 기의와 기표, 또는 감각계와 관념계로 양분되는 기호의 이원론에 음운 체계의 이원성이 부합된다.

정신분석학의 수용

야콥슨은 실어증에 대한 연구를 통하여 음운론 모델의 적용 영역을 정신분석학으로 확장시킨다. 실제로 그는 이러한 언어장애에서 병세의 두 유형을 구별하고 있는데, 그것은 언어, 즉 언어법칙을 습득하는 메커니즘을 이해하게 하고, 기능장애의 두 유형에 대한 임상적인 가르침을 얻게 해준다. 그는 기호들 사이의 결합과 하나의 단어를 다른 단어로 대치시킬 수 있는 선택을 대립시킨다. 그렇게 함으로써 야콥슨은 소쉬르가 주장했던 통합 관계와 연합 관계 사이의 대립을 이어받고 있다. 이러한 구분은 실어증의 두 유형을 파악하게 한다. 『첫째 유형(선택에 있어서의 장애)의 실어증 환자에게 문맥은 필수적이고 결정적인 요인이다……말이 문맥에 의존된 정도가 크면 클수록, 그의 언어 수행은 쉽게 된다……따라서 이러한 유형의 실어증에서 보존되는 것은 의사소통의 연결고리, 골격일 뿐이다.』[20] 이러한 유형의 실어증은 문맥의 결함, 인접성의 장애로 고통을 받고, 그 결과 비문법적이고 단어들만 나열할 뿐인 실어증과 대립을 이룬다. 야콥슨은 이러한 두 현상을 두 가지 수사적 문채, 즉 은유와 환유에 관련시켜 논하고 있다. 이때 은유는 첫째 유형의 실어증의 경우와 유사성의 장애[4]가 있는 경우 불가능해지며, 환유는 인접성의 장애[5]가 있는 경우 불가능해진다.

1950년에 야콥슨을 만나 친하게 된 자크 라캉은, 이러한 구분을 프로이트의 영역에 압축과 이동이라는 개념 주위로 옮겨 놓고, 무의식의 기능방식을 설명하고자 한다. 『음운론은 언어와 관련된 학문, 그러면서도 형식화가 미미했던 학문들에 모델로 쓰인다. 음운론은 그러한 학문들에 대립쌍에 의한 형식화의 체계를 제시해 주는데, 이는 간단하면서도 두루 적용될 수 있어서 매력적이다. 그러므로 음운론은 구조주의의 지주이다.』[21] 그렇지만 20년대 말에 정립된 이러한 모델은 2차대전 후에야 진정한 보급이 이루어졌다. 그리고 그것이 프랑스에서 제도화되기 위해서는 60년대 말까지 기다려야 했다. 이러한 시간적 간격을 이해하려면, 50년대의 프랑스 언어학계의 실정을 고려해야 한다.

---

4) 언어 단위를 선택하는 능력의 장애를 말한다.
5) 언어 단위를 더 큰 단위로 결합하는 능력의 장애를 말한다.

비행기 없는 조종사 : 프랑스 언어학

프랑스에도 30년대 유럽을 들끓게 한 언어학의 상승 기류가 전해지기는 했지만, 제도적인 이유로 현대언어학이 대학에 도입되는 것은 지연되었다. 현대언어학은 소르본이라는 보루를 공략하였으나 실패하고 말았다. 특권층 지식 계급이 확고하게 자리잡고 있던 만큼 더욱너 힘들 수밖에 없는 시합을 이기기 위해서는, 완벽한 포위 전략이 필요했었을 것이다.

앙투안 메예가 대부이고, 단일 언어학회와 단일 학회지를 갖고 있는 프랑스 언어학계는 개혁이 진행된다는 것을 알고는 있었다. 그러나 고전적 학풍에 젖어 희랍-로마의 전통이라는 굴레에서 헤어나지 못하는 학자들은 그러한 변화에 대해 무관심했다. 그러므로 현대적인 구조주의 방법론은 앙투안 메예·그라몽·방드리예스, 그리고 소쉬르의 제자들(《일반언어학 강의》의 영향을 받은 제자들이 아니라 19세기 말 비교문법학자로서의 소쉬르에 심취했던 소쉬르의 제자들)로 구성된 언어학계를 공략하지는 못했다.

대학은 구조주의와 완전히 단절되었고, 이러한 수면상태는 거듭되는 신랄한 공격에도 불구하고 계속되었다. 30년대의 프랑스 언어학계를 특징짓는 분위기는 기존 제도가 와해되는 1968년의 그것과 꽤 유사하다. 한마디로 그것은 중앙집권적이었다. 언어학계에서 앙투안 메예의 군림은 절대적이었다. 몇몇 예외를 제외하고는 전통적인 방식에 따라 학자들이 양성되었다. 요컨대, 언어학자들은 문법 교수 자격 취득자들이었고, 따라서 그들은 전통언어학의 옹호자들이었다. 물론 유일하게 현대성의 산실이라고 할 수 있는 고등연구원에서 제자들을 규합한 기욤 같은, 전형에 벗어난 학자들도 있기는 하였다.『기욤의 경우는 흥미롭다. 그는 은행원이었는데, 언어학의 문제를 혼자서 고찰했다. 메예가 그를 1919-1920년에 고등연구원의 강사로 위촉했다.』[1] 또한 조르주 구겐하임의 매우 개혁적인 작업이 있었는데, 그는 1939년에《프랑스어의 문법 체계》를 출판했다. 그러나 교수 자격시험의 전통적인 과정을 밟는 학자들은 언어학에서 태동하는 구조주의 현상을 비껴 지나가고 말았다.

현대성이 2차대전 전에 자리잡기 어려웠다면, 50년대의 사정은 어떠했는가? 프랑스의 후진성은 더욱 심해졌고, 소르본과 언어학 연구기관과의 단절은 여전했다. 이러한 분위기에 활력을 준 사람이 앙드레 마르티네이다. 그는 미국에 있다가 1955년에야 귀국했다. 게다가 1936년 앙투안 메예, 1940년 에두아르 피숑의 사망으로 프랑스는 더욱더 다른 유럽 국가와 미국에 비하여 언어학 연구 수준이 떨어지게 된다. 바그너의 소르본 입성으로 개혁의 희망이 엿보였지만, 그가 고대 프랑스어 강의를 맡음으로써 그의 활동에는 한계가 있었다. 바그너는 이러한 상황을 유감스럽게 생각하면서,『프랑스가 유럽에서 프랑스어 전공 학자들에 의한 언어학 연구가 가장 지지부진한 나라라는 사실은 분명히 비정상적인 것이다』[2]라고 말한다. 그럼에도 불구하고 여기저기에 고립되어 개혁의 중심을 이루는 몇몇 학자들이 있었다. 마르셀 코앙이 그러한 경우인데, 그는 동양어 학교와 고등연구원에서 에티오피아어를 강의했다.『코앙은 1950년 이전부터 이미 새로운 경향에 가장 민감한 언어학자였다. 코앙은 나에게 매우 중요하고 자극을 주는 안내자였다』[3]라고 케마다는 회상한다.

60년대 말에 개혁을 주도할 인물들의 대다수는 당시 학업중이었다. 그러므로 결국 그들은 매우 전통적인 계보의 출신이라고 할 수 있다. 그들은 특히 문법 교수 자격 취득자인 프랑스어 전공자들로서 장 클로드 슈발리에 · 장 뒤부아, 또는 미셸 아리베를 들 수 있다. 그러나 그들은 교육 과정이 현대언어학을 철저히 외면하고 있었기 때문에 뒤늦게야 새로운 경향을 접할 수 있었다. 1945년에 문법 교수 자격을 취득한 장 뒤부아는 1958년이 되어서야 소쉬르에 대해 듣게 될 정도였다! 그는 문헌학 강의를 수강했으나, 그것은 일반언어학과 조금도 관련을 맺고 있지 않았다.『나같이 문법 교수 자격시험을 통과한 전통학자들은 언어학이 무엇인지 전혀 모르고 지낼 수 있었다.』[4]

그와 반대로, 전통적인 학풍에서 벗어난 비프랑스어 전공자에게는 콜레주 드 프랑스나 고등연구원, 또는 언어학 연구원에서 현대언어학을 접할 기회가 더욱 많았다. 베르나르 포티에나 앙투안 퀼리올리가 이런 경우에 속한다. 그러므로 다가올 개혁의 토대는 대학이라는 제도권에 비하여 주변적인 곳에서 마련되었다.『나는 애초부터 언어학자이고자 했다……나는 소르본에서 푸셰와 함께 실험음성학을 시작했다. 내가 학문을 연마한 곳은 특히 고등연구원이었는데, 나는 그곳을 1944년부터 1955년까지 부정기적으로 다녔다.』[5] 실제로 베르나르 포티에는 비교적 일찍 언어학 연구 및 간행에 참여하였다. 그러나 그가 새로운 영역을 개척할 수 있었던 것은 어디까지나 스페인어 전공자로서였다. 앙투안 퀼리올리도 앙드레 마르티네와 같이 영어 전공자로서 언어학자가 되었다.

50년대 중반에 젊은 세대의 언어학자들이 대학에 자리잡기 시작했으나, 1954년 앙투안 퀼리올리 덕분에 소르본의 가장 젊은 조교가 된 장 클로드 슈발리에를 제외하면 아직도 주변에 머물러 있었다. 베르나르 포티에는 1955년 보르도 대학의 전임강사가 되었으며, 장 페로는 몽펠리에 대학의 강사로 임명되었고, 앙투안 퀼리올리와 장 뒤부아는 국립과학연구원에 들어갔다. 앙드레 마르티네는 미국에서 귀국하여, 소르본에 들어가 미셸 르죈의 뒤를 이었다. 그러나 그가 담당한 일반언어학은 외국어 전공 학사 과정의 네번째 과목으로 선택과목에 불과했다.

중심을 포위한 주변

새로운 바람은 파리가 아니라 지방으로부터 불어와서, 지방세력이 프랑스 대학의 핵심인 소르본을 점차적으로 포위하게 되었다. 또한 교육행정도 이러한 정복 전략에 추진력을 제공하였다. 예컨대 고등교육국장인 가스통 베르제는 1955-1956년에 대학에 최초의 언어학연구소를 설립했다.

가스통 베르제는 스트라스부르 대학 내에 로망어 문헌학연구소를 설립하였다. 여기에서 잉스와 조르주 스트라카의 주최로 국제학회가 여러 차례 개최되었다. 이러한 학회를 통하여 프랑스 언어학자들은 최신의 연구에 호흡을 맞추게 되고, 또 학회 발표 논문집의 발간을 통하여 언어학 연구의 최근 현황을 알게 되었다. 그러므로 명실공히 국제적인 공동체가 1956년부터 스트라스부르 대학 연구소의 연구원들을 중심으로 형성되었다. 1956년, 〈구조언어학의 최근 경향〉이라는 주제로 열린 국제학회에 조르주 구겐하임·루이스 옐름슬레우·앙드레 마르티네·너드 토제비 등이 참가했다.

또한 50년대 중반에 가스통 베르제 국장은 어휘론 학자인 베르나르 케마다가 활동하던 브장송 대학 내에 어휘론연구소를 설립했다. 1950년에 브장송 대학에 취직한 케마다는 이 대학을 매우 활동적인 중심지로 만들었다. 그는 어휘론이라는 전공에 구애받지 않고

어학연수원을 창설한 후, 이것을 〈여름마다 8주 과정으로 2천2백명의 연수생〉[6]을 불러모으는 응용언어학연구소로 발전시켰다. 이 연수원은 새로운 방법론을 보급할 뿐 아니라, 여러 재원을 얻어서 여러 차례 토론의 장을 마련했다. 베르나르 케마다는 신진 언어학자들을 대거 초빙하였다. 앙리 미트랑은 그의 조교가 되었고, 알지르다스 쥘리앵 그레마스·장 뒤부아·앙리 메쇼닉·길베르·바그너, 《신화학》 출판 당시의 롤랑 바르트가 연구소의 활동에 참여하게 된다. 이처럼 활발한 활동에 대해서 물론 소르본은 외면했으나, 출판물에 의해서 활동이 알려지기 시작했다. 케마다는 브장송에서 《어휘론 노트》 발간을 주도하여, 1959년에 1천5백 부를 발행했다. 이 정기 간행물은 넓은 독차층을 지향했다. 『나는 어휘론이 언어학자들의 대단한 관심을 끌지는 못할지라도 문학 연구자·사학자·철학자·군인 등, 많은 다른 전공자들의 관심을 끄는 학문간의 교차점이라고 굳게 믿었다』[7]

구조언어학의 유능한 사업가인 베르나르 케마다는 브장송에서의 활동을 기반으로 1960년 《응용언어학 연구》라는 또 하나의 잡지를 전국 규모의 디디에 출판사 지원으로 1천5백 부 찍어냈다. 대학 내에 연구소 설립을 반대한 소르본을 포위하려는 가스통 베르제의 의도는 계획대로 실행되었다. 그래서 신참 조교인 장 클로드 슈발리에는 고리타분한 소르본에서 벗어나 학외의 여러 연구 그룹에 합류하게 되었다. 그는 마르크스주의연구소에서 장 뒤부아·앙리 미트랑·앙투안 퀼리올리같이 공산당에 가입한 언어학자들과 교유하고, 브장송을 자주 찾았다. 『우리는 방학 동안에 모두 그곳에 모였다. 바르트·뒤부아·그레마스가 왔으며, 우리는 거기에서 미국 학자들의 동향을 들을 수 있었다』[8]

이처럼 활발한 움직임이 언어학계에 어느 정도 영향을 미친 것은 사실이다. 그러나 고전 연구의 중심에 있는 문학 연구자에게 구조주의 방법론이 영향을 미치기에는 여전히 난점을 안고 있었다. 그들은 논리적이고 과학적인 차원의 논의가 문학 영역에 전혀 걸 맞지 않은 것이라고 여기고 있었다.『역설적으로, 문학에 대한 철저한 과대평가가 1955-1960년 이전에 이론적 성찰의 개혁을 방해했다. 실제로 문학은 고등학교와 대학 교육에서 특혜를 받고, 문학사에 의해서만 교육되고 있었다』[9]

물론, 문학 텍스트 분석의 영역에도 기로 같은 독자적인 개혁자들을 발견할 수 있는데, 기로는 1960년에 리에주에서 개최된 현대 문학에 관한 학회에서 〈시적 표현의 기호학〉이라는 주제로 논문을 발표했다. 이 학회에 참가한 레오 스피처는 프랑스 문학에서 구조주의 방법론의 도입이 지연된 이유를 세 가지로 설명하고 있다. 그 것은 첫째, 러시아 형식주의의 연구와 독일이나 영미의 신비평론을 등한시한 프랑스 대학의 폐쇄성, 둘째, 기원의 연구와 전통적인 문학사의 우위성, 셋째, 텍스트 설명이라는 수업방식이다. 필리프 아몽은 이와 같은 세 가지 이유에 네번째 이유를 덧붙인다.『독자적인 학문으로서의 언어학에 대한 거의 전적인 몰이해』[10]가 바로 그 것이다. 그러므로 문학의 새로운 접근방식을 위해서 언어학이 요구되기까지는 한동안 기다려야 했다. 이것은 롤랑 바르트 같은 특수한 경우를 제외하고는 1960년이 되어서야 실현된다. 바르트는 두 학문 사이의 연계를 시도했는데, 즉각적이고 눈부신 성공을 거두었다.『나는 50년대에 바르트와 나눈 대화를 기억하고 있는데, 그 당시 그는 소쉬르를 반드시 읽어야 한다고 말했다』[11].

프랑스의 돌파구 : 앙드레 마르티네

50년대 프랑스 언어학을 좌우한 인물은, 1955년까지 미국에 체류한 앙드레 마르티네이다. 문법 교수 자격자인 그는 일찍이 1928년부터 방드리예스의 제안으로 예스베르센의 《언어》 번역을 맡았다. 이 번역일로 그는 덴마크로 가게 되었으며, 거기에서 예스베르센과 옐름슬레우를 만나게 되었다. 그가 1933년에 《언어학회 회보》에 발표한 첫번째 논문은, 그의 전공이 된 음운론 분야에서 혁신적인 것이었다. 그는 《프라하 언어학회 논문집》을 통하여 알려졌고, 트루베츠코이와 함께 연구했다. 그러므로 마르티네는 30년대에 유럽 언어학의 개혁에 활발히 참여했으며, 이러한 활동 덕분에 1937년 고등연구원에 그를 위해 마련된 음운론 교수직에 선출될 수 있었다.

그럼에도 불구하고 전쟁은 그를 망명의 길로 이끌었다. 야콥슨처럼 1941년에 떠난 것이 아니라 프랑스가 해방된 이후인 1946년에 떠났다. 물론 그는 전쟁 동안 아무런 비난받을 일도 하지 않았다(오히려 그는 독일군의 포로였다). 그러나 그의 스웨덴 부인이 독일군에 협력했기 때문에 마르티네는 가족과 조국을 등지게 되었다. 뉴욕에서 그를 맞아 준 이는 망명자 야콥슨이었다. 마르티네는 미국에서 가장 큰 규모의 언어학 잡지인 미국 언어학회지 《워드》지의 편집장을 맡음으로써, 각별히 중요한 책임을 떠맡게 되었다. 그러므로 선두에 선 유럽 언어학을 섭렵한 마르티네는 우연의 덕으로 미국 언어학계에서도 중심적인 역할을 담당하게 되었다. 그래서 그는 야콥슨의 곁에서 영미 언어학계와 교류하고, 1947년부터 1955년까지 뉴욕의 컬럼비아 대학에서 언어학과 과장으로 활동했다.

1955년 귀국 당시, 그는 언어학계에서 세계적으로 유명한 학자였지만, 프랑스의 대접은 언어학의 주변적 위치를 시사할 정도로 대단치 않았다. 『그는 프랑스에 돌아왔을 때, 어려운 위치에 있었다. 그 당시 내가 소르본의 조교로 있어서 아주 잘 기억하는데, 그는 소르본의 문학 교수나 역사 교수들에게 위험하고 파렴치한 개혁가

이며 내쫓아야 할 반인문주의자로 보였다』[12] 자신의 지명도에도
불구하고 소르본의 정교수로 임명되지 않는다면 화가 나서 사표를
내겠다고 위협을 했어야 할 정도였다. 같은 해인 1955년에 그는 자
신의 주요한 이론서로, 프라하 학파의 계보에 속한 《음성 변화의
경제성》을 출간했다. 그는 그 저서에서 소쉬르의 방법보다 더욱 역
동적이고, 프라하 학파를 계승하여 언어의 의사소통 기능을 강조하
는 언어학 방법론을 옹호하였다. 『언어의 의사소통 기능은 프라하
로부터 유래되었다. 가장 핵심적인 개념은 관여성이다. 모든 과학
은 관여성을 토대로 정립된다. 하나의 과학은 우리가 현실의 단 한
가지 면에 집중해야만 형이상학에 의존하지 않고 발전될 수 있
다……그런데 우리가 언어학자들이 무엇을 탐구해야 하는지 알 수
있는 것은 언어학이 의사소통에 유용하기 때문이다……언어학에서
구조주의를 하는 것이 기능주의적이 아니라면 아무 의미도 갖지
못한다』[13]

그러므로 마르티네는 계열적 분석에 들어가기 전에, 가능한 목록
을 정해 주는 통합적 분석을 먼저 시도함으로써 언어가 제공하는
선택의 문제를 집중 연구하였다. 마르티네는 의사소통의 기능을 고
유한 특성으로 간주하여 언어 연구에 사회적 측면을 도입했지만,
언어 연구의 특수성을 언어를 그 자체에 의해서, 또 그 자체를 위해
서 연구하는 것으로 제한함으로써 언어학을 다른 사회과학으로부
터 단절시키고, 언어의 기능방식의 기술이라는 한정된 영역 안에
가두고 있다. 따라서 그는 언어의 기본적 변별 단위를 확정하는 데
전념했는데, 그 단위들을 단소(1차 분절의 단위)와 음소(2차 분절의 단
위)라고 불렀다. 마르티네는 이러한 언어 기술 규칙을 60년대에 전
세계적으로 베스트셀러가 된 《일반언어학 개요》[14]에 체계화하였다.

상궤를 벗어난 코스 : 앙드레 조르주 오드리쿠르

또 한 명의 언어학의 대가로 독학자인 앙드레 조르주 오드리쿠르를 들 수 있다. 그가 겪은 지리멸렬한 과정과 그의 주변적 위치는 언어학이 프랑스에 뿌리내리고 발전하기 위해서 겪는 어려움과 우여곡절을 입증해 주고 있다. 1939년에 음운론에 관한 논문으로 프라하 학회에 의해서 알려진 앙드레 조르주 오드리쿠르는 당시의 전통적인 문법학자들에 비하여 아주 독특한 인물이었다. 그는 도시에서 멀리 떨어진 피카르디의 농장에서 살았기 때문에, 열네 살이 되어서야 학교 문을 출입하게 되었다. 그는 이웃 마을에 사는 한 교사의 미망인에게 철자법을 배웠다. 그는 일곱 번의 시도 끝에 대학 입학 자격시험을 통과하여 농학을 전공해서 1931년 농학사가 되었으나, 곧 농학에 대한 흥미를 잃고 만다. 세 명의 대가가 그에게 영향을 주었는데, 그들은 〈나를 길들인〉[15] 마르셀 모스, 1936년 그의 첫 논문을 《아날》지에 실어 준 마르크 블로크, 친구가 된 그의 스승 마르셀 코앙이다. 코앙은 항독 지하운동에 가담하러 나갈 때 그의 서재를 오드리쿠르에게 제공했다. 독일군으로부터 책을 보호하기 위해서였다. 『관심 있는 책들을 찾아오시오. 그래서 나는 비로플레에 등나무 바구니를 들고 그 책들을 찾으러 갔었소』[16] 이렇게 우리의 장래 언어학자는 책들을 모을 수 있었다.

그가 국립과학연구원에서 전공을 바꾸어 식물학 대신에 언어학을 시작한 것은 바로 이때부터였다. 오드리쿠르는 앙투안 메예의 계보에 속해 있었다. 『나는 언어학을 메예식으로 배웠다』[17] 그러나 그는 어떤 학문의 권위자도 인정하지 않았다. 그리하여 『섬망증(譫妄症)으로 죽은 비참한 스위스 알콜 중독자, 별난 일이야!』라고 말하면서 소쉬르를 폄하했고, 『매우 호의적이지만 아무 말이나 지껄

이는 모스크바의 어릿광대』[18]라고 야콥슨을 무시했다. 오드리쿠르는 메예와 같이 역사적인 방식에 친근한 비교문법론자로 남아 있었다.

그는 앙드레 마르티네와 같이 기능주의적이고 통시적인 언어관을 가지고 있었다. 마르티네가 아프리카 언어에 대한 수많은 논문을 지도했다면, 오드리쿠르는 여러 개의 아시아 언어를 재구성했다. 그는 식물학과 언어학에 대한 이중적 관심에서 비롯하여, 언어를 구체적으로 접근하고, 사회와 단절된 논리 수학적인 형식주의를 거부한다. 규범을 벗어난 인물, 오드리쿠르는 자신을 음운론의 창시자로 여겼다. 『마르티네가 격노하겠지요. 그러나 아시겠어요, 음운론은 내가 만들었어요』[19]

이처럼 언어학계에 조종사가 부족했던 것은 아니었다. 그러나 그들은 지식층이나 탄탄한 제도를 통해 공인되지 않았기 때문에, 50년대에도 언어학은 여전히 주변적일 수밖에 없었다. 이러한 후진성 때문에 그후 프랑스 학계는 첨단적 현대성의 표현으로 간주되는 이론을 발견했을 때 더욱 흥분하였고 일종의 순박함까지도 내보였던 것이다. 그런데 그때에는 이미 이런 이론이 사양길에 들어서 있는 경우가 허다하다.

1□

알렉산드리아의 관문

소르본 대학교는 1950년대에도 바스티유 감옥처럼 난공불락의 요새로 남아 있었던 까닭에 혁신의 길은 굴곡 많은 길을 따라가게 되었고, 또한 구조주의적 패러다임의 정의에 대한 중요한 메카들 가운데 하나를 발견하기 위해서는 동양의 관문인 알렉산드리아로까지 가야만 했다. 프랑스에서 교육받은 리투아니아계의 중요한 언어학자인 알지르다스 쥘리앵 그레마스를 만나게 되는 것은 그곳에서이다. 그는 1917년 태생으로, 전쟁 전에는 그르노블에서 문헌학 공부를 했다. 그의 스승들은 소쉬르의 가설에 적대적인 고전언어학의 옹호자들이었다. 그의 지도교수인 뒤라푸르는 1939년, 미국인들로 구성된 많은 청중들에게 〈머저리 같은〉(con)이라는 형용사의 의미를 설명하기 위해, 트루베츠코이를 인기가수 티노 로시에 비교하기까지 했을 정도였다. 그럼에도 불구하고, 그레마스는 그같은 19세기 언어학의 방법론을 배운 것에 대해 매우 좋은 추억을 지니고 있었다.

그후 그는 러시아와 독일의 점령하에서 전쟁을 겪고 있던 자신의 고향으로 돌아가 그곳에서 전쟁을 치르게 된다. 그리고 1948년, 박사학위 취득 자격시험을 치르기 위해 프랑스로 되돌아간다. 그는 파리 언어학의 무기력함을 비통한 마음으로 확인한다. 그래서 그는 이제까지 열성껏 배워왔던 고전언어학을 외면한 채 샤를 브뤼노의

지도하에 패션의 어휘에 관한 자신의 박사학위 청구 논문에만 전념한다. 전쟁이 끝나고 얼마 안 되어, 그레마스는 조르주 마토레·베르나르 케마다와 함께 소쉬르의 저작을 발견하고 연구하는 작은 소그룹을 파리에서 결성하였고, 어휘론이라는 새로운 학문 분야를 창설한다.

1949년, 그레마스는 알렉산드리아에서 프랑스어 강사가 되었다. 『그것은 커다란 실망이었다. 나는 도서관을 발견하리라고 생각했지만, 거기에는 아무것도 없었다.』[1] 그렇지만 그레마스와 샤를 생주뱅 주위에 활력 넘치는 그룹이 탄생하게 된 것은 바로 그 이집트의 사막에서였다. 그곳에는 책이 귀했던 까닭에, 10여 명의 유럽 출신 연구자들은, 1949년에서 1958년까지 적어도 일주일에 한 번씩은 책이 아닌 위스키 병을 놓고 토론에 열중했다. 그런데 『철학자·사회학자·역사학자·언어학자들이 함께 모여서 과연 무엇에 대해 토론할 수 있단 말인가? 유일한 공통의 주제는 인식론에 대해 생각하는 것이었다. 나는 인식론이라는 단어를 제시했었다. 처음에는 그것이 내포하고 있는 바를 잘 몰랐던 까닭에 모두들 나를 비웃었다. 당시의 유행은 현상학에 있었다. 어떤 것에 관해서든 현상학을 행하던 때였던 것이다.』[2]

깊은 우정과 학문적 교류를 나누었던 두 사람, 즉 그레마스와 얼마 안 있어 곧 구조주의의 스타가 될 바르트와의 결정적인 만남이 이루어진 것은 바로 알렉산드리아에서였다. 바르트가 이집트에 도착한 것과 동시에 그레마스가 그에게 소쉬르와 옐름슬레우 등을 읽어보라고 조언한 것 역시 그곳에서였다. 한편, 몇 년 후 바르트는 그레마스에게 《그 자신에 의한 미슐레》라는 제목으로 출간될 자신의 저서의 앞부분을 읽도록 해주었다. 『그거 아주 좋은데. 하지만 소쉬르를 이용할 수도 있을 것 같군.』이라고 그레마스가 조언해 주었다. 『소쉬르가 누군데?』하고 바르트는 물었다. 그러자 그레마스는 다음과 같이 단호하게 대답했다.『소쉬르를 모르다니, 이럴 수는 없는데』[3] 물론 바르트는 폐결핵으로 인해 알렉산드리아에서의 체류를 더 연장할 수는 없었다. 그러나 동기 부여는 이미 주어졌고, 그리하여 그레마스는 매년 여름 파리에 갈 때마다 바르트와의 소중한 만남을 절대 잊지 않았다. 바르트에 대한 그레마스의 영향은 다음과 같이 샤를 생주뱅이 말한 그대로였다.『바르트는, 마치 성 바울로가 다마스쿠스의 길을 발견하였던 것처럼, 그레마스의 길을 발견하였다』[4] 그런데 현대언어학을 공부하고 있었던 그레마스는 소쉬르의 단절을 승계하기를 원했다. 그같은 관점 속에서 그는 특히 코펜하겐 언어학파의 작업에 매료되었다. 특히 그는 소쉬르의 가르침에 충실한 유일한 계승자라고 소개하게 될 옐름슬레우에게 매료된다. 그레마스에게 있어서 옐름슬레우는,『소쉬르의 의도를 명확히 밝히고 또한 그것에 완성된 공식화를 부여할 수 있었던, 아마도 유일무이한 소쉬르의 진정한 계승자였던 것이다』[5]

옐름슬레우의 계보

그리하여 그레마스는 옐름슬레우를 현대언어학의 진정한 창시자로 생각하게 된다. 그것은 하나의 도식으로 축약된 언어에 대한 매우 엄밀한 개념, 소쉬르의 단절에 대한 옐름슬레우의 강조, 보다 더 공리화된 방식 때문이기도 했지만, 또한 언어학의 엄격한 분야를 넘어서는 광범위한 기호학적 영역으로 방법론을 확장하고자 하는 갈망 때문이기도 했다. 옐름슬레우는 그가 기능주의적 언어분석이라고 이름 붙인 새로운 학과목을 규정하고, 그것을 소쉬르의 전통 속에 집어넣는다. 그는 경험에 전적으로 참조하는 것과는 독립적으로, 언어의 내적 질서의 기저에 깔려 있는 구조에 대한 자신의 연구에 언어학자로서의 노력을 집중시키기 위해, 언어학 범주 외의 모든 현실로부터의 분리를 강조하였다.

1949년, 《언어 이론 서론》 속에서 옐름슬레우는 자신의 계획을 정의한다. 그러나 그 저작은 1968년에 가서야 프랑스 미뉘 출판사에서 번역 출간되었다. 그 사이, 옐름슬레우가 프랑스에서 알려지게 된 데에는 무엇보다도 그레마스와 바르트의 공이 컸다. 옐름슬레우는 시니피앙/시니피에의 미세한 차이를 표현(시니피앙)/내용(시니피에)으로 재공식화함으로써 소쉬르의 용어를 약간 변형시킨다. 이같은 의미론적 변화는 두 개의 분석 층위를 구별하려는 의도에 따른 것이다. 그렇게 함으로써 구조를 그 내용, 즉 구조에 의해 구조화되는 것으로부터 분리할 수 있고, 따라서 구조를 순전히 형식적 층위에서만 생각할 수 있기 때문이다. 『언어학이 완전히 보편적 관점을 가진 과학으로 격상될 수 있다면, 그것은 오로지 위상학에 의해서일 것이다』[6]

여기서 수학적 모델은 과학성의 추구에 있어 소쉬르의 경우보다 더 중심적 역할을 수행한다. 모든 언어적 요소 연속(séquence)의 기저 구조는 추상화 작업에 의해 재발견되어야만 한다. 그리고 이러한 추상화 작업은 일정한 규칙, 즉 연합(association)과 대치(commutation)의 규칙에 의해 이루어진다. 기능주의적 언어분석은, 논리학 이론을 모델로 삼았는데 이러한 모델 설정은 총괄적인 논리학적 접근법의 특수 경우인 일반인식론으로서의 언어학으로 하여금 기저 구조의 존재화(ontologisation)로 나아가게 할 위험을 안고 있었다. 기저에 깔려 있는 구조의 존재화를 향한 총괄적인 논리적 접근의 특수한 경우인 일반인식론처럼, 슬그머니 변형되게 만드는 위험을 무릅쓰고라도 논리적 이론들을 모델로 삼았다. 『그같은 대수학이 가설-연역법적 단계에 속하는지, 혹은 언어 그 자체의 기능 양식의 일부를 이루는지 명확하게 알 수는 없다』[7] 옐름슬레우에 의해 정리된 논리적 축약의 원리는, 독일에서의 바로크의 발견, 프랑스에서의 포시용에 의한 로마네스크 예술의 발견, 러시아에서의 프로프의 발견과 같은, 유럽에서의 형식주의의 성공에 앞서 한 몫 한다. 하나의 똑같은 에피스테메가 이 모든 형식적 연구들을 연결시켰던 것이다. 뒤이어, 옐름슬레우의 이론은 〈언어학적 신기루〉라고도 불리는 과학성에 대한 야심이 1960년대의 인문사회과학 분야 속에서 특히 활발했던 프랑스에 폭넓게 확산된다. 빈 학파 · 루돌프 카르나프 · 루드비히 비트겐슈타인의 개념화와 같은 매우 광범위한 개념화에 힘입어, 사람들은 인문사회과학 영역 전체의 수학화가 가능하다고 생각하게 된다. 옐름슬레우는 언어학적 소여의 정교한 수학적 축약에 의해, 그처럼 약간은 현실성 없이 보였던 희망을 구체화하는 데 기여했다. 그는 언어에 내적인 관계 이외의 다른 현실이 있다는 생각은 『형이상학적 가설의 산물일 뿐으로, 언어학은 이러한 형이상학으로부터 해방되어야 한다』[8]라고 주장하였다. 옐름슬레우는 자폐적인 스콜라학을 구성할 수 있을 정도로 추상화의 논리를 끝까지 밀고 나갔다. 그리고 지배적인 방향은 분명 그같은 방향이었다.

하지만 같은 코펜하겐 학파 내부에서도 다른 가능성들이 존재했다. 옐름슬레우의 동료이자 적이었으며, 그보다 연장자였던 비고 브롱달은 같은 시기에 그와는 조금 다른 방향을 제시하는데, 그의 언어학은 엄정성과 구조에 집중하나 옐름슬레우와는 달리 『역사와 운동에로 개방된 관점을 가지고 있었다. 즉, 언어는 닫혀진 체계의 내부에서가 아니라 그 발전 속에서 고찰되어야 한다는 역동적인 입장을 취하고 있었던 것이다』[9] 브롱달에 따르면, 언어의 내적 관계들의 체계는 옐름슬레우가 순전히 내재주의적 접근을 통해 도달할 수 있다고 생각하는 철저함에 이르는 것으로는 충분하지 않았다. 그렇기는커녕, 총체성의 개념은 벤베니스트의 경우처럼 브롱달에 있어서도 열려진 것이었다. 그럼에도 불구하고 『극단적인 개념들이 득세하는 시기가 있는데, 옐름슬레우가 브롱달을 누르고 득세한 것도 바로 이와 같은 경우였다.』[10] 옐름슬레우의 계보는 물론 기능주의 언어분석에서 출발점을 찾는 그레마스에 의해 계승되지만, 앙드레 마르티네 역시 예스베르센을 만나러 코펜하겐을 방문했던 1930년대 초부터 옐름슬레우를 알고 있었다. 『우리는 그가 죽을 때까지 만남을 줄곧 유지했다.』[11] 그들의 관계는 처음에는 매우 긴밀했으며, 1935년 런던에서의 음성학대회에 출석했던 마르티네는 〈음소학〉이라는 이름 아래에서 자신의 가설을 소개하는 옐름슬레우에게 명칭을 바꿀 것을 권유한다. 『아닐세 여보게, 그것은 음소학이 될 수 없다네. 왜냐하면 자네는 실체를 다루는 것이 아니기 때문이네. 〈실체로서의 음〉(phone)을 가져서는 안 되네라고 나는 그에게 말했었다……그리고 다음해, 그는 그것을 기능주의 언어분석이라고 명명했다……나는 전후에 그의 저작을 받았고, 그것을 이해하기 위해 피땀 흘리는 고생을 해야만 했다.』[12]

옐름슬레우는 트루베츠코이를 싫어했으며, 프라하 학파에 대항하여 다른 이론을 만들려고 애썼다. 프라하 학파의 계승자인 마르티네는 옐름슬레우의 반기능주의적 가설에 동의할 수 없었다. 하지만 그는 뒤늦게 번역 출간되기 전까지는 프랑스에 거의 알려져 있지 않던 옐름슬레우를 소르본 대학에 소개한다. 그리하여 그는 조금도 동의하지는 않았지만 역설적으로 옐름슬레우 저작을 확산시키는 데 무시 못할 역할을 수행하게 되었다. 『《언어 이론 서론》의 번역은 때늦은 것이었다. 겨우 1968년에야 프랑스어 텍스트에 접근할 수 있었을 뿐이었다. 내가 그 책에 대해 처음 알았던 것은 마르티네의 소개[13]에 의해서였다』라고 세르주 마르탱은 증언한 바 있다.[14] 마르탱은 후에 옐름슬레우의 원리[15]를 음악기호학의 영역에 적용시키게 된다. 특히 모든 초월적 요소를 제거하자는 주장, 그리고 여

러 등급들이 위계적으로 중첩되어 전체 구조를 구성한다는 생각은
그의 음악기호학에 큰 영향을 미쳤다.

11

구조주의의 어머니상

1953년, 한 권의 책이 열렬한 환호 속에 등장하였는데 그것은 곧 새로운 문학적 요구의 징후, 전통과의 단절 증명서, 그리고 카뮈의 《이방인》에서 함양된 극도의 혼란함의 표현이 되었다. 그것은 롤랑 바르트의 《글쓰기의 영도》였다. 알렉산드리아에서의 그레마스와의 만남 이후, 그는 더 이상 전쟁 직후의 사르트르주의자가 아니었다. 그렇다고 해서 장차 1950년대 말에 그가 변신하게 될 언어학자 또한 아직은 아니었다. 사람들은 이미 그의 이론적 유동성과 유연성을 눈치채고 있었다. 그는 이론을 탈취하는가 하면 어느새 거기에서 재빨리 벗어나곤 했던 것이다.

구조주의의 신화적 인물인 롤랑 바르트는 엄밀함보다는 기질로 만들어진 변화무쌍함과 섬세함의 화신이었다. 그는 다가올 혼란을 예감하는 만큼이나 진행중인 혼란 역시 기록할 수 있는 최고의 척도였다. 그러나 그같은 극도의 감수성에도 불구하고 그는 결국 구조라는 틀 속에서 스스로를 표현하는 방법을 찾았다. 하지만 그에게 문제시되는 것은, 가차없는 기계장치로 기능하는 이원화된 구조보다는 관계의 융합적 세계를 구현하는 우주진화론에 가까운 모성적 이미지의 다채로운 구조였다. 바르트는 구조주의의 감성적 표지판이 될 운명에 있었다. 그의 내부에서는 간텍스트성으로 만들어진 섬세한 글쓰기에 의해 패러다임의 모든 목소리가 소리를 내고 있었다. 단순히 바르트의 텍스트에 인용된 서지들만 검토해 보아도 그같은 교차점으로서의 그의 위치를 식별할 수 있을 것이다. 다양한 구조주의자들 사이에서도 정말로 다정다감했던 바르트는 그야말로 사랑받는 인물이었는데, 그 까닭은 그에게서 방법론적 프로그램 이상의 것이 표현되었기 때문이었다. 따라서 그는 시대의 집적소, 가치들의 복수적 변주에 민감한 지표였다. 기호의 제국은 그에게서 의미의 제국으로 연장되었으며, 그가 구현한 어머니상은 그의 이원적 이면이라고 할 수 있는 구조주의의 준엄한 아버지상 자크 라캉에 효과적으로 대조될 수 있었다.

영도

바르트는 《글쓰기의 영도》와 함께, 모든 구속으로부터 해방된 글쓰기의 윤리학을 권유함으로써 형식주의적 경향에 참여하게 된다. 『우리가 여기에서 바라는 바는, 이같은 관계를 개략적으로 그리는 것이다. 그것은 언어와 문체라는 독립된 형식적 현실의 존재를 확인하는 것이다』[1] 바르트는 글쓰기의 행위에 의해 쟁취된 자유라는 사르트르적 주제를 다시 취하지만, 글쓰기에 의한 참여를 글의 내용에서가 아니라 형식 속에서 설정함으로써 그 주제를 혁신한다. 그에 의해 언어 활동은 수단이 아니라 목적이 되었고, 그것은 자유와 동일시되었다. 그런데 문학은 거기에서 두 가지 형태의 타락을 극복하고 영도를 회복하여야 한다. 그 두 가지 중 하나는 습관과 명령으로 만들어진 일상적 언어 속으로의 함몰이었으며, 다른 하나는 자급자족에 입각한 양식을 지칭하며, 또한 작가를 사회로부터 차단되고 화려한 고립으로 축소된 사람으로 묘사하는 이데올로기를 가리키는 문체론이었다.

바르트의 책에는 현대언어학과 구조인류학에 고유한 주제가 다시 등장한다. 그것은 교환 및 제1차적 관계가 중요하다는 것으로, 이때 제1차적 관계는 교차점, 즉 영점에서부터 출발하여야 한다. 이때 영점은 그 자체가 가지고 있는 경험적 내용에 의해서 영점으로 결정되는 것이 아니라 그것을 영점으로 삼을 경우 내용을 서로의 관계에 의해 위치지을 수 있다는 이유 때문에 영점으로 결정된다. 레비 스트로스에게 있어서 친족 관계의 영도, 야콥슨에게 있어서의 언어학적 단위의 영도, 그리고 바르트에게 있어서의 글쓰기의 영도에는 동일한 추구가 있었다. 하나의 협정, 바르트의 경우에는 사회에 대한 작가의 관계를 확립하는 최초의 계약에 대한 탐구가 있는 것이다. 하지만 1953년의 바르트는 아직까지 견고한 구조주의적 지식을 습득하고 있지 않았다. 확실히 그는 그 분야에서 그레마스가 주는 조언들에 민감하였으며, 또한 이미 브롱달과 야콥슨에 대해 조금은 알고 있었다. 하지만 그것은 바르트에게 있어서 다른 여러 가지 호기심들 가운데 하나였을 뿐이었다. 그 당시 바르트의 중요한 관심은 문학적 표현의 형식 아래에서 이데올로기가 쓰는 가면들을 공격하는 것이었다. 이같은 방향 설정은 몇몇 다른 목표들과 함께 그의 저작의 불변의 요인으로 남게 된다.

《글쓰기의 영도》의 성공은 그것이 소설의 전통적 규범의 외부, 즉 후에 누보 로망 및 신문체론에 의해 구현될 새로운 문학적 감수성을 드러낸다는 사실에 힘입은 바 컸다. 따라서 바르트의 글 속에는 선언적인 측면이 있었는가 하면, 마르셀 프루스트의 소설 이후, 글쓰기가 막다른 골목에 봉착한 것을 감지하고 이를 타개할 새로운 글쓰기, 즉 모든 가치의 언어에서 단절된 글쓰기를 탐구하려는 절망적인 시도라는 측면 또한 존재했다. 1953년 쇠유 출판사에서 출판된 《글쓰기의 영도》는 비평계에서 칭찬 일색의 환대를 받는다. 모리스 나도는 《신문학》지 속에서 8쪽을 그에게 할당한다. 그는 자신이 1947년에 이미 발견했었던 젊은 저자 바르트를 칭찬하면서 다음과 같이 결론맺고 있다. 『그것은 첫 진출들을 환영해야만 하는 저작 가운데 하나로, 그의 데뷔는 주목할 만한 것이다. 그것은 오늘날 다른 모든 사람들과는 대조를 이루는 걸출한 한 사람의 에세이스트를 예고하고 있다.』[2] 장 베르트랑 퐁탈리스는 특히 『시대의 가구나 경제조직, 심지어는 이데올로기와는 다른 한 사람의 대작가가 우리들 사이에 등장했다』[3]라고 《현대》지에서 작가의 탄생을 환영했다.

바르트는 소외된 모든 글쓰기들을 자신의 저작 속에서 점검했다. 정치적 담론은 『경찰적 세계를 확고하게 할 수 있을 뿐이다.』 지식인적 글쓰기는 〈유사문학〉[4]이 될 수밖에 없다. 그는 소설이란 보편성을 주장한다는 점에서 부르주아 이데올로기의 전형적인 표현이라고 보았다. 그런데 그에 의하면 이러한 보편성에의 야망은 19세기 중엽 이후에 붕괴되었고 대신 글쓰기의 복수성이 대두되게 되었는데, 이러한 복수적 글쓰기를 통해 작가는 부르주아 조건과 자신과의 관계를 설정한다. 하지만 이같은 보편성의 해체와 복수성은 더 이상 역사적 변증법에 의해 앞으로 나아갈 수 없게 된 한 시대의 표현에 불과한 것이 아니다. 왜냐하면 『글쓰기의 복수성은 결국 현대성(modernité)의 역사가 진퇴양난의 막다른 골목에 처해 있다는 사실을 드러내기 때문이다.』[5] 작가가 기성 질서를 흐트러 놓아야만 한다면, 그리고 기존의 오케스트라에 자신의 악보를 하나 더 추가하는 것과 같은 단순한 작업만으로는 그러한 기성 질서가 파괴될 수 없다면, 그에게는 〈백색의 글쓰기를 창조하는 것〉[6]과 같이 결핍과 침묵으로부터, 그리고 그 주위에서 글쓰는 일만이 남아 있을 뿐이었다. 바르트는 문학이 존재하지 않는 장소를 탐구하는데, 이러한 작업은 프루스트에 의한 잃어버린 시간 추구와 일맥상통하는 동시에 그 방향성을 달리한다. 즉, 『문학은 언어 활동의 유토피아가 되는』[7] 것이다. 이러한 탐구는 하나의 새로운 미학을 탄생시키며, 또한 바르트로 하여금 작가(écrivain)로서의 글쓰기의 불가능성을 자각하게 하고 현대성의 작가로서의 집필자(écrivant)의 이론을 초안하게 하였다.

도정

이처럼 롤랑 바르트는 이론적인 면에서는 존재하지도 않는 장소를 추구하였다. 그러나 개인적인 면에서 그는 프랑스 남서부의 바욘 지방에서 그의 어머니와 함께 보냈던 어린 시절에 대해 깊은 애착을 느끼고 있었다. 매우 농밀했던 그 시기는 롤랑 바르트가 태어난 지 채 1년도 안 되어서 1차대전중 전사한 그의 아버지가 부재하는 속에서 전개되었다. 그같은 결핍은 어머니의 이미지가 과잉투자되는 속에서 보상받게 된다.『그것이 우정이든 연정이든 애정 관계 속에서, 사람들은 안전한 공간이며 증여의 공간인 어떤 모성적 공간을 항상 꾸며내곤 한다』[8] 그후 열 살 때, 롤랑 바르트는 파리의 생제르맹데프레 구역으로 〈상경한다〉. 거기에서 그는 몽테뉴 고교와 루이르그랑 고교에서 공부했으며, 1935년에는 소르본 대학교에서 고전문학 공부를 시작한다. 그와 동시에, 그는 연극 동아리에서 자크 베일과 함께 소르본 대학교의 고전극단을 창설하였는데, 인민전선의 전승일인 1936년 5월 3일에 공연한 아이스킬로스의 《페르시아 사람들》을 비롯한 여러 작품을 무대에 올린다. 그렇지만 얼마 후, 그는 그르노블 근처의 생틸레르뒤투베에 있는 결핵 요양소의 병상에서 전쟁 기간을 보내게 된다. 전쟁이 끝난 뒤의 바르트는 사르트르주의자 ──『우리들은 정열적으로 사르트르를 발견했다』[9]── 인 동시에 마르크스주의자였다. 그는 사실 결핵요양소에서, 모리스 나도의 친구이며 그를 마르크스주의에 입문시킨 조르주 푸르니에라는 트로츠키주의자 식자공을 만나게 되었던 것이다. 하지만 그의 폐병은 그로 하여금 교수 자격시험 통과를 불가능하게 만들었다. 그리하여 고전적인 관점에서의 대학인으로서의 생애가 차단된 바르트는, 독일군 점령 당시 지하신문이었던 《전투》지를 위한 문학평론을 부탁했던 모리스 나도 덕분에 신문·잡지의 기고가의 길로 나아가게 된다.

이같은 제도적 우회──그는 더 이상 대학의 고전적 계보에 속하지 않았다──및 공간적 우회──바르트는 1948년 루마니아로, 1949년에는 이집트로 떠났으며, 1950년에야 파리로 되돌아온다──는 이중의 중요한 결과를 산출하게 되었다. 우선 하나는 우리가 이미 보았었던 알렉산드리아에서의 그레마스와의 만남이었으며, 또 다른 하나는 단지 학사학위 소지자임을 감당해 내기가 힘든 만큼 더욱더 격한 의지에 의해, 바르트가 전생애 동안 대학과의 복수를 부추기게 할 욕망이었다. 그리하여 그는 1977년 콜레주 드 프랑스에 들어가던 날에야 비로소 진정으로 취임하는 느낌을 가지게 된다. 그전까지 바르트의 삶은 그 자신과의 끝없는 싸움의 연속이었다. 실제로 그는 루이 장 칼베에게, 『내가 책 한 권을 출판할 때마다 그것은 일종의 박사학위 논문이었음을 아시오』[10]라고 고백한 바 있다. 이러한 점에서도 바르트는 오랫동안 허약한 제도적 토대 때문에 불안정한 위치에 있던 구조주의 진영의 특성을 공유하였다. 그의 경우 역시 스스로를 인정받기 위해 구태의연한 소르본 대학교를 교묘하게 비꼬아야만 하는 대부분의 구조주의자들의 경우와 유사했던 것이다.

현대의 신화

1954년부터 1956년까지 2년 동안, 바르트는 매달 모리스 나도에게 《신문학》지에 실을 평론을 보냈다. 그는 거기에서, 동시대적 신화에 대한 정화작업, 재건과 〈영광의 30년대〉 덕분에 프랑스인들의 일상생활 속에 확산되기 시작한 대중문화에 대한 이데올로기적 비판을 정기적으로 계속해 나갔다. 여기서 바르트의 조소의 대상은 그 자신이 소시민적 이데올로기라고 지칭한 것으로, 이러한 이데올로기는 미디어에 나타나는 취미와 가치에 의해 단적으로 표현되었다. 이 소시민적 이데올로기는 바르트에게 있어서, 사회적이고 윤리적이며 또한 미학적 개념이기도 한 플로베르식의 윤리적인 의미를 지니고 있었다. 그것은 『내 안에서 중간과 중도와 범속함과 평범함에 대한 구토를 야기하는 모든 것, 그리고 무엇보다도 스테레오 타입의 세계』였다.[11]

그리하여 바르트는 자명한 스테레오 타입으로 변형된 가치들의 길들임에 반대하여, 일상생활의 구체적 경우로부터 출발하여 현대사회에서 신화가 어떻게 기능하는가를 보여 줌으로써 분해·탈신화에 대한 체계적인 저작에 착수한다. 54개의 연구로 구성된 이같은 기사의 총합은 바르트에 의해 재수집되어, 1957년 쇠유 출판사에서 출간된 《신화학》라는 당대의 중요한 저작 가운데 하나를 탄생시킨다. 바르트가 이 책의 2부에서, 최근의 언어학적 성과의 자양을 받은 총체적인 기호학의 프로그램의 정의로 소개된 〈오늘날의 신화〉라는, 구체적 사례들의 이론화를 완성한 것은 나중에 가서였다. 그것은 1956년에야 겨우 소쉬르를 읽었고, 또한 옐름슬레우를 발견했기 때문이었다.

그러므로 바르트의 경우, 시사적인 사건들에 관한 개별적 연구가 선행하고 이론적인 공식화는 나중에 이루어진 것이다. 개별 연구에서 바르트는 자신의 적이 소시민 계급임을 분명히 밝히고 있다. 『나는 소시민 계급이 동의반복적 추론을 매우 좋아한다는 사실을 이미 지적한 바 있다』[12] 그런데 바르트가 토대를 뒤흔들고 가면을 깨부수고 싶어한 것은 바로 이러한 가짜 자명성이었다. 따라서 그는 이 책 속에서 프로레슬링, 마가린 상표인 아스트라의 전략, 여배우 그레타 가르보의 얼굴, 비프스테이크와 감자튀김, 여행안내서 《기드 블루》, 신형 자동차 시트로앵, 미누 드루에식의 문학 등등을 차례로 공격하고 있다.

《신화학》를 끝맺고 있는 이론적인 부분은, 바르트가 특히 시니피앙/시니피에의 개념들을 승계한 소쉬르(두 번 인용됨)와, 외시(dénotation)와 내포된 의미(connotation) 사이의 구분과, 대상으로서의 언어와 메타언어 사이의 구분을 빌려온 옐름슬레우(인용되지 않음)의 이중적 계보 속에 자리잡고 있다. 분명 소쉬르의 개념들에 대한 소화흡수 속에는 약간의 불확실함이 있다. 그래서 루이 장 칼베는 《신화학》의 서문에 나오는 『신화는 언어(langage)이다』라는 바르트의 공식을 이론적 부분의 첫머리에 인용된 『신화는 파롤이다』[13]라는 명구에 대립시킬 수 있었다. 따라서 바르트가 그 당시까지는 소쉬르에게 있어서 핵심적인 구분인 랑그와 파롤 사이의 구분을 아직 확실하게 하지 않고 있음을 알 수 있다고 하겠다. 그럼에도 불구하고, 〈오늘날의 신화〉과 함께 그는 언어학으로의 개종을 실현시켰으며, 그것은 1957년에 이루어진 자신의 저작 속에서 뿐만 아니라 동시에 보다 총체적인 중대한 전환을 구현했다. 『그는 종교에 귀의하듯 마침내 언어학에 완전히 입문했다』[14]

형식주의에 이미 매혹되었던 바르트는 기호학 속에서 자신의 프로그램을 과학으로 건립하는 수단을 발견한다. 기호학은 형식의 논리를 위해 내용을 떼어놓는 것을 가능케 하였다. 바르트는 또한 소쉬르로부터 공시적 연구방법을 도입했는데, 이것은 그로 하여금 시간적이기보다는 공간적 관점에 치중하게 하는 결과를 가져오게 하였다. 『형식의 존재 양식은 공간적이다』[15] 그것은 글쓰기에 관한 통시적 접근인 《글쓰기의 영도》의 방식과의 또 다른 단절이었다. 신화는 소쉬르의 원리를 적용시키는 데 매우 적합한 연구의 대상이었다. 『신화의 기능은 현실을 축출하는 것이다』, 『신화는 사물들의 역사성을 파괴함으로써 이루어진다』[16] 이렇게 바르트는 공시태를 중요시하는 소쉬르의 입장과 지시 대상의 격리라는 두 가지의 중요한 원칙을 확립하였다.

바르트의 글쓰기, 이해하기 쉬운 글 속에 약호를 숨겨놓는 그의 전략, 과학성과 비평성과 같은 이 모든 것들은 우호적인 독자군을 바르트에게 보장하는 대중적 성공을 가져다 주게 된다(《신화학》의 판매부수는 〈피에르 비브〉 총서의 경우는 29,650부이며, 1970년부터 나오기 시작한 〈푸앵〉 포켓 총서의 경우는 350,000부이다). 이 책에 대한 반향은 다양한 지식인 그룹에서 터져나왔고, 이것은 학문간의 접근을 촉진시켰다. 《신화학》에 매우 흥미를 느껴 《비평》지에 서평을 기고했었던 정신분석학자 앙드레 그린은 그것을 계기로 1962년에 바르트를 만났다. 그들은 소르본 대학교의 고대연극 그룹에서 함께 연극 활동을 한 바 있어 이미 알고 지내는 사이였다. 당시 파리 고등연구원 교수직을 맡고 있던 바르트는 자신의 세미나의 일환으로 앙드레 그린에게 발표를 부탁했다. 『그 당시는 나로서는 라캉 시기였기에 그 발표에 응했었다. 발표 후, 우리는 길모퉁이 카페에 한잔하러 갔었는데, 바르트는 내게 몸을 기울이며 다음과 같이 말했었다. 〈저기 앉아 있는 두 친구 보입니까? 저들은 내 세미나마다 참석해서 나를 공격하고, 완전히 불쾌한 방식으로 내게 반론을 제기하며, 나를 갈기갈기 찢어놓곤 한답니다.〉 그들은 다름 아닌 자크 알랭 밀레르와 장 클로드 밀네르였다』[17]

새로운 미학

1950년대에 바르트는 또한 《민중극장》이라는 연극잡지에 적극적으로 참여했으며, 그곳에서 장 뒤비노드·기 뒤뮈르·베르나르 도르·모르방 르베스크 등과 사귀게 된다. 그는 거기에서 장 빌라르의 〈국립민중극단〉을 옹호하며, 많은 수의 대중의 이목을 끄는 데 기여했다. 1955년에는 나시옹 극장에서 상연된 브레히트의 〈억척어멈과 그 자식들〉의 베를리너 앙상블의 공연에 참석하여 열광하였다. 그것은 커다란 쇼크였다. 그리하여 그는 자신이 문학 혹은 동시대의 신화를 가지고 이룩하려고 했던 바를 브레히트가 연극에서 실현시켰다고 생각한다. 바르트는 브레히트의 거리두기 이론과 미학주의에 완전히 동의하였다.『브레히트는 〈억척어멈과 그 자식들〉에 완전히 동화하도록, 그녀 속에 몰입되도록 관객을 이끄는 점착이나 참여의 모든 스타일을 거부한다』[18] 바르트는 브레히트의 연극 속에서 극작가와 그 관객 사이의 관계의 새로운 윤리학, 책임성에 대한 자각, 심리적 파토스 대신 상황에 대한 올바른 파악을 강조하는 태도 등을 보았다. 이같은 극작법은 현실을 표현한다기보다는 의미화하기에 더 적합함을 보여 주었다. 따라서 그는 이 혁명적 예술, 아방가르드적 예술 속에서 기호학적이며 비평적인 방법의 실현 그 자체를 보았던 것이다.

바르트와 함께, 그리고 그의 영향 덕분에, 구조주의의 프로그램은 비상하게 된다. 비록 그가 엄밀한 의미에서의 소쉬르주의와 언어학의 규범을 상당히 자유롭게 해석하여 사용하기는 했지만 말이다. 뿐만 아니라 그는『구조주의의 인사이더라기보다는 아웃사이더 쪽에 더 가까웠으며, 근본적으로 수사학자였다』[19] 그리하여 조르주 무냉은 바르트의 기호학을 일탈한 기호학으로 규정지으며, 소쉬르가 커뮤니케이션의 기호학의 규칙들을 정립했던 데 반해 바르트는 의미작용의 기호학밖에는 하지 않았다고 평가하였다. 『바르트가 항상 하려고 했던 바는 부르주아 세계의 징후학이었다』[20] 조르주 무냉이 보기에 바르트는 기호·상징·지표를 혼동하고 있었던 것이다. 그 당시 바르트가 의미작용과 관련 있는 것이면 무엇이든 기호로 간주함으로써 기호의 개념에 매우 폭넓은 의미를 부여했던 것은 사실이었다. 그는 의미작용의 잠재된 내용을 추구하였으며, 그런 이유로 해서 조르주 무냉은 기호학이라기보다는 사회심리학 혹은 심리사회학에 대해 말하는 편이 더 적절할 것이라고 판단하였다.

비록 전문적 언어학자들의 이론과는 차이가 있지만, 바르트가 제시한 언어체의 매우 확장된 비전은 언어학적 모델의 성공과 그것의 선도 과학적 역할에 지대한 공헌을 하였다.

12

인식의 요구

1951년 12월 4일, 중요한 철학사가인 마르시알 게루가 콜레주 드 프랑스에 들어간다. 그는 알렉상드르 쿠아레와의 경쟁에서 발탁된 것인데, 이 발탁은 그 시대의 특징을 잘 드러내 준다. 쿠아레는 자신의 철학적 방식을 아날 역사학자들의 방식에 근접시키며 뤼시앵 페브르와 지속적인 관계를 맺고 있었다. 따라서 콜레주 드 프랑스를 지원할 때의 그의 연구 계획은 당시 뤼시앵 페브르가 마르틴 루터와 프랑수아 라블레에 대한 연구에서 보여 준 것과 같이 과학적 학문의 역사와 정신사의 관계를 강조하는 것이었다. 『내가 이해하고 실천하고자 노력하는 과학적 사유의 역사……핵심적인 것은 연구된 저작들을 그것의 지성적·정신적 환경 속에 위치시키고, 이를 저자들의 정신적 습관이나 호오(好惡)와 관련하여 해석하는 것이다.』[1] 게루의 방식은 철학 텍스트를 총체적인 역사적 맥락 속에 열어두는 쿠아레의 입장과는 반대로, 철학 텍스트를 단지 정신적 영역 속에만 자리매김한다. 따라서 그의 성공은 『50년대의 진리의 역사화에 대한 인정 범위를 명백히 드러낸다.』[2]

게루는 30년대 이래 대중 매체들의 조명을 받지 않고 묵묵히 자신의 작업을 해왔으므로 일반 대중에게는 알려지지 않았다. 그런 그가 1951년에 에티엔 질송의 뒤를 이어 철학적 체계의 역사와 기술에 대한 강좌를 이어받은 것이다. 마르시알 게루는 취임 강연에서부터 불확정적인 것이라고 간주되는 역사와, 영원하고 초시간적인 철학 사이에 발견될 수 있는 모순점에도 불구하고, 철학사의 장점과 정당성을 옹호한다. 이러한 외견상의 이질성은 철학사가의 이중적 자세, 즉 역사가로의 회의적 자세와 철학자로서의 교조적 자세에 의해 극복될 수 있다는 것이다.

마르시알 게루는 철학사가가 부수적 과학인 심리학이나 사회학·인식론 등에 동요되거나 빠져드는 것을 피해야 한다는 점을 해결책으로서 제시한다. 그는 역사가로서의 자신의 방법에 의하여 『각기의 철학에 담긴 어떤 현실적인 실체의 존재……그 체계들을 하나의 역사적인 것으로 만드는 동시에 역사적 시간으로부터 벗어나게 해주는 이 핵심(철학 자체)』[3]에 접근하여 이를 복원시키기를 희망한다. 결국 그의 역사 접근방식은 시간성이나 통시성, 계보의 추적, 체계의 발생 등에 대하여 부정적이다. 마르시알 게루의 관점은 소쉬르와 아무 관계가 없는 것이지만, 여기서 근본적으로 공시성에 관심을 기울이는 구조주의 패러다임의 특징적 요소 중의 하나가 발견된다. 게루는 전문 저술(monographies)의 이점을 정당화했다고 볼 수 있는데, 이는 그가 다루는 구조가 어떤 작가나 저작의 내적 통일성 속에서 파악되는 독특한 구조이기 때문이다. 그는 구조들로 이루어진 또 다른 구조를 찾아내기를 포기하고, 『각기의 주장이 그것의 구성적 구조의 얽힘 속에서 어떻게 구축되는가를 연구하는 데』[4] 전념한다.

게루의 방법론

어떤 철학서의 내적 일관성과 개념고리를 잘 서술하기 위해서 그 저작을 그것의 뿌리와 논쟁적 측면으로부터 분리하여 나름대로의 독특함을 있는 그대로 파악하면서 결함과 모순을 찾아낼 것, 이 것이 게루가 피히테와 데카르트·스피노자에게 적용한 방법이다. 『구조 개념이 뿌리내리는 방식 중의 하나가 게루로부터 생긴 것으로 보인다』[5] 그는 제자가 거의 없고 어떤 학파도 만들지 않았지만, 친구였던 질 가스통 그랑제나 빅토르 골트슈미트를 비롯한 몇몇 제자들 같은 숭배자가 있었다.

한편, 시대정신에 부합하는 그의 방법론은 많은 철학자들에게 철학적 훈련의 초석이 된다. 60년대 말의 젊은 세대도 이에 해당되는 경우이다. 마르크 아벨레스는 생클루의 고등사범학교에서 게루의 철학 강좌를 수강한다. 『게루는 우리에게 구조적이라고 부를 수 있는 관점으로 텍스트를 읽는 것을 가르쳐 주었다. 어느날 누군가 농담삼아 그를 구조주의자로 규정하자, 그는 완강하게 그것을 부정하면서 스스로를 전통적인 교수이자 진정한 철학사가로 자임했다』[6] 그의 가르침은 훌륭한 지적 훈련을 가능케 했는데, 생클루의 학생들에게는 〈게루의 작은 훈련〉이라고 불리던 것이 부과되었다. 이 훈련은 어떤 철학자의 명제로부터 출발하여 마찬가지의 논증을 보다 경제적인 방식으로 다르게 행할 수 있음을 보여 주는 것이었다. 『텍스트에 대한 완결된 작업이라는 점에서 매우 매력적인 게루의 방법은 항상 그 텍스트를 잠정적으로 재구성하는 것이 가능하다는 것을 전제하는 것이었다』[7] 게루의 이러한 교육적 기여는 한 시대 내내 두드러진 것이었다.

게루의 또 다른 구조주의 패러다임의 요소는 철학 담론의 외부적 인과성과 사회심리학적 영역으로부터 절연된 내재적 방법이다. 게루는 소쉬르가 기호와 지시 대상을 절연시키듯이, 철학 체계를 현실에 대한 모든 표상적 기능으로부터 절연시킨다. 그는 이 철학 체계에 외적 현실에 대한 근본적인 자율성을 부여한다. 이 체계의 장점은 그가 〈지적인 사명〉이라고 규정한 것에 있는 것이 아니라,

『엄격히 철학적인 것, 바로 저작 구조의 자율적 실상』[8] 속에 있는 것이다. 철학 담론들은 역사가에 의해 『시대와 무관한 내적 가치를 소유한 철학적 유물』[9]로 파악된다. 이렇듯 문서의 유물로의 전환과, 여기에 함축된 고고학적 비유는 후에 미셸 푸코에 의해 반복된다. 어떤 저작의 내재적 일관성을 복원함은 철저하게 총체적인 방식을 필요로 하면서, 저자에 의해 개진된 입론과 저작의 구성, 그리고 논증방식을 뗄 수 없는 의존적 관계로 묶는다. 게루는 이러한 사실로부터 〈저작의 전체론주의〉[10]를 옹호한다.

만일 어떤 철학서가 그 자체로 하나의 견고한 통일체라고 한다면, 그것은 철학사에 있어서의 불연속성의 개념을 전제하는 것이다. 이 불연속성의 개념은 게루의 저작을 잘 알고 있었던 미셸 푸코의 에피스테메 개념으로 화려하게 이어진다. 게루는 데카르트에 대한 저작의 서문[11]에서 철학사에 대한 관심을 불러일으키고 그것을 정당화하기 위한 자신의 방법론적 선택을 정의하는데, 그 철학사란 철학적 체계들 사이의 모순에도 불구하고 상대주의와 회의주의를 벗어나야 하는 것이다. 『이와 관련하여 역사가는 말 그대로의 고증과 구조분석이라는 두 가지 테크닉을 사용한다.』[12]

근대성에 대한 게루의 답변

이러한 관점은 잠재적 구조의 심층에서 의미를 찾아내는 시대에 전적으로 걸맞다. 왜냐하면 고증이 필수적 단계로 간주되고는 있지만, 그 고증은 저작의 진실을 담고 있는 구조를 찾아내기 위한 예비적 역할만 할 뿐이기 때문이다. 게루는 인문사회과학의 도전에 대하여, 그리고 이미 낡아 버린 과학적 전제에 기초한 과거의 철학 체계들에 의존하는 근대성의 요구에 대하여 나름대로의 대답을 제시한 것이다. 따라서 게루는 철학의 임무가 끝났다는 판단을 거부한다. 철학 체계의 자율적 현실을 옹호하는 철학적 구조주의는 게루에게 철학이 인문사회의 영역에서 해체되는 것을 막아 주는 방파제로 사용된다. 같은 방법에서 발상을 얻었지만 그보다 더 과감했던 다른 사람들은 철학적 정당성의 울타리를 고수하기보다는 사회과학이라 불리는 새로운 터를 점령하게 된다. 특히 이런 점에서 게루는 직계 제자를 별로 갖지 못하게 된다. 구조주의의 대성공은 그의 잠재적 제자들을 다른 영역으로 향하게 한 것이다. 게루의 야심은 엄격한 철학적 계보 속에 자리한 것인 바, 칸트와 피히테의 대를 이어서『그들이 완수하지 못한 코페르니쿠스적 혁명을 방법론적 구조주의에 힘입어 실현하는 것』[13]이었다. 그는 이 두 철학자가 현실과 그 표상을 벗어나지 못하고 있음을 비판한다. 게루는 이들에 대하여 철학 체계의 자족성을 대립시키는데, 이러한 접근방식에서 당시에 유행했던 형식주의의 흔적을 찾아볼 수 있다.『철학사의 대상에 주어진 철학적 목적……그것은 이 역사의 자료를 그 자체 속에 가치를 지닌 대상으로서의 체계이자, 그 자체에 속하면서 또한 자체에 의해서만 설명될 수 있는 현실로 파악하는 방법이다.』[14] 게루에 있어서의 철학 체계의 자체 완결성은 언어학자들의 텍스트 자체의 완결성에 대응하는 것이다.

게루와 구조주의적 경향 사이의 또 다른 유사성은 체계의 배후에서 찾아낸 철학적 개성의 무의미성에 있다. 의도나 상호 주관성의 관계, 작품 창작에서의 대화 등은 소쉬르나 옐름슬레우의 언어학에서 말하는 주체의 의식이 그렇듯이 모두 배제된다. 비록 게루가 피히테와 데카르트·스피노자 등을 연속적으로 연구한다고 할지라도,『그는 결코 철학자들을 읽는 것이 아니며, 그들과 공동체나 상호 주관성의 관계에 있는 것도 아니다.』[15] 그는 오히려 비연속성의 관계에서 독자와는 무관한, 그러나 저자에게는 내적 일관성을 복원시켜 줄 어떤 논리를 가지고 저자들과 최대한의 거리를 유지한다. 이러한 주체의 탈중심화는 개념들이 구축되고 정당화되는 영역을 가려내는 데 주력하는 매우 풍요로운 연구를 가능케 했다. 여기서 우리는 이러한 철학적 작업방향이 미셸 푸코에게서 갖는 중요성을 다시 한번 떠올리게 된다.

인식론적 전체

이 여파로 인하여 인식론이라는 말에 부여된 의미가 확장된다. 인식론은 이제 과학적 절차에 대한 사유라는 좁은 측면을 넘어 사회 현상에 대해서까지 확장되고, 이데올로기적인 것과 논리적으로 충돌하게 된다. 구조주의 시대는 또한 인식론적 사유의 전성기이기도 한 것이다. 제 학문 분야는 각기의 연구 대상과 개념들의 정당성, 과학적 야심 등에 대하여 스스로 따져보았다. 학자들은 레비 스트로스가 그랬듯이 철학을 포기하고 인문사회과학을 택하는 경향을 보였다.

당시 위대한 인식론자 중의 한 사람이었던 장 피아제도 이 경우에 해당된다. 『우리의 공동 목표인 과학의 통합은 철학의 희생을 통해서만 이루어질 수 있다……그리스 시대의 수학으로부터 19세기 말경의 실험심리학에 이르기까지 모든 과학은 철학으로부터 분리되었다.』[16] 어떤 이들은 철학의 보호로부터 벗어나는 것이 인문사회과학을 자연과학에 맞먹는 〈엄격한〉 과학으로 만들 수 있는 방법인 것으로 생각했다. 그리하여 장 피아제는 인문사회과학의 고유한 연구 대상과는 무관한, 형이상학에 속하는 모든 문제 제기를 배제할 것을 제안한다. 유일한 기준은 주어진 분야에서 어떻게 인식을 증진시킬 수 있는가라는 것이었다. 그러나 활용되는 개념의 역사성에 대한 피아제의 관심은 그를 구조주의의 일반적인 패러다임으로부터 구분짓게 하는데, 이 점에서 그의 구조주의는 발생론적인 것으로 규정될 수 있다.[17] 장 피아제의 발생주의는 인지 발달 이론에서 발견된다. 이 이론은 여러 단계의 평형상태를 통해 어린이가 새로운 인지 체계와 구조에 적응할 수 있음을 보여 주는데, 이 평형의 단계들이 바로 변화의 체계를 구축한다.

인문사회과학 분야에서의 인식론적 성찰은 〈엄격한〉 과학 자체에서 일어난 급속한 변화에 크게 영향을 받았는데, 여기서도 형식주의적인 편향을 찾아볼 수 있다. 가장 두드러진 경우는 1950년대와 60년대에 유명한 현대수학을 제시했던 부르바키 그룹에 의한 수학의 발전이다. 당시 수학은 성격이 특화되지 않은 총체적 요소에 적용되어, 근원이 되는 구조의 공리로부터 추론을 끌어내었다. 원 모델이 대수 구조이므로, 집합은 위계 구조이자 결국은 위상 구조이다. 클로드 레비 스트로스는 앙드레 베유를 통해 이러한 구조적 모델을 받아들였다. 이 모델은 또한 라캉의 보로메(borroméens) 매듭과 도표의 위상학에서도 발견된다. 그러나 보다 일반적으로 인문사회과학은 은유적 차원에서 논리-수학의 담론을 과학의 조건으로서의 자양분으로 삼아 일반화시키거나 구체적인 연구 사례를 넘어서는 자율 조절 과정을 설명한다. 그외에 구조의 완전한 조절과 자체 보존을 인정하는 생물학이나 게슈탈트 심리학 이론 같은 실험심리학·사이버네틱스 등이 촉진제 역할을 한다.

그러나 30년대 인식론 분야에서의 주요한 지적 현상은 프랑스 밖에서 이루어진다. 그것은 모리츠 슐리크와 카르나프의 빈 학파가 한축이 되고, 영국 케임브리지의 버트란트 러셀을 비롯하여 빈 학파와 연결된 동시에 1911년 이후 러셀에 합류한 루드비히 비트겐슈타인의 저작이 다른 한축이 되어 발전시킨 〈엄격한〉 과학의 형식주의와 논리실증주의의 결합이다. 이 논리학자들은 순전히 연역적인 방법으로 형식논리학에서 출발하는 통합되고 코드화된 과학의 개념을 옹호하였다. 따라서 형식화는 모든 과학에 대하여 공통된 지평인 것처럼 제시되었고, 또한 이러한 관점에서 수학은 하나의 언어로 간주되기에 이르렀다. 논리란 어떤 특정한 내용에 결부된 것이 아닌 만큼, 구조들의 보편성을 설명하기 위한 공통의 틀로서 주어졌다. 철학의 1차적 문제가 의미작용의 층위에 자리함에 따라 빈 학파는 언어를 특별히 고려하게 된다. 논리가 그들의 도구라면 언어는 그들의 핵심 대상이 되는 것이다. 논리와 언어에 걸친 이 이중적 자극의 유산이 바로 언어분석 철학이다.

프랑스는 다른 유럽 국가들에서의 이러한 논리적 사유의 혁신과 이론적 동요에서 동떨어져 있었다. 『그것은 푸앵카레와 브룅스비크의 연합행동에 의하여 차단되었다.』[18] 바깥세상과는 반대로 논리 교육이 지체되고, 인문대와 철학 교육에서 논리 교육이 등한시된 이유가 바로 여기에 있다. 이러한 관점에서 보면 60년대의 기호학은 프랑스인과 무관했던 이 논리학의 대용품 같은 것으로 인식될 수도 있다.

개념의 철학 : 카바예스

수학을 각별한 대상으로 삼으면서 초기 빈 학파와 교우한 프랑스 철학자이자 인식론자 한 사람이 있었는데, 그가 바로 장 카바예스이다. 그러나 역사는 그의 삶과 저작을 너무 일찍 급작스럽게 중단시켰다. 그는 1944년에 41세의 나이로 나치의 총탄에 의하여 영웅스럽게 죽는다. 카바예스에게 있어 과학이란 전적으로 논증, 즉 논리였다. 그것을 그는 개념의 철학이라고 불렀다. 그렇다고 카바예스가 빈 학파의 극단적인 형식주의, 그리고 하나의 대논리를 구축하여 그 안에서 모든 수학적 문제를 해결하려고 했던 그들의 태도에 대해서까지 공감한 것은 아니었다. 그는 조작과 대상의 관계를 파악하고, 사유의 연쇄를 촉발시키는 것, 즉 〈관념에 대한 관념〉이라고 부른 것을 찾는 데 주력하였다. 그의 사상은 그의 갑작스러운 죽음과 운명을 함께 한다. 그러나 그의 학설은 그의 사망 20년 후 구조주의 패러다임의 성공과 함께 화려하게 부활한다. 그는 개념적 구조주의의 이론적 토대를 다진 셈이고, 그것이 60년대에 다시 부활한 것이다.

독일 포로 시절에 쓰여져 전쟁 이후에 출간된 책에서 카바예스는 구조의 개념을 도입한다.[19] 이 개념은 실존주의 이후를 지배할 사조에 조응하는 것이다. 카바예스는 구조를 의식의 철학에 대한 근본적인 저항으로 자리매김한다. 스피노자의 영향을 받아 주체 없는 철학의 구축을 기도한 카바예스는 후설의 현상학이 코기토에 지나친 중요성을 부여한다고 비판한다. 우리는 여기서 과학으로 하여금 주위의 세계와 통상적 체험으로부터 벗어나게 하려는 형식주의적 관점을 발견할 수 있다. 구조의 진리는 구조를 지배하는 법칙 자체 내에서만 주어질 뿐, 구조의 구조, 즉 메타언어는 없다. 구조 외적 요소들이 분석 영역에서 배제되어야 하는 대신, 자체의 고유한 법칙에 의해 펼쳐지는 과학의 자족적이고 독창적인 움직임을 찾아내어야 한다. 바로 이 폐쇄성의 세계, 즉 과학의 자율성이라는 테두리 내에서 논증적 일관성만을 고려하는 엄격한 관점 속에 머물러야 한다는 것이다. 이러한 카바예스의 입장은 게루가 취한 철학 텍스트의 접근방식과는 물론 기호학자들의 형식주의적 관점과도 상통하는 것이다.

바슐라르와 단절

이러한 인식론적 사유는 카바예스의 사망에도 불구하고 종전 직후 계승되는데, 특히 가스통 바슐라르는 많은 독자와 큰 영향력을 확보하게 된다. 바슐라르는 과학 자체의 전개 과정과 구성적 법칙으로부터 출발하여 과학에 대한 과학을 구축하는 것이 가능하다고 생각한다. 그는 인식론이 인간 주체의 행위나 체험·경험 등과 분리되어야 한다고 주장한다. 여기서 폐쇄성은 엄격한 사유 과정 자체를 확보하는 데 필수적인 인식론적 단절로서 나타난다.

바슐라르는 진화론을 반대하면서, 이에 상대주의를 대립시킨다. 이 상대주의는 과학의 역사를 창의뿐 아니라 오류와 방황으로 점철된 긴 행로로 파악할 수 있게 한다. 바슐라르는 기본적으로 실존주의 시대였던 2차대전 후 시기에 다소 고립되어 있었지만, 후에 인식론적 단절이라는 개념과 함께 대단한 반향을 불러일으킨다. 이 개념은 루이 알튀세의 마르크스 읽기나 미셸 푸코에 있어서의 역사의 비연속성 개념으로 이어져 강조된다.

캉길렘의 종자적 역할

1955년 소르본의 바슐라르 자리를 이어받은 캉길렘은 상대적으로 덜 알려진 인물이지만 당시 인식론적 사유에 있어서 주요한 역할을 한다. 과학에 대한 바슐라르의 사유를 이어받은 그는 파리 대학의 과학사연구소를 이끈다. 두 사람은 매우 대조적인 인물이었다.『바슐라르가 왕성한 활력으로 가득한 시골 농부 같은 사람인 반면, 캉길렘은 강한 내적 긴장을 지닌 수도승같이 엄격하고 어려운 인물이었다』[20] 1924년에 고등사범학교에 입학한 그는 알랭의 지도를 받았으며, 1936년부터 툴루즈의 고등학교에서 교편을 잡은 후 고등사범학교 준비반을 지도한다. 『1940년 툴루즈에서 캉길렘의 반에 들어갔을 때, 나는 고전문학을 하고 싶었다. 그런데 캉길렘은 칸트로부터 시작하여 역사에서의 코페르니쿠스적 전환에 대하여 강의를 했다. 이 사람을 발견한 후 나는 문학을 집어치우고 철학을 원하게 되었다』[21] 이 시기에 캉길렘은 의학 공부를 시작한다. 알랭의 훌륭한 제자로서 평화주의자였던 그는 2차대전이 발발하자 레지스탕스 조직의 일원으로 활발한 저항운동을 한다. 캉길렘이 히틀러의 위험성을 의식한 시기는 1934-1935년으로 거슬러 올라가는데, 이즈음 그는 평화주의자의 입장을 포기하고 『히틀러와는 교섭할 수 없을 것이라는 생각을 갖게 된다』[22] 그리고 그후 곧 저항운동에 결정적으로 투신하게 된다. 그는 기본적으로 페탱주의 시대였던 1940년의 프랑스에서 비시 체제[1]에 대한 어떠한 충성의 행위도 거부했다. 『내가 철학 교수 자격시험을 치른 것은 노동·가족·조국에 대해 가르치기 위해서가 아니다』[23]라고 캉길렘은 툴루즈 아카데미 교육장인 로베르 델테유에게 선언했다. 2차대전의 영향을 크게 받은 그는 자신이 벌인 투쟁에도 불구하고 결코 낙관주의로 기울지 않았다. 그는 깊은 비관주의를 간직하고, 또 이를 전파하기도 했지만, 이것이 행동의 장애가 되지는 않았다. 그것은 말하자면 〈활동성 비관주의〉[24]인 셈이다.

  확증을 얻는 길은 시련으로 점철되어 있었다. 여러 가지 시련, 그리고 전쟁과 의학 공부를 통해 죽음을 가까이 하게 된 캉길렘은 건강과 질병, 삶과 죽음, 이성과 광기의 인접성에 대하여 성찰하게 된다. 그는 1943년에 〈정상과 병리에 관한 몇 가지 문제에 대한 시

---

1) 2차대전 당시 페탱 원수가 이끌던 대독 협력 정부.

론〉이라는 제목의 박사 논문을 발표하면서 의학적 지식의 인식론자가 된다. 『이 작업은 의학적 방법과 성과의 일부를 철학적 사유에 통합시키기 위한 노력이다.』[25]

캉길렘은 정상의 개념에 대해 이의를 제기하면서, 합리와 비합리의 경계가 얼마나 취약한 것인가를, 그리고 바슐라르식의 단절 속에서조차 어떤 정상의 토대 기준을 찾는 것이 얼마나 헛된 일인가를 보여 주고자 한다. 캉길렘의 관점은 과학과 이성의 지속적 발전에 대한 진화론적 전망을 배척한다. 그는 진화론적 전망에 대하여 니체식의 관점을 대립시키고, 의학적 지식이 어떤 과정을 통해 정립되어 가는가의 문제에 관한 역사주의적 담론 대신 정상과 병리의 구분을 가능케 한 개념적이고 제도적인 환경을 탐구할 것을 주장한다. 캉길렘이 택한 방법은 이렇듯 모든 변증법적이고 헤겔적인 관점을 혐오하도록 만든다. 『캉길렘은 헤겔에 대하여 지독한 알레르기 증상을 보였다.』[26] 그에게 역사적 진보의 사상은 낯선 것이었고, 이것이 그의 철학적 비관주의에 토대로 작용한다. 이러한 역사적 비관론의 근저에는 2차대전의 충격이 자리하고 있지만, 캉길렘은 진보사상이 흔들리는 또 다른 이유를 증기기관 발명의 결과물인 에너지 붕괴의 법칙, 즉 카르노의 법칙에서 찾는다. 『화력의 힘은 열역학의 창시자들에 의해 고안된 개념들을 철학에 도입하게 함으로써 진보사상의 쇠락에 기여하였다……우리는 에너지 붕괴에 의한 죽음이 닥쳐올 것이라는 사실을 바로 알아차릴 수 있었다.』[27]

캉길렘의 방법을 잘 밝혀 주는 이러한 설명방식은 그로 하여금 학문 분야들간의 경계를 넘어 동일한 시기의 인식적 통일성, 즉 후에 푸코가 명명하게 될 에피스테메를 이루는 횡단면을 찾는 데 주력하게 한다. 실제로 푸코는 캉길렘의 직계 계승자인데, 《비평》지에 발표한 《말과 사물》에 대한 서평에서 캉길렘은 이러한 점을 인정한다. 캉길렘은 푸코의 책에 대한 소개 말미에서 카바예스가 개념의 철학을 주창하면서 말하고자 했던 것이 무엇이었는가에 대해 상기한 후, 그렇다면 구조주의가 그의 소망의 실현이 아니겠는가라고 자문한다. 그는 레비 스트로스와 뒤메질을 언급하면서, 미셀 푸코가 바로 이러한 개념 철학자가 될 것이라고 예언한다.

한편 미셀 푸코는 자기를 포함한 동시대의 모든 철학자들에게 캉길렘의 가르침이 얼마나 중요한가를 강조한다. 『캉길렘을 제쳐놓으면, 프랑스 마르크스주의자들이 벌인 일련의 논쟁을 이해할 수 없을 것이다. 나아가 부르디외·카스텔·파스롱과 같은 사회학자의 특징도 찾아내지 못할 것이다······또한 정신분석학자들, 특히 라캉주의자들에 의해 이루어진 이론적 작업의 중요한 면을 완전히 놓치게 될 것이다.』[28]

과학적 담론의 장소

캉길렘은 기원의 문제를 담론이 일어나는 장소의 문제로 전환시킴으로써 담론의 장소에 관한 전통적 탐구방식을 근본적으로 변화시켰다. 이는 곧 주어진 담론과 이 담론의 발생을 가능케 하고 또 토대를 마련해 주는 제도적 공간 사이의 상관 관계를 설정하는 일로 이어진다. 과학적 지식의 발화조건에 대한 이러한 연구는 후에 의료와 감옥·광기 등에 대한 푸코의 연구의 기본 축을 이루게 된다.

캉길렘은 또한 과학적 진보의 누진적 개념화와 결별하고, 이에 대하여 전적으로 비연속적인 접근방식을 대립시킨다. 그의 접근방식에 따르면, 일단 형성된 과학적 지식의 내적 경계들은 지속적인 수정과 개조를 거쳐 끊임없이 이동한다. 따라서 과학사는 사실의 점진적인 해명이나 진리의 단계적 드러냄이 아니라, 미궁이나 실패의 산물로 간주되어야 한다.『캉길렘에게 있어 오류란 생명과 인간의 역사 전개에 중심 축이 되는 사건이다』[29] 이렇듯 개념의 생성과 그것의 유효성의 문제에 주목함으로써 캉길렘은 다양한 과학적 지식의 형성과 그것의 제도적·사회적 현실 사이의 관계를 밝히는 방대한 연구에 작업 개시의 신호탄을 터뜨리게 되었다. 그리고 이로 말미암아 철학적 문제 제기에 대한 매우 풍요로운 사회사적 접근이 가능해졌다. 또한 캉길렘의 영향은 모든 알튀세주의자에게 매우 중요한 것이었다. 물론 마르크스주의 개념을 부활시키려는 시도와 병리적인 것에 대한 성찰 사이에는 상당한 거리가 있지만, 두 경우 모두 과학의 지위와 개념의 정당성을 따지는 작업인 것은 마찬가지이다.

피에르 마슈레가 1964년 1월에 발표한 그의 논문에서, 캉길렘의 저작을 중요하게 다룬 것은 옳은 일이었다.[30] 이 논문은 캉길렘에 대한 최초의 본격적인 연구이기도 하다. 피에르 마슈레의 이 논문을 소개한 사람은 루이 알튀세인데, 그는 서술적인 과학적 연대기 뿐 아니라 과학의 발전사에 대한 관념적인 접근방식들, 예컨대 달랑베르와 디드로·콩도르세 같은 기계론자나 헤겔·후설 같은 변증론자들과 결별한 이 인식론적 사유의 혁신에 대해 경의를 표했다. 과학사에 있어서 캉길렘이 표상하는 혁명에 대하여 피에르 마슈레는 열광적인 경의를 표했다.『캉길렘과 더불어 우리는 프로이트가 이 말(분석이란 말)에 부여한 전문화된 의미가 아닌, 단지 말의 강한 의미에서, 다시 말해 객관적이고 합리적인 의미에서, 한 역사에 대한 분석을 갖게 되었다』[31]

캉길렘은 정신분석 분야에서도 그의 반(反)심리학적 입장에 의해서 라캉식의 단절을 강화시켜 준다. 캉길렘의 주된 투쟁 대상은 심리학이었다. 그는 단 하나의 심리학이 있는 것이 아니라 여러 가지의 심리학이 있다는 것을 보여 줌으로써, 즉 심리학을 복수화시킴으로써 그것의 학문 분과적 해체를 시도하려 하였다.[32] 어떤 특정한 분야의 지식이 누적되는 것이 아니며, 모순되는 패러다임을 포괄하고 있음을 보여 줌으로써 그 분야를 뒤흔드는 것을 목표로 삼는 이 해체 전략은, 이후 푸코에 의해 비슷한 관점에서 고고학적 방법이라는 이름 아래 역사 분야 자체를 겨냥하게 된다. 캉길렘은 또한 심리학자가 과학과 경찰 중 누구를 위하여 작업하는가를 따짐으로써, 심리학자를 윤리적인 측면에서도 추궁한다. 사회학적 범주와 과학사·도덕적 양심의 범주가 뒤섞인 이러한 복합적 문제 제기가 풍요로운 프랑스식의 역사적 인식론을 가능케 하지만, 『심리학에 대한 캉길렘의 설명은 프랑스 밖의 모든 곳에서 뜻하는 의미에서의 인식론은 아니라는 것을 인정해야 한다.』[33] 캉길렘이 주창자라고 할 수 있는 이 매우 프랑스적 비판방법은, 비록 캉길렘 자신은 결코 전면에 나서지 않기를 바랐지만, 장차 구조주의 시대의 모든 작업에서 발견된다.

미셸 세르의 논리분석

카바예스가 소망했던 개념의 철학은 미셸 세르의 저작과 함께 화려하게 부활한다. 세르는 학문 분야별 경계를 초월하여 한 시대를 특징짓는 인식 모델을 찾기 위한 연구에서 카바예스와 캉길렘의 가르침을 결합한다. 과학사는 단층과 단면의 연속이다. 라이프니츠의 확정점과 조화성의 패러다임에 이어 근대에는 열역학의 시대가 도래하는데, 이는 모든 과학뿐 아니라 심성과 문학·세계관 등 지배적 모델에 의해 영향을 받는 모든 것에 대하여 하나의 모델이 된다. 그리하여 세르는 졸라의 〈루공마카르〉 총서에서 열역학의 원칙 자체를 찾아낸다. 그는 여기서 과학적 지식과 허구 세계라는 전통적인 분할선이 아닌 새로운 분할선이 생긴 것을 지적하는데, 이 새로운 분할선에 의하면 과학적 지식과 허구 세계는 시대의 지배적 패러다임을 공유한다는 점에서 서로 연결되어 있다. 캉길렘에게서 병리적인 것과 정상성이 혼합되듯이 신화와 과학이 만나는 것이다. 『신화는 지식으로 가득하고, 지식은 꿈과 환상으로 가득하니』[34] 따라서 오류는 진리와 동질적인 것이다.

미셸 세르는 1961년부터 철학 분야에서는 처음으로 명백히 구조주의적인 총체적 프로그램을 확정한 최초의 철학자이다.[35] 그는 수학으로부터 수입된 구조 개념의 비판적 사용 속에서 20세기의 두 번째 혁명의 완수를 가려낸다. 한편 가스통 바슐라르에게서는 주인공-원형이 땅·물·불과 같은 원소-원형으로 대체되면서 상징주의적인 19세기가 종말을 고하는 것을 확인한다. 구조주의는 세르가 〈논리분석〉(loganalyse)[36]이라고 규정하는 방법의 새로운 시대를 연 것이다.

이 새로운 방법은 모든 의미론적 내용으로부터 구조를 분리시키는 일, 다시 말해 구조에서 모든 의미작용의 내용을 제거하는 것을 목표한다. 『하나의 구조는 다수의 요소가 결합하면서 불확정적인 의미를 갖는 작동 체계이다. 그것의 내용이나 관계를 유한수로 특정할 수 없으며, 성격도 특정할 수 없다. 다만 그것의 기능과 요소들에 대한 일정한 결과를 정의할 수 있을 뿐이다』[37] 상징적 분석이 의미의 무게에 짓눌려 있는 반면, 구조주의적 분석은 반대로 의미 너머에 위치한다. 바로 여기서 세르는 칸트식의 구조 개념을 이어받아, 칸트가 실체와 현상을 구분한 것과 마찬가지의 관점에서 구조와 모델의 구분을 제시한다. 1961년의 이 텍스트에서는 매우 야심적인 철학적 프로그램의 실현이 약속되었다. 그 이유는 이 방법이 근대수학이라는 지식 영역에서 온 것인 만큼, 이것이 다른 모든 영역에도 전수될 수 있어야 했기 때문이다. 결국 세르의 논리분석이라는 공통의 패러다임으로부터 출발한다면 신화로부터 수학에 이르기까지 지식의 모든 영역을 포괄할 수 있는 가능성이 있는 것이다. 세르가 보기에 이러한 개념적 진전은 과학과 문학을 나누는 학교 칸막이를 없애 주고 계획의 보편성과 역사적 통시성에 힘입어, 고전주의의 추상성과 연결되어 『그리스 수학의 기적과 그리스 신화의 풍요로운 세계를 동시에 이해할 수 있는』[38] 가능성을 제공한다.

1960년 메를로 퐁티가 현상학적 프로그램을 확정짓던 시기에, 미셸 세르는 1961년부터 구조주의적 프로그램을 궤도 위에 올린다. 60년대에 비상하는 것은 후자이다.

13

자크 라캉이라는 반역자

구조주의적 패러다임의 전형적 특징인 이원항의 틀에서 볼 때, 롤랑 바르트가 구조주의의 굽이치는 물결의 이미지를 연상시킨다면, 자크 라캉은 구조주의의 가파른 제방이자 분석적 방법을 수호하기 위하여 언제나 더 많은 과학성을 지향한 엄격한 아버지의 화신이다. 1960년대에 그의 명성은 눈부셨다. 그렇지만 그의 저술의 핵심은 오래 전부터 싹이 터 있었다. 독자들은 1966년에야 《에크리》의 저자인 자크 라캉을 발견했지만, 라캉이 보여 준 기존 학계와의 단절은 50년대 초로 거슬러 올라간다. 무의식은 정신분석이라는 치료방법의 비약적인 발전에 의해서만이 아니라 구조주의 패러다임의 중심에 있었다. 우리는 그것을 레비 스트로스가 개척한 인류학이나, 소쉬르가 랑그와 파롤 사이에 세운 구별에서 이미 보았다. 라캉이 장차 누리게 될 명성은 사실 무의식의 중요성을 인정한 그 당시 분위기에 힘입은 것이다.

가톨릭 집안 출신인 라캉은 일찍이 신앙을 거부했다. 그는 자크 마리라는 자기 이름 중에서 마리라는 세례명을 버리고 자크라는 이름만을 취하는데, 이것은 그러한 단절을 상징적으로 보여 준다. 물론 나중에 보게 되듯이 이것은 가톨릭 문화와 완전히 단절하는 데 충분한 것은 아니었다. 가톨릭 문화는 그가 프로이트를 다시 읽는 데 상당 부분 스며들었다. 그럼에도 불구하고 그것은 라캉이 겪게 될 일련의 단절들 중 첫번째 단절임에는 틀림없다. 그는 자기가 선택한 전공에 대한 지식을 연속적으로 축적해 나갔는데, 그의 전공은 처음에는 신경정신병학이었다가 정신분석으로 향했다. 또한 그는 1930년대 초반부터 예술 영역에서는 다다이즘에, 철학에 있어서는 헤겔주의에 관심을 보였다. 그러면서 그는 고등연구원에서 코제프의 강의를 수강했다.『코제프의 가르침은 라캉에게 그야말로 지대한 영향을 미쳤다.』[1] 그는 거기서 헤겔의 변증법, 특히 주인/노예의 관계에 의해 형상화된 변증법의 가르침을 깊이 새기게 된다. 특히 그는 헤겔에 대한 코제프식의 해석에 깊은 영향을 받는다. 그것은 인간 의식의 탈중심 현상을 강조하고, 형이상학을 비판하며, 욕망의 개념에 우위성을 부여하는 것이 특징이다. 이러한 욕망의 개념은 라캉 이론의 중심에 자리잡게 되며,『인간의 역사는 욕망된 욕망의 역사이다.』[2]라는 헤겔에 대한 코제프식 해석을 받아들인다. 그러므로 욕망한다는 것은 타자를 욕망하는 것이 아니라 타자의 욕망을 욕망하는 것이라는 명제를 라캉으로 하여금 제시하도록 한 사람은 바로 코제프이다. 이렇게 라캉은 프로이트를 다시 읽기 위해 헤겔의 가르침을 활용하였다. 그리고 그의 글쓰기의 특이한 방식, 즉 그의 특이한 문체는 초현실주의자들과의 빈번한 교류에서 생겨난 것이다. 르네 크르벨의 친구인 그는 앙드레 브르통을 만났으며, 새로운 초현실주의자인 살바도르 달리를 열렬히 맞아들인다. 그리고 1939년에는 조르주 바타유의 첫부인이었던 실비아와 결혼한다.

라캉은 아주 일찍부터(1930년 무렵부터) 정신병리학적 치료에서 글쓰기에 특별한 관심을 보였다. 마르셀이라는 색정광에다 편집증 환자인 34세의 여교사에 대해 그가 쓴 임상 보고문은 그 대표적인 예이다. 그녀는 자기가 잔 다르크라고 착각하고 풍속을 쇄신할 사명을 부여받았다고 믿는 환자였다. 그녀의 편집증 증세를 서술하기 위하여 라캉은 그녀의 편지들을 조사한 결과 거기서 의미론적·문체론적 장애들을 찾아내게 된다.[3] 클레랑보의 제자인 라캉은 에메라는 여자에 대한 임상분석으로 결정적인 전환점을 맞이한다. 즉, 프로이트의 이론을 정신병리학적 유기체 이론의 틀 속에 끼워 넣는 것을 거부하고, 정신병리학과 정신분석 사이의 전통적인 관계를 뒤엎음으로써『임상적 연구에서 무의식의 우선권』[4]을 도입한다. 파팽자매의 정신병적 사례는 타자의 형성 구조로서의 무의식, 자기 자신에게 본질적인 타자성으로서의 무의식의 개념을 더욱 강화시켰다.

1932년에 라캉은 〈퍼스낼리티와의 관계에 있어서 편집증적 정신병에 대하여〉라는 논문으로 박사학위를 취득했다. 그 논문은 정신병리학계 밖에까지 큰 반향을 일으켰다. 그것은 《사회 비평》지에서 보리스 수바린과 조르주 바타유의 주목을 받았다.[5] 라캉은 모든 형태의 유기체론과 결별하고, 편집증을 프로이트적 범주 속에 넣어 그 구조를 규정한다. 그런데 그 구조는 퍼스낼리티의 현상학적 접근으로는 드러나지 않는다.『인간 행동에 대한 진정한 인간적 의미는 동물적 행동과 비교해야만 비로소 명확히 밝혀질 수 있다』[6] 라캉에 있어서 프로이트에게로 돌아가려는 입장은 이미 학위 논문에서부터 나타난다고 말할 수 있다. 그런데 그것은 프로이트의 가르침을 단순히 되풀이하는 것이 아니라 그것을 확장하는 것이다. 특히 프로이트가 다루지 않았던 영역, 즉 정신병의 영역으로 확장한 것이다. 라캉에게 정신분석은 정신병을 파악할 수 있어야 하는 것이었다. 그렇지 않다면 정신분석은 그다지 효용 가치가 없기 때문이다.

박사학위 논문을 쓸 당시의 라캉은 아직 《에크리》의 라캉이 아니었다. 그 당시 그는 생성론에 빠져 있었다. 헤겔의 가르침을 뚜렷하게 받은 라캉은 퍼스낼리티란 완성된 지점에 이를 때까지 여러 단계를 거쳐 형성되는 것으로 보았다. 그리하여 완성된 퍼스낼리티는 이성 체계의 헤겔적 투명성에 이르는 것으로 보았다. 이 시기의 라캉은 그러므로 아직 상당히 『생성론에 빠져 있었다……라캉의 첫번째 원칙은 전적으로 생성론적인 원칙이었다.』[7] 1936년 라캉은 마리앙바드에서 열린 제14차 국제정신분석대회에서 이러한 생성론적 관점을 피력할 기회를 가졌다. 그때 발표된 것이 〈거울기. 경험과 정신분석적 이론의 관점에서 파악된 현실 형성의 구조와 생성 시기에 관한 이론〉이다. 이 시기에 라캉은 심리학자 앙리 발롱의 영향을 받는다(그러나 라캉은 나중에 그의 영향에서 벗어난다).

　30년대 초에 앙리 발롱은 유아가 영상적 단계에서 상징적 단계로 이행할 때 실현되는 어떤 질적 단계를 발견한다. 라캉은 이 과정을 무의식의 차원으로 옮겨서 서술한다. 이 단계가 바로 유아가 자기 육체의 영상을 발견하는 시기로, 이것은 유아의 성장에 있어 매우 중요한 시기이다. 자신의 영상의 발견은 유아로 하여금 〈나〉의 구조화를 가능케 하며, 또한 파편화된 육체 경험의 단계를 극복하도록 해준다. 정신병 환자에게는 바로 통일된 자기 육체에 대한 의식으로 넘어가는 이러한 과정이 결여되어 있다. 다시 말해서 통합되지 않은 주체의 분산상태에 머물러 있는 것이다. 생후 6개월과 8개월 사이에 유아의 이러한 거울기 경험은 헤겔의 변증법에서처럼 3단계를 맞이한다. 유아는 우선 거울에 비친 자기 영상을 그가 붙잡으려는 타자의 영상으로 인지하고, 영상계에 머문다. 두번째 시기에 『유아는 거울 속의 타자가 실재의 존재가 아니라 영상이라는 것을 어느새 발견하게 된다.』[8] 그러다가 마침내 세번째 단계에 이르러 유아는 인지된 영상을 자기 것으로 의식하고 최초의 동일화를 실현한다. 그러나 이러한 이행으로 유아가 자기 육체에 대한 인식을 하기에는 아직 시기 상조이다. 이 단계에서는 『단지 영상적인 확인에 불과하다.』[9] 그 결과 주체는 공간적인 자기 동일화라는 속임수에 넘어가 영상이라는 허상에 기초하여 자신의 정체성을 구성하게 된다.

 이처럼 1936년에는 단계(étape) 혹은 기(stade)라는 용어가 생성론적 혹은 발롱식의 의미로 사용되고 있다. 라캉은 1949년에 취리히에서 열린 국제정신분석학대회에서 이 논문을 수정 발표하였다. 그렇지만 이번에는 생성론적이라기보다는 구조주의적 논점을 취한다. 그 논문의 제목은 〈'나'의 기능의 설립자로서의 거울기〉로서 기(期)라는 용어가 여전히 사용되고 있지만, 그 용어는 생성론적 과정의 시기로서가 아니라 동일화의 형성적 모태, 즉 외재성과 내재성 사이에서 주체에 의해 설립된 관계의 모태로서 사용되고 있다. 그 결과 〈결정적인 윤곽〉[10]이 설정된다. 그러므로 이제 단계라는 용어는 라캉이 묘사하는 것과 맞지 않게 된다. 이러한 영상계적인 동일화에 의해 유아는 자기 정체성이라고 생각하는 것의 미끼에 걸려 버린다. 그리하여 유아의 미래는 단번에 구조화되어 버린다. 그리하여 이제부터 주체는 결코 자기 자신에게 접근하지 못한다. 왜냐하면 그가 접근할 수 있는 것은 자아의 영상뿐인데, 그 영상이란 결코 자기 자신이 아니며 타자에 불과하기 때문이다.

 그리하여 라캉은 2차대전 후부터는 의식과 무의식이라는 두 영역이 서로 동떨어져 있다는 판단하에 의식과 무의식의 단절을 강조한다. 자아 자신의 존재는 돌이킬 수 없이 존재자(étant)·세계·의식에서 벗어난다. 이러한 단계는 개인에게 있어서 영상적인 것과 상징적인 것 사이의 경계를 획정케 하는 열쇠가 되는데, 이러한 경계 획정은 바로 자아 소외의 최초 단계인 것이다. 『라캉의 거울기는 진정한 구조적 기로가 되었다.』[11] 그런데 거울기에 대한 새로운 접근방법은 이중의 영향을 받고 있음을 간과해서는 안 된다. 그 하나는 소쉬르의 구조언어학의 영향인데, 라캉은 2차대전 후에 레비 스트로스 덕분에 소쉬르를 접하게 된다. 다른 하나는 헤겔의 변증법을 대체한 하이데거의 개념의 영향이다. 거울기 이후 다가올 자아의 형성(그런데 이 자아는 스스로로부터 영원히 벗어난 주체로서의 〈나〉(Je)와는 점점 더 벌어지게 된다)은 존재를 망각한 가운데 매일 조금씩 소멸되는 존재의 이러한 본질, 즉 존재자의 불가피한 상실과 상응한다.『자아와 존재 사이에 점차로 커져가는 부조화는 모든 사람들의 심적 발달 과정에서 점점 더 뚜렷해질 것이다.』[12]

  이러한 측면에서 볼 때 소쉬르를 도입하기 전인 1949년부터(소쉬르를 참조한 것은 1953년이다) 라캉은 구조주의적 패러다임에 속해 있었다. 왜냐하면 거울기는 역사성에서 빠져 나와 불가역적인 최초의 구조로서 인식되기 때문이다. 그러므로 한 구조에서 다른 구조로 이동할 가능성은 없고 단지 한 구조 속에서의 이동 가능성만 있을 뿐이다. 이 시기부터 라캉은 학위 논문에서 밝혔던 그 자체로 투명하고 완결된 퍼스낼리티라는 헤겔적 개념을 완전히 버린다. 최초의 구조를 변증법적으로 극복할 수 있는 가능성은 없다. 그때부터 무의식은 역사성에서 빠져 나와 코기토, 즉 자아에 대한 의식을 성상(成像)의 환영들 속에 내버려 둔다. 이 점에서 라캉은 욕망에 대한 헤겔의 변증법과 거리를 유지한다. 라캉이 보기에 헤겔은 무의식적 욕망(désir)을 영상계에 속하는 요구(demande)의 영역으로 파악하는 잘못을 범한다. 프로이트를 다루면서 주체의 분할을 더욱 강조한 라캉의 생각은 그 자체로 절대적 지식에 대한 헤겔의 생각에 대한 비판을 담고 있다.『라캉은 헤겔주의에 대해 가장 본격적이고 효과적인 비판을 가하고 있다.』[13]

  1956년에 라캉은 헤겔주의의 대표자이자 스승인 장 이폴리트와 대립한다. 왜냐하면 그는 정신분석이 헤겔주의뿐만 아니라 철학이라는 학문 자체를 대신할 수 있다고 보았기 때문이다. 이폴리트는 1950년대 초에 라캉의 세미나에서 발표를 한 적이 있었는데, 그 발표문은 라캉의 반박문과 함께 출판되었다.[14] 거기서 문제된 것은 부인(dénégation)(독일어로 Verneinung)이란 개념의 번역이었다. 이폴리트는 부인(否認)이라는 개념에 잠재한 심리주의를 인정하지 않는다. 그 까닭은 그 개념 속에는 긍정과 부정 사이의 내적 긴장상태 속에 취해진 어떤 판단이 전제되어 있기 때문이다. 이폴리트는 프로이트주의를 헤겔이 역사의 동인으로 보는 로고스, 즉 정신(Esprit)의 형성 단계로서 파악하려 했다. 즉, 그는 『프로이트의 저작을 당대의 정신의 현상학 속에 어떻게 끼워 넣을 수 있는지 보여 주고자 했다.』[15] 그러나 이폴리트와는 정반대로, 라캉은 프로이트를 헤겔을 대신할 수 있는 미래로 생각했다.

짧은 진료 시간

라캉은 이론적 차원에서 뿐만 아니라 치료방법에서도 혁신적이었다. 이 분야에서 그가 걸어간 길 때문에 그는 반역자로 몰렸고, 결국은 파리 정신분석협회(SPP)라는 공식적인 조직과 결별하게 되었다. 진료 시간이 일정치 않은 치료방법을 정당화하기 위해 그는 50년대 초에 여러 번 파리 정신분석협회 사람들에게 해명을 해야 하였다. 그는 환자의 어떤 의미 있는 단어에서 진료를 중단하고 환자를 집에 돌려보냄으로써 정신분석가와 환자 사이의 전이적 관계를 변증법화하려고 했다.

이러한 일정치 않은 진료 시간은 곧 스캔들을 일으켰다. 왜냐하면 일정치 않다는 것은 대체로 짧다는 것을 의미하였고, 때로 그의 진료 시간은 실제로 지나치게 짧기도 하였기 때문이다. 라캉의 이러한 치료방법은 공식적인 파리 정신분석협회와 불화를 일으키는 근본적 원인이 되었다. 라캉은 아카데미즘에 젖어 있는 지배세력과 전면전을 벌이며 구조주의적 모험에 뛰어든다. 이 짧은 진료 시간으로 인해 라캉은 확실히 최소한의 시간에 최대한의 돈을 벌 수 있었으며, 분석가라는 직업을 대기업 사장보다도 더 벌이가 좋은 직업으로 만들었다. 즉, 그는 정신분석을 학자적 정통성을 유지하면서 동시에 재산 증식을 가능케 하는 사회적 일자리로 만드는 수완을 발휘했다. 돈에 대한 그의 관심은 전설적이었다. 『당신이 라캉과 영화 구경을 하러 외출한다면, 당신은 푸케트 식당에 가서 캐비아를 드셔야 할 겁니다. 왜 캐비아냐구요? 왜냐하면 그것이 가장 비싼 것이기 때문이지요』[16]라며 블라디미르 그라노프는 웃으면서 증언한다. 왜냐하면 러시아 출신인 그라노프는 알알이 된 캐비아보다는 압축된 캐비아를 더 좋아했기 때문이다. 테일러식 경영 합리주의 시대에 라캉은 시간당 최적 효율이란 개념을 갖고 있었다. 그런데 어떤 사람들은 바로 이것이 라캉의 주요 공적들 중 하나라고 생각한다. 『리듬에 따라 끊기 혹은 구두점 찍기는 바로 말을 구조화하게 한다. 구두점이란 무엇인가? 그것은 타자의 시간이다. 구두점을 통해 분석가는 타자의 시간과 연결된다. 그러므로 분석가의 개입 중에서 무엇보다도 중요한 기초적인 개입이다. 구두점이 없으면 환자는 완전히 혼자 말하게 된다』[17]

이 짧은 진료 시간은 또 다른 장점이 있었다. 그것은 라캉에게 훨씬 더 많은 수의 환자를 진찰할 수 있게 해주었다. 파리 정신분석협회를 뛰쳐나와 새로운 학파를 만들려고 했을 때, 라캉에게 이 방법은 자기 텃밭에 새로운 분석가 세대를 키워서 충실한 제자로 삼는 좋은 수단이었다. 제자들은 라캉식의 교육방법에 충실할 뿐만 아니라, 스승에게 완전히 정서적으로 의존하게 되어 일종의 전이적 관계로 접어든다. 그러므로 짧은 진료방법은 장삿속이 깃들어 있기도 하지만, 또한 기성 세력과 결별하는 데 견고한 토대를 제공하는 수단이었다. 이 치료방법은 게다가 프로이트 자신이 주장한 방법으로 돌아간 것이다. 물론 프로이트에게는 리듬에 따라 끊는 진료방식은 보이지 않는다. 그러나 『그는 어떤 치료를 석달 혹은 여섯달을 계속하곤 했다……그것은 자신의 이론을 시장에 내어놓고 학파를 만들려는 수장의 생각이라는 점에서 라캉의 생각과 일맥상통한다』[18] 바로 이러한 치료방법 때문에 라캉은 나중에 파리 정신분석협회로부터 축출당하고 새로운 학파의 수장이 된다. 그러므로 프로이트와 라캉에게는 공통적으로 전도사적 영역이 있다. 짧은 시간의 긴 치료 과정이든 긴 시간의 짧은 치료 과정이든 그 목적은 어느 정도 같은 것이다. 골수 라캉주의자들 외에도 무의식이 하나의 언어처럼 구조화되어 있다고 생각하는 몇몇 사람들은 진료 시간을 적절하게 끊는 원칙에는 고려할 점이 많다고 평가한다.『적절한 끊기가 어떤 것을 강조하기 위해서 피분석자의 담론 속에 끼어드는 것은 인정될 수 있다. 그것은 분석가에로의 전이상태에서 피분석자의 말에 일시적인 종지부를 찍는다』[19]라고 지적하면서, 조엘 도르는 유동적인 치료 시간이 지닌 이같은 풍요로운 발상이 말하기조차 불미스러운 금전상의 이유 때문에 극히 짧은 진료 시간의 체계화로 변질된 것을 아쉬워한다.

라캉은 어떤 환자를 밖으로 내쫓는 경우도 있었는데, 블라디미르 그라노프 같은 사람들은 그것을 그가 전쟁 후에 체험한 경험 탓으로 생각한다. 라캉은 곧 참을성 없는 자신을 질책하고 이 환자가 다시 오게 될지 알고 싶어 무척 조바심쳤다. 그런데 약속된 시간에 피분석자는 진찰대 위로 돌아왔다.『그날, 세상이 바뀌었다. 분석가가 질서를 위반하는 어떤 행위를 할 때마다 세계는 뒤흔들렸다』[20] 이러한 발견에 입각해서 라캉은 치료 시간을 줄이기 시작했고, 이 방법으로도 환자들이 결코 그를 떠나지 않는다는 사실을 매번 확인할 수 있었다. 이러한 개인적인 경험 외의 치료적인 원칙으로서의 이 짧은 진료 시간은『별다른 관심거리가 되지 않는다. 그것은 아무도 침해하지도 돕지도 않았으며, 결코 죄가 될 수도 없다는 것이다』[21]

프로이트를 다시 읽기

어찌 되었건간에 짧은 진료 시간의 결과는 인상적이다. 왜냐하면 한 세대의 분석가들이 모두 라캉의 영향을 깊게 받았는데, 이러한 영향력은 라캉의 세미나에도 기인하지만 그보다 더 중요한 것은 이들 분석가들이 라캉에게 직접 분석을 받았다는 사실에서 나오기 때문이다. 그와 같은 영향력을 행사하고, 또한 제자들과의 전이적 관계를 강화시키기 위해서 라캉으로서는 진료 시간을 짧게 줄일 수밖에 없었다. 정신적 스트레스에 심하게 시달리던 장 클라브뢸은 1947년에 라캉에게 분석을 받기 시작한다.『그는 내 말을 제대로 들어 주었던 유일한 사람이다. 그는 문제점들을 은유를 사용하여 지적하곤 했다.』[22] 세르주 르클레르는 가까이 지내던 프랑수아즈 돌토의 소개로 라캉의 집에 드나들게 되었는데, 돌토 역시 1949년 에서 1953년까지 라캉의 분석을 받으면서『정신분석 역사상 처음 으로 라캉주의자가 된다.』[23] 이렇게 전이적 관계에서 출발하여 라캉의 영향권 안으로 들어선 사람들이 있는 반면, 세미나에서 그를 안 다음에 그의 분석을 받은 사람들도 있다. 정신의학을 공부하던 클로드 콩테가 그 대표적인 경우이다. 프로이트에 대한 해석에 대해서 만큼이나 정신의학에 대해서도 불만족스러웠던 그는 1957년 에 라캉을 알게 되어 그의 세미나에 참석한다. 그때부터 그는 프로 이트를 다시 읽고 그 시대의 세대들이 모두 그랬던 것처럼, 프로이 트에게로 돌아가라는 라캉의 권고를 실행에 옮긴다. 그리고 1959 년부터 1969년까지 10년 동안 라캉의 분석을 받는다. 라캉의 주된 업적은 바로 그 점에 있다. 즉, 프로이트를 다시 읽게 하고, 1950년 대에 프로이트주의를 소생시킴으로써 프로이트의 이름을 빛나게 했다. 사실 그 당시는『프로이트를 존경하긴 했지만 더 이상 읽지 않는 풍토가 지배적이었다.』[24]

프로이트에게로의 복귀는 이처럼 라캉을 매개로 이루어지는데, 라캉은 율법을 내리는 아버지의 지위를 차지하면서 그 특권을 마음껏 누린다. 카리스마적 존재가 된 라캉은 충실한 제자들 몇몇에게 고위직을 나누어 주고 가신으로 서임하면서(그런데 그 가신들은 아버지의 단순한 복제품으로 변질된다) 〈아버지의 이름〉을 구현한다. 그는 정신분석 분야에서 확고한 성공을 거두고, 정신분석은 프랑스에서 황금기를 맞이한다.

로마 선언(1953) : 프로이트에게로 돌아감

드골이 1940년 6월 18일의 선언 이후 군인에서 정치가로 변모했 듯이, 라캉은 1953년 9월에 있은 로마에서의 연설로써 비로소 정신 분석가로 공인받는다. 그러나 라캉은 무엇보다도 정신의학자였고 따라서 그의 기본적 입장은 정신의학이라는 인식론적 기반 위에 놓여 있었다. 그런데 사람들은 그 점을 너무 간과하는 경향이 있다. 30년대에 정신의학은 실어증을 둘러싼 논쟁, 즉 실어증이 뇌의 국 지적인 문제인가 아니면 총체적인 문제인가를 둘러싼 논쟁에 빠져 있었다.[1] 어떤 사람들은 언어 장애를 뇌의 몇몇 요인들 속에 국한 시키는 것이 가능하다고 생각했다. 반면 게슈탈트 심리학 이론을 받아들인 골드스타인은 뇌의 국지적인 요소를 장애에 관련시키는 환원론적 관점을 비난한다. 그는 신경 조직의 변화가 뇌기능 전체 에 영향을 미친다는 구조적 방법을 제시한다. 이 논쟁은 게다가 1942년에 발간된 메를로 퐁티의 저서인 《행동의 구조》로 인해 정 신의학계 밖으로까지 확대된다. 퐁티는 이 책에서 골드스타인의 총 체적인 입장을 옹호한다. 여기서 언급된 구조의 개념은 구조주의 시대에 사용되는 구조의 개념과 동일하지 않지만, 젊은 정신의학자 라캉이 점차 자기의 생각을 발전시켜 가는 과정에서 이미 중심적 인 위치를 차지하고 있다.

라캉에게 정신의학은 여전히 주요 영역으로 남아 있었다. 그 까닭은 그것이 그가 처음으로 공부한 분야이기 때문만이 아니라, 정신의학계의 수장이 된 앙리 에와의 돈독한 우정 때문이기도 했다. 앙리 에는 몇몇 정신병원의 주임 의사를 거친 뒤, 샤르트르 근처 본느발에 위치한 옛 수도원 건물의 병원 책임자가 된다. 앙리 에는 이곳을 주요 이론들의 토론장으로 만들어 놓는다. 이곳에서는 정기적인 학술대회가 개최되는데, 이를 통하여 정신의학자들과 정신분석가들의 만남이 이루어진다. 또한 그는 새로운 세대의 정신의학자들을 양성했다.『그는 상당한 비중을 갖는 인물이었다. 그리고 정신의학에 구조라는 개념을 주창한 사람도 바로 그였다. 그 당시 젊은 정신의학도였던 우리는 그러므로 구조주의가 유행하던 시기에 이미 구조적 사고에 아주 친숙해 있었는데, 요란스러웠던 구조주의는 사실 이것과는 아무 상관이 없었다』[2]

1950년대의 이러한 분위기 속에서 정신의학자에서 정신분석가로 개종한 전형적인 경우가 바로 클로드 뒤메질이다. 조르주 뒤메질의 아들인 그는 앙리 에와 다니엘 라가슈로부터 교육을 받았다. 그러나 그는 각종 현상학적 관점들에 얽매어 있는 정신의학적 · 심리주의적 담론, 그리고 약리학적 처방에 만족하지 못했다. 그러다가 1954년 생트안 병원에서 라캉의 세미나를 접했을 때 그는 완전히 라캉에게 사로잡혔다.『그의 세미나는 정말로 강렬하고 예리했다』[3] 이러한 충격 때문에 그는 프로이트의 저서를 읽기 시작한다. 라캉의 담론은 그의 사고에『강력한 최음제와 같은 효과를 일으켰다』[4] 임상적 경험을 겸비한 라캉의 담론은 이론적 가치가 있을 뿐만 아니라, 청중들에게 자유연상을 일으키고 또한 이를 해석하는 역할까지 담당했다. 게다가 이러한 순환성에 입각해 그는 청중과 전이적인 관계를 구사했다. 세미나에서 라캉의 말은 말 자체가 의미하는 것 이상을 담고 있었다. 왜냐하면 그는 자기 말을 이론화시킬 수 있었기 때문이다. 우리는 당시 라캉의 새로운 신봉자가 된 클로드 뒤메질의 증언을 통해 그 점을 확인할 수 있다. 『내가 1954년에서 1955년 사이 라캉의 세미나에 참석했을 때, 그는 이미 아버지의 이름(nom-du-père)에 대해 말하고 있었는데, 나는 이를 〈아버지의 안 돼(non du père) 하는 소리〉로 들었다. 그러므로 나는 문제의 핵심을 전혀 이해하지 못했다. 그러나 그럼에도 이러한 실수로 인해 나는 완전히 핵심 멤버가 되었다』[5] 조르주 뒤메질의 아들은 그 얼마 후 1958년에 라캉의 분석을 받는다. 그러나 진찰대에서 그는 라캉의 또 다른 면모를 발견한다. 『그렇게 명석하고 매력적이던 사람이 갑자기 말이 없어지고 돈이나 후려내려고 하는 모습이 너무나 실망스러웠다. 그의 모습은 세미나에서와는 전혀 달랐다』[6] 뒤메질이 라캉의 담론에 그토록 매혹당했었던 까닭은 무엇보다도 심리주의에 대한 거부 때문이었다. 그로 인해 그는 스스로 고생을 자초하면서 정신분석을 옹호하는 쪽으로 결정적인 방향 전환을 했다. 그것은 그 당시의 많은 정신의학자들에게 흔한 경우였다.

필연적인 도약

그런데 1950년대의 이같은 분위기에서 정신분석의 상황은 어떠했는가? 프로이트주의는 정체성 상실로 치닫을 위험에 처해 있었다. 『1950년대에 프로이트주의는 생리학의 색채를 띤 의학적 부속물 정도로 간주되고 있었다』[7] 당시 정신분석이 생물학화되어 가는 경향은 프로이트 저술 자체에서 비롯한 것이다. 그것은 프로이트가 경험주의를 선호했던 점에 기반을 두고 있기도 하다. 그것은 바로 프로이트의 본질적인 측면이기도 한데, 실제로 그는 그 시대의 정신인 실증주의에 사로잡혀 있었다. 그런데 1950년대에 프랑스에서는 충동(pulsion)과 본능(instinct), 욕망(désir)과 욕구(besoin)를 동일한 것으로 취급하는 경향이 지배적이었다. 그 당시 사람들은 프로이트를 신경증 환자들을 아주 효과적으로 치료하는 좋은 의사로 간주하고 있었다. 그러므로 정신분석으로서는 이중의 암초에 걸려 있었던 셈이다. 왜냐하면 한편으로는 역동적 심리학을 강조한 탓에 정신분석은 그 탐구 대상인 무의식을 상실하게 되었고, 다른 한편으로는 모든 형태의 병리학을 의료화함으로써 정신분석을 정신의학 속에 용해시키는 양상이 생겨났기 때문이다. 이러한 의미에서 라캉의 해석은 거의 드골식의 도약을 감행한다.『그의 등장은 이론의 여지 없이 이 무대에 굉장한 도움이 되었다. 그가 등장함으로써 정신분석계의 진흙탕처럼 혼란스럽고 우둔하기 짝이 없던 분위기는 일소되었다. 사실 그동안 프랑스의 공식적인 정신분석은 그런 암흑상태에서 진흙탕 속을 걸어가고 있던 중이었다.』[8]

블라디미르 그라노프는 말기 암에 걸린 듯한 정신분석계의 이러한 정체성 상실상태를 설명하기 위해서 2차대전 후에 행해지던 정신분석적 치료법칙을 예로 들고 있다. 그 법칙에 따르면 진료 시간에 오지 않아도 진료비를 내야 한다는 것이었다. 그런데 이러한 치료방식을 지배하는 원칙들은 주변적이기보다는 공리적인 가치를 지니고 있었다.『전쟁이 끝난 다음 나는 모리스 부베라는 파리 정신분석협회의 희망을 한몸에 받고 있던 분석가에게서 분석가 양성 수업을 받기 시작했다. 나는 부베로부터 분석가 수업을 받은 최초의 세대에 속한다. 집단적인 분석가 수업에서 어떤 친구가 그 당시 아파서 치료를 받으러 오지 못하는 자기 환자에 대해 자문을 구했다. 어떻게 할 것인가? 부베라는 이 위대한 이론가는 심사숙고 한 다음 이렇게 대답했다. 〈환자 체온이 38도를 넘지 않을 경우 치료비를 청구할 수 있지만 그 이상일 때는 결코 안 된다!〉당시 정신분석계의 분위기는 이렇게 엉터리였다. 부베는 그런 경향의 대표자였다.』[9]

라캉의 개입은 정신분석적 치료에 이론적인 영감, 견실한 과학적 보증, 엄격한 진료의 법칙 등을 부여함에 따라 매우 유익했다. 라캉의 치료방법은 과학성을 보장하는 명확한 과정을 지니게 되면서 자율적인 학문으로서 자리잡게 된다. 이론과 치료에 있어서의 이같은 쇄신은 그 당시 정신분석가의 사회적 이미지를 개선하는 데에 상당한 기여를 한다. 그 당시 정신분석가는 약간은 위험한 마술사 정도로 여겨졌었는데, 그후부터는 과학자로 대접받게 되었다.『그 당시 어떤 정신분석가가 만찬회에서 어느 부인에게 춤추자고 권했을 때, 그는 이런 소리를 들을 정도였다. 세상에, 당신은 나를 정신분석하는 중이군요! 분석가들은 이렇게 살아가고 있었다. 그런데 그들은 이때부터 과학자로서의 작업에 참여하게 되었다. 그리하여 그들은 새로운 대접을 받게 되었다.』[10] 이러한 과학적인 도약은 마침 시기상으로도 좋았다. 당시의 정황은 사회의 집단적 변화에 능동적으로 부응하지 못했는데, 이 점은 오히려 자신을 성찰하게 하는 분위기를 조성했다. 그리하여 정신분석은 50년대 말에 새로운 〈엘도라도〉[11]가 되었다.

결 별

라캉이 공식적인 파리 정신분석협회와 결별한 시점은 1953년경이다. 그 당시 분석가 양성원을 책임지고 있던 사샤 낙트는 정신분석가의 자격을 정신과 의사들에게 한정하려는 의도를 지니고 있었는데, 파리 정신분석협회 안에서는 그에 반대하는 반란세력이 형성되어 있었다. 그 세력에 못 이겨 사샤 낙트는 결국 물러났고, 라캉이 새로운 책임자로 선출되었다. 라캉은 분열을 부추기지 않았다. 오히려 그는 프랑스 학회의 단일성을 보존하기 위해 최선을 다했다. 곧 라캉은 사직하고 다니엘 라가슈에게 자리를 물려 주게 되는데, 라가슈는 파리 정신분석협회의 분열을 조장한다. 소수세력이었던 라캉은 부득이 파리 정신분석협회에서 물러나야 했다. 바로 이러한 공개적인 위기의 상황 속에서 라캉은 1953년에 〈로마 리포트〉를 발표한 것이다.

라캉으로서는 무의식으로 가는 프랑스적인 어떤 매력적인 길을 닦아야만 했다. 이러한 모험에서 성공하기 위해서, 그는 자신을 후원해 줄 기존의 여러 단체를 찾아나서게 된다. 라캉은 그 당시 프랑스 공산당이나 가톨릭 교회와 같은 단체에서 지지 기반을 찾으려 했다. 그래서 그는 로마에서의 연설 사본 한 부를 프랑스 공산당 당원인 뤼시앵 보나페에게 전달한다.[12] 그리고 그는 수도사가 된 형 마르크 프랑수아 라캉에게 장문의 편지를 보내 교황 피우스 12세를 알현할 수 있도록 중개해 달라고 요구한다. 교황의 알현은 결국 거부당하지만, 그럼에도 라캉은 가톨릭의 삼위일체적 관점에서 프로이트주의를 다시 규정한다. 비록 무산되긴 했지만 라캉의 시도는 정신분석을 새롭게 되살리고, 동맹이라는 전략을 사용하여 위기를 넘기려는 노력이었다. 이같은 온갖 노력을 기울인 탓에 라캉은 지성계 전반에 걸쳐 커다란 성공을 이룩할 수 있었던 것이다.

모든 길은 로마로 통한다

이 〈로마 리포트〉는 헤겔·하이데거·레비 스트로스를 거쳐 프로이트에게로 회귀하는 동시에 소쉬르의 냄새를 풍기는 글이다. 라캉은 이미 이 시기에 막대한 영향력을 지니고 있었다. 왜냐하면 그는 프랑스에서 가장 주목받는 정신분석계의 인물들 중 하나였으며, 또한 세미나를 열기 위해 자기 부인인 실비아의 집을 포기하고 생트안 병원의 대형 원형 강의실을 사용할 정도였기 때문이다. 라캉은 프로이트주의를 혁신시키고 새롭게 자기 이론을 세우고자 한다. 그것은 장차 새로운 학회로 태동할 프랑스 정신분석협회에서 구체화될 것이다. 이를 위해 라캉은 인문사회과학에서 현대성 자체의 표징인 구조주의적 패러다임에 의거한다. 라캉은 구조주의적 패러다임으로 정신분석적 경험의 의미를 되찾으라고 호소한다. 그는 정신분석을 과학적 수준으로 끌어올리려는 야심을 갖고 있었다. 그는 이렇게 단언한다.『이 목적을 달성하는 가장 좋은 방법은 프로이트의 저술로 되돌아가는 것이다.』[13] 이것은 무엇보다도 미국 정신분석학계의 노선과 거리를 유지하려는 것을 의미한다. 사실 미국에서 정신분석은 실용주의 노선에 빠져 허물어져 가고 있었다. 라캉은 에리히 프롬이나 설리번의 저술 등으로 대표되는 질서, 표준화의 기능, 사회적 규범에다 개인을 단순히 적응시키는 것을 목표로 하는 행동주의를 거부한다. 라캉이 보기에 프로이트에게로 돌아감은 언어에 대한 특별한 관심에서부터 이루어진다.『정신분석에는 단 하나의 매개체만이 있다. 그것은 바로 환자의 말이다. 그것을 무시하는 것은 결코 용납될 수 없다.』[14] 이러한 측면에서 라캉은 진료 시간을 유동적으로 변경하는 치료방법을 정당화한다. 그리고 그는 환자의 담론이 담고 있는 내적 논리를 물리적 시간보다 우선시킨다. 그는 언어의 우월성을 다음과 같이 명확히 밝힌다.『사물들의 세계를 창조하는 것은 바로 단어들의 세계이다.』[15] 또한 라캉은 1949년 취리히에서 발표한 거울기에 대한 논문에서 세운 영상계와 상징계 사이의 단절을 되풀이해서 주장한다. 영상계와는 달리 상징계는 주체로 하여금 타자에 사로잡혀 있는 상태로부터 거리를 유지토록 하는 역할을 한다. 치료에 있어서, 상징 기능은 분석가를 향한 전이적 관계로 인해 작용한다. 그때 분석가는 영상적 타자와 상징적 타자(즉, 모든 것을 알고 있는 것으로 간주되는 존재)라는 이중의 자리를 점유한다. 그러므로 분석은 이러한 상징적 기능을 수행하는 것이라 할 수 있는데, 라캉은 이 점에 있어서 레비 스트로스의 《친족의 기본 구조》를 원용하여 다음과 같이 주장한다. 『제1의 법칙은 결혼 관계를 통해 짝짓기의 법칙이라는 자연의 법칙을 문화의 영역에 편입시키는 법칙이다. 근친결혼의 금지는 단지 이 법칙의 하위적 형태일 따름이다……이 법은 그러므로 언어 체계와 동일한 것으로 인식된다.』[16]

라캉은 하이데거의 철학에서 많은 것을 빌려온다. 라캉은 과학이란 개념이 실증주의에 의해 점차적으로 손상되면서 아주 소멸되었다고 본다. 즉, 실증주의가 인문과학의 모든 성과를 경험적 과학에 예속시킴으로써 과학의 개념이 변질되었다는 것이다. 라캉에 의하면 이러한 상황을 개선할 수 있는 방법은 근원으로의 돌아감에 있으며, 이것은 언어학을 통해서 이루어질 수 있다. 라캉은 언어학이 1953년부터 선도 학문의 역할을 하였다고 본다. 『언어학은 여기서 우리의 안내자 역할을 할 수 있다. 왜냐하면 언어학은 현대인류학의 선구적인 역할을 담당하며, 우리는 거기에 무관심할 수 없기 때문이다.』[17] 여기서 언급하는 대상은 명백히 레비 스트로스인데, 라캉이 보기에 레비 스트로스는 프로이트의 무의식의 영역에서조차도 정신분석가들보다 훨씬 앞서 있었다. 그리고 그의 성공의 열쇠는 결혼 관계의 법칙에다 언어, 특히 음운론적 구조를 끌어들인 데에 있었다.

라캉이 시행한 프로이트 다시 읽기는 공시적인 국면을 앞세웠다는 점에서 다분히 소쉬르적이다. 『언어학은 우리에게 새로운 방법을 소개해 줄 것이다. 그 방법은 언어에서 통시적 구조와 공시적 구조를 구분하면서, 저항과 전이를 해석하는 데 있어서 언어가 지니는 변별적 가치를 보다 잘 이해토록 한다.』[18] 이러한 의미에서 라캉은 구조주의적 패러다임에 전적으로 참여하며 프로이트를 새롭게 읽도록 유도한다. 프로이트를 새롭게 읽는 방법이란 연속적인 단계의 이론을 더 이상 본질적인 것으로 받아들이지 않고, 이 단계들을 기본적인 오이디푸스적 구조로 파악하는 것을 말한다. 오이디푸스적 구조의 특징은 바로 보편성에 있고, 시간적·공간적 우연성과는 동떨어진 매우 자율적인 것이며, 역사 이전에 이미 존재한다는 점에서 통시성과는 거리가 멀다.『라캉으로서 아주 중요했던 것은 통시적인 관점 대신에 공시적 관점을 도입하는 것이었다.』[19] 그런데 주된 관심의 대상이 랑그였던 소쉬르와는 반대로 라캉은 파롤에 특권을 부여했다. 그러한 방향 전환은 치료행위를 위해서는 필수적인 것이었다. 그렇다고 해서 이 파롤이 파롤의 의식적 주체의 의사 표현, 즉 발화자의 의사 표현인 것은 아니다. 오히려 그 정반대이다.『나는 언어 속에서 나 자신을 확인한다. 그러나 그때 (주체로서의) 나는 단지 하나의 대상처럼 소멸된다.』[20] 이 파롤은 현실로의 접근이 완전히 차단되어 있으며 단지 기표들만을 전달할 뿐인데, 이 기표들은 기의를 표현하는 것이 아니라 기표들끼리만 상호 연쇄되어 있다. 인간은 파롤의 상징적 기능에 의해서만 존재한다. 그리고 바로 그 상징적 기능에 의해 인간은 이해되어야 한다. 그러므로 라캉은 주체의 개념에 대한 본질적인 전복을 제시한다. 즉, 주체란 언어의 산물 혹은 언어의 효과로 간주되는 것이다. 그리하여『무의식은 하나의 언어처럼 구조화되어 있다』라는 유명한 명제가 생겨난다. 그러므로 언어 밖의 다른 곳에서 인간의 본질을 찾아서는 안 된다.『언어는 일종의 기관이다』, 혹은『인간 존재는 그 기관들이 자신들의 밖에 있다는 사실에 의해 특징지어진다』라는 주장을 통해, 라캉은 바로 이 점을 말하고자 하는 것이다. 로마 연설에서 라캉은 인간의 정체성을 확립하는 이러한 상징적 기능을 꿀벌의 언어와 비교해서 설명한다. 꿀벌의 언어란 그것이 의미하는 현실과의 고착된 관계에 의해서만 유효할 뿐이다. 라캉은 지시물과는 단절되어 있는 소쉬르적 기호에서 인간 조건의 존재론적인 핵을 발견한다. 『언어의 이러한 원칙을 특징짓고자 한다면, 그것이 무한히 창조적이라는 사실을 지적해야 한다. 즉, 언어는 창조적이라는 것이다.』[21] 라캉이 보기에 인간 존재는 이러한 상징적 차원만을 지니고 있다. 그러므로 그는 다른 어떤 것보다 언어·문화·교환에 우선권을 부여하는 점에서 자연스럽게 소쉬르와 레비 스트로스를 수용한다.

로마에서 라캉은 언어학의 과학성으로 무장한다. 『라캉은 과학적 기반에 의거할 수 있어서 매우 행복해 했다. 로마 연설은 과학적 방법으로 정신분석을 파악하려는 시도의 일환이었다.』[22] 라캉은 정신분석을 철학에 접근시키고, 무의식에 대한 접근방식을 탈의학화하는 동시에 무의식을 담론으로 떠받들고, 또한 정신분석을 철학에 맞설 수 있는 것으로 만들었다. 즉, 혁신되고 활력을 되찾은 정신분석은 철학에 새롭게 도전을 한 것이다. 그리하여 이제 정신분석은 철학적 담론을 대체할 수 있는 것으로 자부하게 된다.

소쉬르를 통해 프로이트에게로 돌아감

라캉은 1953년 레비 스트로스의 저서를 통해 간접적으로 소쉬르를 알게 되었다. 1953년 이후 그는 《일반언어학 강의》를 직접 읽으면서 그 문제에 깊게 파고든다. 이 독서를 통해 라캉은 소쉬르에서 유래된 새로운 용어들을 접하게 되었다. 라캉은 그 용어들을 자기식으로 소화하여 1957년에 발표한 논문 〈무의식에서의 문자의 심급〉에서 화려하게 선보인다. 이 중요한 텍스트에서 라캉은 구조언어학에 전적으로 의지하며, 야콥슨과 소쉬르를 적극적으로 인용한다. 라캉의 친구인 야콥슨은 그 당시 정기적으로 라캉을 보러 파리에 오곤 했는데, 그때마다 라캉의 부인인 실비아의 집에 묵곤 했다. 라캉은 그 당시 소쉬르주의에 흠뻑 빠져 있었다. 그는 기본적으로 소쉬르의 개념들을 수용하면서 그것을 자기 식으로 고쳐 사용한다. 『정신분석적 경험이 무의식 속에서 발견하는 것은 바로 언어의 구조이다』[23] 라캉은 소쉬르의 산식을 채택하는데, 그는 이 산식이 언어학의 과학성의 근거가 된다고 보았다. 『그렇게 쓰여진 기호는 소쉬르 덕분이라고 할 만하다』[24] 그러나 그는 소쉬르의 산식에다 라캉식의 관점이 깃든 아주 의미 있는 변화를 주었다. 그는 기표에 대문자를 부여하고 기의를 소문자로 만들어 산식을 변모시킨다. 똑같은 발상에서, 기표에 우선권을 부여하여 소쉬르의 산식과는 반대로 기표를 막대기의 위에 올려놓아 S/s 로 만든다.

그는 《일반언어학 강의》에서 종이의 앞면과 뒷면처럼 분리할 수 없는 성격인 기호의 양면의 상호 관계를 지칭하는 화살표를 없애 버린다. 물론 라캉의 산식에도 소쉬르의 가로막대가 나타나기는 한다. 그러나 이것은 기표의 차원과 기의의 차원 사이에 관계가 세워지는 것을 의미하는 가로막대가 아니라 반대로 『의미작용을 가로막는 가로막대』[25]를 의미한다.

언어학자들은 라캉이 소쉬르의 언어학적 산식에 가하는 변모에 어리둥절해 한다. 그러나 어쨌든 라캉의 관점이 구조주의적 패러다임에 전적으로 속해 있는 것은 분명하다. 단지 라캉은 지시물을 보다 철저히 배제하고, 기의를 부수적인 자리로 내쫓을 뿐이다. 『기표 밑으로 기의가 끊임없이 미끄러진다는 개념』[26]을 도입하는 과정 속에서 기의는 기표의 연쇄(la chaîne signifiante)를 어쩔 수 없이 받아들인다. 그래서 주체는 탈중심화한다. 즉, 주체는 다른 기표로 향하도록 되어 있는 기표의 산물일 따름이다. 다시 말해 주체는 자기 안에서 말해지는 언어의 산물이다. 그러므로 무의식은 언어의 산물, 언어법칙들의 산물, 언어 코드의 산물이 된다. 『현대인은 자기 자신에 대해서 지극히 불확실한데도, 철학적 코기토는 현대인으로 하여금 자아에 대해 확신하도록 하는 신기루를 제공한다』, 『나는 내가 있지 않은 곳에서 생각한다. 그러므로 나는 내가 생각하지 않는 곳에서 존재한다』[27]

　탈중심적이고 분리된 주체라는 새로운 관점은 당시 인문사회과학의 다른 구조주의적 분야들에서도 통용되던 일반적인 개념이었다. 이 주체는 어떤 점에서는 그 상징적 영역에 의해서만 혹은 기표에 의해서만 존재하는 허구이다. 그러나 기의에 대해 기표가 우위권을 지니고 있더라도, 기의가 완전히 내쫓기는 것은 아니다. 왜냐하면 『분석적 현상은 기표와 기의의 본질적인 양면성이 없다면 이해될 수 없기 때문이다』[28] 즉, 이 두 상이한 차원은 상호 작용하는데, 라캉은 이 상호 작용의 장이 프로이트에 의해 발견된 무의식이라고 본다. 또한 바로 그 점 때문에 라캉은 프로이트를 최초의 구조주의자로 여긴다. 기표는 기의를 고난에 처하게 하는 것이다. 여기서 볼 수 있는 것처럼, 라캉은 소쉬르의 개념들을 상당히 왜곡하고 있다. 소쉬르에게는 기표 밑으로 기의가 미끄러진다는 개념이 아무런 의미도 없었을 것이며, 또한 무의식의 개념도 없었다. 라캉은 야콥슨에 의해 이미 사용된 두 가지 수사학적 개념인 은유와 환유의 개념을 수용하여, 담론의 전개 양상을 파악하려 한다. 그는 이 두 방식을 무의식이 작용하는 기재에 연결시킨다. 왜냐하면 하나의 언어처럼 구조화되는 무의식은 언어의 법칙들과 완전히 동일한 형태를 이루고 있기 때문이다.

무의식은 하나의 언어처럼 구조화되어 있다

　프로이트의 압축은 은유의 방식과 닮은 반면, 프로이트의 치환은 환유와 유사하다. 은유는 기표를 대체하는 작용을 하는데, 그러므로 기의에 대한 기표의 지배권 및 자율성을 드러낸다. 이 현상을 도표로 밝히기 위해서 조엘 도르가 제시한 탁월한 예,[29] 즉 프로이트가 미국에 도착하면서 정신분석을 지칭하기 위해 〈페스트〉라는 용어를 은유적으로 사용한 예를 들어보자.

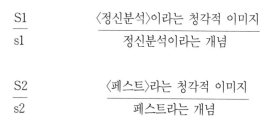

은유의 도형은 S2에서 S1에로 기표의 대체를 실행시킨다.

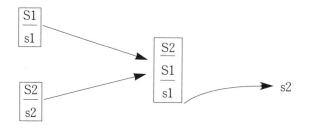

이러한 대체에 의해 S1은 가로막대 밑으로 이동하여 새로운 기의가 되고, 그럼으로써 바로 전의 기의였던 s2(질병이라는 개념, 페스트라는 개념)를 몰아낸다. 라캉은 은유의 도형을 통해 기표의 연쇄가 기의들의 체계를 결정한다는 점을 보여 준다. 그는 1956년의 세미나에서 에드가 포의 〈도둑맞은 편지〉라는 단편소설을 분석하면서 기표의 우위성, 〈리얼리즘적 어리석음〉을 지적하는 동시에 『기표가 자리를 바꿈으로써 주체를 결정한다는 사실, 즉 그의 행위와 운명과 거부와 맹목 성등을 결정한다는 사실』[30]을 밝힌다. 포의

단편소설에서 왕·왕비·뒤팽 등 모든 인물들은 그들의 각자의 뒤바뀐 위치에서 연속적으로 속는다. 반면 편지는 그들 모르게 돌아다닌다. 각자는 기표(편지)가 이렇게 떠돌아다님에 의해 기의(편지의 내용)를 알지도 못한 채 행동한다. 게다가 이렇게 편지를 찾는데 있어서, 진리는 언제나 슬며시 모습을 감춘다. 여기서 라캉은 알레테이아(aléthéia)로서의 진리에 대한 하이데거의 주제를 수용한다. 즉, 기표(편지)는 부재함으로써 빛을 발한다.

무의식이 활용하는 또 다른 수사학적 방식은 환유이다. 거기서는 명칭의 전이가 문제되는데, 그것은 다양한 형태로 나타날 수 있다. 예컨대 『나는 한잔 마신다』처럼 내용물을 어떤 용기(容器)로 대체한다든가, 일부분으로 전체를 지칭한다든가, 원인을 결과로 혹은 추상적인 것을 구체적인 것으로 간주하는 것 등이 그것이다. 다시한번 조엘 도르가 제시하는 예를 살펴보자.[31] 『정신분석을 받고 있다』라는 것을 의미하기 위해 흔히 〈소파에 눕다〉(avoir un divan)라는 표현이 사용된다. 환유의 도형은 앞선 기표와 대체된 기표가 인접성의 관계를 맺고 있다는 점이 특징이다.

$$\frac{S1}{s1}$$ 〈분석〉이라는 청각적 이미지 / 분석하고 있는 중이라는 관념

$$\frac{S2}{s2}$$ 〈소파〉라는 청각적 이미지 / 소파라는 관념

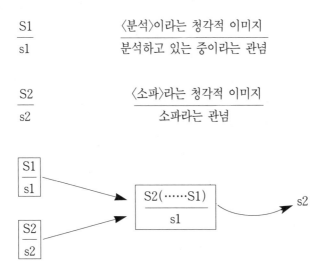

여기서 은유와의 차이점은 제거된 기표가 의미작용의 가로막대 밑으로 통과하지 않는다는 데에 있다. 반대로 기의 s2(치료용 소파라는 관념)는 쫓겨나 있다. 『은유와 환유라는 두 개념은 라캉의 관점에서는 무의식의 과정이라는 개념의 주된 두 부분을 형성한다』[32]

이 두 비유는 압축과 치환이라는 현상과 상동 관계를 이룸으로써 무의식이 하나의 언어처럼 구조화되어 있다는 라캉의 가정을 뒷받침한다. 그러므로 라캉은 분석가에게 환자의 말을 어떤 해석학 속에 끼워 넣지 말고 환자를 문자 그대로 받아들이라고 권고한다. 이렇게 분석가에게 〈고정관념 없이 듣기〉(écoute flottante)를 권장한다는 점에서 라캉은 프로이트의 명령을 충실히 따르는 셈이다. 환자의 말을 문자 그대로 따라가면 무의식의 씨줄인 기표의 연쇄 고리가 드러난다. 이렇게 볼 때 구조주의의 형식주의적 양상은 정신분석적 치료행위에 매우 유용할 것이 자명하다. 그래서 라캉은 분석가들에게 언어학에 입문할 것을 충고한다. 『여러분들이 더 많은 것을 알고자 한다면, 소쉬르를 읽으십시오. 내가 단언하건대 정신분석을 제대로 공부하려면 현대언어학의 설립자인 페르디낭 드 소쉬르를 알아야 합니다』[33] 라캉이 무의식의 위상을 정립하고, 무의식을 객관화하며, 또한 그것의 작용 양상을 알 수 있게 된 것은 바로 언어 자체의 구조를 통하여서이다. 프로이트는 일찍이 꿈이 일종의 수수께끼라고 말한 바 있는데, 라캉은 여기서 프로이트를 문자 그대로 받아들인다. 그러나 수수께끼의 궁극적인 의미는 기표의 연쇄에 의해서 언제나 달아나고 만다. 기표의 연쇄는 기표/기의의 관계에서 포착될 수 있는 몇몇 고정점들(points de capiton)에도 불구하고 진리를 영원히 가린다. 그 고정점들을 통해 실재계(Réel)의 차원에 도달하기에는 불가능한 것이다.

용어 사용에 있어서 라캉은 또 다른 언어학자이자 문법학자인 에두아르 피숑을 참조하고 있다. 피숑은 이미 〈나〉(Je)와 〈자아〉(moi)

사이에 존재하는 구분을 강조한 바 있다. 라캉은 이러한 구분을 받아들여, 영상계에 붙들려 있는 〈자아〉와 무의식의 주체로서의 〈나〉를 본질적으로 분리한다. 하이데거의 존재가 존재자에 접근할 수 없듯이, 욕망의 주체로부터 〈나〉를 완전히 차단하는 이중적인 구조화로 인해 〈나〉는 그 자체로 쪼개져 있는 존재이다. 1928년에 피숑은 장차 라캉의 주요 개념이 될 배제(forclusion)의 개념을 제시한다. 그 개념은 원초적 억압의 실패를 지칭한다. 억압의 경우 신경증 환자는 치료를 통해 억압되었던 것을 회복할 수 있는 데 반해,『배제는 그것이 배격하는 것을 결코 보존하지 않는다. 배제는 배격하는 것을 완전히 깨끗하게 말소시킨다.』[34] 정신병을 야기시키는 이러한 배제는 기표와 기의의 두 차원의 혼란에서 기인된다. 언어학적 기호 사용의 착란은 그러므로 정신병적 병리학의 기초를 이룬다.『정신분열증 환자는 그때부터 다양한 상징들의 세계에서 살게 된다. 여기서 변질되는 것은 바로 영상계 혹은 개념들의 영역이다. 반대로 정신착란자에게는 단 하나의 기표가 어떠한 기의든지 모두 지칭될 수 있다. 즉, 기표는 한정된 어떤 개념에 연결되어 있지 않다.』[35]

이처럼 라캉에게 있어서 기표는 매우 중요한 것이다. 그러기에 우리는 이 점에 있어서 언어학자인 조르주 무냉의 의견에 동의할 수 없다. 무냉은 라캉의 기표 개념을 〈무엇인가를 의미하는〉(통속적 의미로)[36]과 동의어라는 식으로 단순하게 파악하고 있다. 조르주 무냉이 보기에, 뒤늦게 언어학에 감염된 라캉은『지각생들이 흔히 경험하는 전형적인 공복감(空腹感)』[37]의 희생자이다. 1956년 라캉은 정신분석의 상황에 대한 정세 판단과 아울러 구조주의의 현상에 대한 정확한 측정을 시도하였다. 여기서 라캉은 분석가들에게 환자들의 말을 들을 때 언어적 측면에 주의할 것을 요구했다. 즉, 환자들의 담론에 고유한 음소 · 어법 · 숙어적 표현 · 중지상태 · 끊어

짐·주기(週期)·종합문들·대구법 등에 특별히 주의를 기울이도록 요구했다. 바로 그러한 분석의 지주, 즉 언어학적 지주가 라캉을 구조주의자로 만들었다. 『라캉은 구조주의자이다. 그는 인터뷰에서 그 점을 강조했다. 라캉은 정신분석이 구조주의에 편입되는 데 결정적인 역할을 하였다』[38]

라캉이 언어에 중요성을 부여함으로써 50년대 중반에 이르러 정신분석의 주요 쟁점이 바뀌게 되었다. 즉, 정신분석은 의학 분야에 국한되기보다는 인문사회과학에서 중요한 자리를 차지하였다. 정신분석이 또한 구조주의로 개종함에 따라 많은 철학자들로 하여금 원래의 연구 분야를 포기하고 정신분석으로 향하게 했다. 그런데 라캉은 단지 소쉬르나 야콥슨뿐만 아니라 또 다른 보증인을 마련하고 있었다. 그 보증인은 다름 아닌 구조인류학의 레비 스트로스인데, 그는 매혹적이고 과학적인 야심에 가득 찬 라캉의 사업을 성공으로 이끈 장본인이었다.

15

무의식 : 상징적 세계

레비 스트로스는 1950년에 집필한 〈마르셀 모스의 저서에 대한 서론〉에서 라캉을 인용하면서 다음과 같이 말하고 있다. 『우리가 정상인으로 여기는 사람도 실상은 자기 자신으로부터 소외되어 있다. 왜냐하면 이 정상인은 오로지 자기의 자아가 타자와 맺고 있는 관계에 의해서만 규정되는 세계 속에 몸담고 살고 있기 때문이다 (원문 주석 1) : 우리는 자크 라캉 박사의 〈정신분석에 있어서의 공격성〉(《프랑스 정신분석 리뷰》, n° 3, 1948년 7-9월호)이란 논문에서 이 같은 결론을 이끌어 낼 수 있다고 본다.』[1] 이처럼 레비 스트로스도 라캉의 로마 연설 이전에 이미 그의 업적을 수용하긴 했지만, 라캉이 레비 스트로스에게서 받은 영향은 훨씬 큰 것이었다.

라캉은 프로이트 이론을 재정립하는 데 있어서 구조인류학을 폭넓게 원용하였으며, 또한 레비 스토로스의 저술에 힘입고 있음을 명백히 밝히고 있다. 『우리가 사용하는 구조의 개념은 레비 스트로스에 의거한 것이다.』[2] 레비 스트로스의 인류학적 구조주의는 전후 (戰後) 라캉이 시도한 새로운 변화의 중심적 자리를 차지한다. 이 두 분야 사이의 긴밀한 관계는 라캉이 끊임없이 레비 스트로스를 인용하고 있다는 사실에서(《에크리》, 1966 참조), 혹은 라캉이 레비 스트로스를 무의식에 대한 새로운 접근방법의 과학적 담보물로 삼고 있다는 사실에서도 찾을 수 있다.

레비 스트로스가 언어학적 모델을 도입함으로써 형질인류학을 문화인류학으로 전환하는 데 성공했듯이, 라캉은 프로이트 이론이 지니고 있는 의학적·생물학적 성격을 배제코자 하는 목표를 설정한다. 친족 관계에서 구조적 불변요소를 추출하고자 하는 레비 스트로스는 라캉으로 하여금 무의식에 관한 심리주의적·행동주의적 관점에서 탈피하여, 무의식을 하나의 구조로서 파악하려는 시도의 전범(典範)을 제공한다. 더욱이, 이와 같은 지적 공생 관계는 두 인물 사이의 친분 관계에 의해 유지되고 있기도 하다. 레비 스트로스는 다음과 같이 회고하고 있다.『우리는 수년 동안 아주 가깝게 지냈다. 우리는 메를로 퐁티의 기트랑쿠르 시골집에서 함께 점심을 하곤 했었다.』[3] 레비 스트로스가 라캉의 저작을 이해하지 못하겠다고 여러 차례 말한 바 있으며, 또한 그의 고전적 필치가 라캉의 현란한 바로크풍 문체와는 전혀 어울리지 않는다는 것 역시 사실이긴 하지만, 레비 스트로스의 이 말을 액면 그대로 받아들이기는 어렵다. 실상 레비 스트로스에게 있어서 라캉의 난삽한 이론이 반드시 필요한 것은 아니었던 반면에, 라캉은 자신의 이론을 뒷받침하고 정신분석적 탐구를 보다 광범위한 지적 영역으로 확대하기 위해서 레비 스트로스를 꼭 필요로 했다.

레비 스트로스와 프로이트주의

레비 스트로스와 정신분석의 관계는 어떠한가? 우리는 이 관계를 세 단계로 구분하고 그것의 전개 양상을 살펴볼 수 있다. 우선 첫째로, 레비 스트로스는 그의 지적 형성기에 이미 일찌감치 프로이트의 저술을 알고 있었다는 사실을 지적할 수 있다. 그가 장송 고등학교에 재학할 당시 한 친구가 있었는데, 이 친구의 아버지는 정신과 의사로서 프로이트를 프랑스에 가장 먼저 소개한 인물들 중의 하나이며, 또한 마리 보나파르트의 가까운 협력자였다. 레비 스트로스는 이 친구를 통해 정신분석의 존재를 알게 되었다. 레비 스트로스는 다음과 같이 회고한다. 『나는 그 시절, 그러니까 1925년에서 1930년 사이, 프로이트의 저술 중에서 프랑스어로 번역된 것을 접했었는데, 이는 나의 사고 형성에 지대한 영향을 미쳤다.』[4]

두번째 단계는 프로이트주의가 인류학 분야에 미치는 영향력 속에서 찾아볼 수 있다. 이 단계의 레비 스트로스는 정신분석을 통해 낡은 합리주의의 한계를 극복할 수 있었고, 이제까지의 모든 논리적 해석을 뛰어넘는 제 현상을 이해할 수 있었으며, 표면적 현실의 이면에 내재하는 심층적이고도 진정한 현실의 존재를 깨닫게 되었다. 이 점에 있어서 레비 스트로스는 앞으로도 프로이트의 가르침을 잊지 않는다.

세번째 단계는 인류학과 정신분석이 서로 상충하는 단계로서, 이 두 분야는 인간을 이해하는 방식에 있어서 차이점을 드러내는 단계이다. 매우 흡사해 보이는 이 두 분야는 결국 서로 상충하기에 이르는데, 이는 레비 스트로스가 정신분석의 치료적 효율성에 강한 회의를 품고 있다는 사실에 의해 더욱 심화된다. 정신분석이 점차로 성공을 거두게 되자 레비 스트로스는 프로이트의 저술이 하나의 독특한 서구적 신화를 구축하고 있다고 지적하곤 한다. 신화학자인 레비 스트로스는 프로이트의 저술에 담겨 있는 내용을 해독하면서 그 중요성을 상대화시키고자 한다. 『프로이트가 이룩해 놓은 것은 실상 거대한 신화의 구축을 뜻한다.』[5] 이렇듯 레비 스트로스가 초기에는 무의식의 존재에 매료되어 프로이트의 저술과 지속적인 대화를 벌였지만, 두 분야가 상충하는 세번째 단계 이후 그는 정신분석에 대해 비판적 시각을 〈강화한다〉(《오늘날의 토테미즘》, Plon, 1962). 1949년 발간된 《친족의 기본 구조》에서 이미 레비 스트로스는 프로이트가 구축한 것이 하나의 신화라고 지적하면서 그의 저서 《토템과 터부》를 비판하고 있다. 그리고 특히 레비 스트로스는 같은 해, 무의식에 관한 두 논문인 〈마술사와 마술〉·〈상징적 효율성〉을 집필하는데, 이 두 논문은 앞으로 정신분석 일반에, 특히 라캉에게 지대한 영향을 미치게 된다. 차후 이 두 논문은 《구조인류학》[6]에 편입된다.

레비 스트로스는 샤먼 치료사의 주술, 그리고 이 치료사가 자기의 청중과 맺는 관계에 대해 서술하는데, 이러한 샤머니즘적 행위를 설명하기 위해서 정신분석에서 방출(abréaction)이란 용어를 빌려온다. 샤머니즘적 행위는 실상 이 방출과 유사한 과정인데, 방출이란 분석가가 분석중에 환자로 하여금 그의 병인을 이루는 외상적 사건을 되풀이하도록 유도할 때 일어나는 현상을 말한다. 이처럼 레비 스트로스는 원시 부족을 보다 잘 이해하기 위한 수단으로 정신분석적 도식을 빌려오고 있지만, 정신분석의 이론 체계와는 거리를 유지하고 있다. 이 점에 관해서 레비 스트로스는 다음과 같이 말한다. 『수년 전부터 정신분석이 실험적으로 검증 가능한 과학에서 하나의 막연한 신화로 변모해 가는 기이한 현상이 목격된다』[7] 레비 스트로스가 샤먼의 치료술을 정신분석 치료에 빗댄 까닭은 이와 같은 비교를 통해 둘 사이에 유사성을 말하기 위한 것이 아니라, 이 두 치료술의 경계가 서로 맞닿아 있기는 하나 그 시작과 끝이 역전되어 있다는 것을 보여 주기 위한 것이다.

상징적 무의식

레비 스트로스는 바로 이 두 분야를 비교하면서 무의식에 관한 나름대로의 정의를 내리는데, 이는 라캉에게 지대한 영향을 미친다. 레비 스트로스는 무의식을 개별적이고도 독특한 한 개인의 역사가 지닌 특성들의 도피처로 정의하지 않고, 무의식의 존재를 상징적 기능과의 유사성을 강조하며 탈역사화한다.『무의식은 상징적 기능에 귀속된다.』[8] 그리고 레비 스트로스는 잠재의식과 무의식을 보다 확연하게 구별할 것을 촉구한다. 그에 따르면 잠재의식이란 개별적 기억들의 저장소인 반면에, 무의식은『언제나 비어 있는 것이다. 보다 정확하게 말하자면 마치 위장을 지나는 음식물이 위장과는 무관하듯이 무의식에 담기는 이미지는 무의식과 관계가 없는 것이다. 특수한 기능을 지닌 기관인 무의식은 구조적 법칙들을 부과하는 역할만을 한다.』[9] 이렇듯 레비 스트로스가 정의하는 무의식이란 개인의 정감(affects)이나 내용, 혹은 역사성과는 무관한 것이다. 무의식은 그저 상징적 기능이 수행되는 빈 장소인 것이다. 우리는 이 정의를 통해 가변 요인에 대한 불변 요인의 우위, 내용에 대한 형식의 우위, 기의에 대한 기표의 우위 등, 구조주의적 패러다임을 고스란히 확인할 수 있다. 이제 우리는 라캉이 이와 같은 무의식에의 접근을 이어받고, 또 레비 스트로스가 인류학에서 이룩했던 바를 정신분석의 영역에 도입하여 〈기표적 산식의 기초〉[10]를 이룩하는 모습을 보게 될 것이다. 레비 스트로스는 〈마르셀 모스의 저서에 대한 서론〉에서 무의식에 대한 명확한 정의를 제시하는데, 이는 실상 본질적으로 모스에게서 빌려온 것이다. 무의식이란 그 자체에 내재하는 교환 기능에 의해 정의되며, 따라서 무의식은 주체의 비밀스런 정원이 아닌 자기와 타인 사이의 매개항으로 제시된다. 레비 스트로스는 이 저서에서 장차 라캉이 나아갈 방향을 제시하고 있는 셈인데, 이는 곧 상징적인 것의 자율성이다.『상징은 이 상징 자체가 상징하고 있는 바보다 더욱 현실적인 것이다. 기표는 기의에 선행하며, 또한 기의를 규정한다.』[11]

인간 정신의 테두리

하지만 이 점에 있어서 오해의 소지가 있다. 왜냐하면 신화의 의미론적 해독과 정신분석적 해석의 기법 사이에 존재하는 유사성을 제외할 때, 레비 스트로스가 정의하는 무의식은 프로이트의 무의식과 매우 다르기 때문이다. 레비 스트로스에게 있어서『무의식이란 구조의 장소이다』[12] 레비 스트로스의 무의식은 그러니까 논리적 제약 체계, 구조화 기능의 전체로서 정의되거나, 혹은『친족 체계, 의식, 경제 활동의 형식, 상징적 체계 등과 같은 구조의 효과에 의해 영향을 받지 않는 원인 그 자체』[13]로 정의된다. 비어 있는 장소, 순수한 집합소 등의 철저히 형식적인 레비 스트로스의 무의식은 몇몇 특권적인 내용에 의해 정의되는 프로이트의 무의식과는 매우 다른 것이다. 레비 스트로스는《오늘날의 토테미즘》에서 내용과 정감을 배제시키는 입장을 재천명하고 있는데, 거기서 그는 정신분석이 정감·감동이나 충동 등 인간 정신의 가장 막연하고도 과학적 설명이 부적절한 부분을 다룬다는 점을 비판하고 있다. 레비 스트로스는 우리의 지적 능력이 이와 유사한 성질을 지닌 것만을 인지할 따름이라고 설명하면서 인지 가능한 차원과 그렇지 못한 차원의 구별을 정당화하는데, 바로 이와 같은 이유 때문에 정감을 제외시키고자 한다. 그럼에도 불구하고 그는 무의식이 인류학의 특수한 탐구 영역임을 부인하고 있지 않다. 그는『인류학은 무엇보다도 먼저 심리학이다』[14]라고 말하는데, 이처럼 심리학에 각별한 중요성을 부여함으로써 인간 정신에 관한 보편적 법칙을 재정립하고자 한다.

프로이트 이론에는 두 차원, 다시 말해 정신 기제(機制)의 여러 상이한 층위를 다루는 위상학적 차원, 그리고 또 갈등·전환 등이나 혹은 억압·압축·치환·검열 따위의 현상들이 이루는 정신 에너지의 발전 과정 등을 다루는 역동적 차원이 있는데, 레비 스트로스는 구조주의자로서 이 두 차원 중 위상학적 차원만을 받아들일 뿐이다. 그는 『위상학적 차원은 정신 기제의 위상을 결정하는 자리들의 체계에 관한 것이다』[15]라고 말한다. 그러므로 그에게 있어서 무의식이란 상징적 기능의 위치, 그리고 이 상징적 기능을 인간 정신의 테두리와 동일한 것으로 파악토록 하는 보편성을 동시에 가리키는 개념이다. 무의식의 개념은 또한 이 상징적 기능을 시간적·공간적 제약으로부터 탈피해 철저히 독립적이고 추상적·형식적 존재로서 이해 가능토록 하는 개념이기도 하다. 레비 스트로스는 어째서 무의식의 개념을 운용하면서도 욕망의 차원을 배제하고 있는가라는 물음에 다음과 같이 답한다. 『욕망이 과연 무의식을 이루는 근원적 차원이란 말인가? 나로서는 전혀 찬성할 수 없는 견해이다』[16] 그는 또한 꿈이 욕망의 실현이라고 보는 프로이트의 관점이 이상할 정도로 편협한 견해라고 생각하는데, 예컨대 이같은 견해는 우리 스스로가 우리의 생물학적 현실에 무지하다는 사실을 감추고자 하는 가면에 불과하다고 생각한다.

정신분석과 인류학 사이의 경쟁 의식

레비 스트로스는 최근의 저서 《질투하는 여류 도예가》에서 정신분석학과의 중단 없는 대화를 재개한다. 그리고 그는 이번에는 무의식을 탐구하는 두 분야, 즉 정신분석학과 인류학 사이의 경쟁 관계를 유감 없이 드러내고 있다. 이 책 제목의 〈질투〉는 인류학자가 정신분석가에 대해 느끼는 질투를 말하는데, 왜냐하면 인류학자와는 달리 정신분석가는 명확한 탐구 대상과 특별한 치료술을 가지고 있으며, 또한 굳건한 사회적 지위를 누리기 때문이다. 이렇듯 레비 스트로스는 스스로를 질투하는 사람의 입장에 위치시킴으로써, 이 두 분야 사이의 대화가 어떠한 성격을 띠게 될지 보여 주는 셈이다. 『《질투하는 여류 도예가》에서 분석되고 있는 신화들, 특히 지바로족 신화는 정신분석 이론을 예고하고 있다. 따라서 정신분석가들이 이 신화를 자기네의 입장을 정당화하는 수단으로 삼지 못하도록 해야 했다.』[17] 그는 또한 프로이트가 하나의 정해진 코드에 의해서만 해석하고 있다는 예전의 비판을 재개하면서, 원시인의 정신 세계와 정신분석가의 정신 세계를 동일한 것으로 파악하고자 한다. 그에 따르면, 정신분석가들이란 이미 원시 사회에서 발견할 수 있었던 항문기적·구강기적 특성을 자기네들 이해 관계에 따라 활용하는 부류이다. 『우리는 정신분석가들이 자기네가 발견했다고 주장하는, 예컨대 구강기적 성격이나 항문기적 성격 따위의 개념이나 카테고리를 원시 부족들에게서 이미 명확한 형태로 발견했었다. 정신분석가들은 이것들을 그저 다시 받아들였을 따름이다.』[18]

이렇듯 레비 스트로스가 볼 때 프로이트는 신화의 차원에 머무를 수밖에 없으며, 또한 프로이트의 발견은 진정한 발견이 아닌 셈이다. 왜냐하면 정신분석은 오랜 상징적 세계를 다시 각색했을 따름이기 때문이다. 레비 스트로스는 이 두 분야 사이의 선구(先驅)를 다투는 논쟁적 성격을 넘어서서 제도의 문제까지 언급하고 있다. 『정신분석학은 단지 개인의 정신 세계를 탐구하는 비교인종학의 한 갈래일 뿐이다.』[19] 레비 스트로스는 이 책을 끝맺음하는 자리에서 소포클레스의 《오이디푸스 왕》과 라비슈의 《이탈리아 밀짚 모자》를 비교하였다. 그는 전혀 다른 성격의 이 두 작품에서 동일 신화가 작용하고 있음을 입증함으로써 정신분석을 깎아내리고 있다. 앙드레 그린이 여러 인류학자들 앞에서 한 말을 인용해 보자면, 이 대목에 이르러 레비 스트로스는 『정신분석가들로 하여금 밀짚 모자를 뜯어먹도록 하고 있는 것이다.』[20]

레비 스트로스의 무의식 개념을 계승한 라캉

우리는 이제 라캉이, 라캉 자신의 표현을 빌자면 레비 스트로스를 어떻게 〈점취〉(占取)[1] 하게 되는가를 보게 된다. 라캉은 이미 〈거울기〉(1949)에서, 그리고 우리가 그의 《에크리》에서도 볼 수 있듯이 앞으로 지속적으로, 또 더욱더 빈번하게 레비 스트로스를 인용하게 된다. 하지만 라캉은 레비 스트로스를 단지 자기 이론의 과학적 담보로서 인용하고 있지만은 않다. 왜냐하면 라캉은 무의식에 관한 레비 스트로스의 인류학적 접근에 상당한 영향을 받으면서 그것을 자기 식으로 소화하여 프로이트의 이론을 결정적으로 전환시키고 있기 때문이다. 그런데 그 점에 있어서 우리는 라캉의 공과를 따져볼 필요가 있다.

제라르 멘델의 지적에 의하면, 라캉은 레비 스트로스의 무의식 개념을 자기 식으로 소화하면서 무의식에 관한 프로이트의 개념에서 점점 멀어져, 무의식을 내용이 부재하는 지적 조작물로 변모시키기에 이른다는 것이다. 레비 스트로스에 의해 제시되고 또 라캉에 의해 받아들여지는 무의식의 개념, 즉 모든 내용이 사상(捨象)된 무의식의 개념과는 반대로, 프로이트적 무의식의 영역은 활성화되거나 억압될 수도 있는 재현(再現)·환각(fantasmes) 등이 펼쳐지는 1차적 과정의 장(場)이다. 『레비 스트로스가 무의식이라고 부르는 것은 실상 전의식(前意識)에 속하는 것이다……레비 스트로스, 그리고 차후 라캉에 의해 거부되는 것은 프로이트의 가장 중요한 공헌인 바로 특수한 무의식의 존재 자체이다』[21] 라캉은 아버지

---

1) 〈se remparder〉로 표기된 이 라캉의 신조어는 아마도 〈se remplacer〉(대신하다)·〈s'emparer〉(차지하다), 혹은 〈chaparder〉(훔치다·서리하다) 등의 단어를 포괄하는 말장난으로 여겨진다.

프로이트에게로 돌아간다고 하면서 실상은 무의식의 존재를 구조주의적 패러다임이란 기호의 분할선 아래로 은밀하게 위치시킨 것이다. 라캉은 인류학과의 대화 내지 이론적 담보에 대한 대가로 비싼 값을 치른 셈인데, 왜냐하면 이 과정에서 그는 정신분석학의 고유한 대상, 다시 말해 정신분석의 학문적 정체성을 규정해 주는 바로 그것, 즉 무의식을 잃어버렸기 때문이다. 멘델은 말하기를『나는 라캉이 무의식에 관해 탐구한다고 하지만 사실은 전의식의 차원에 머물러 있다고 생각해 왔고, 또 지금도 그렇게 생각하고 있다. 전의식이 하나의 언어처럼 구조화되어 있다고 말했다면 이는 절대적으로 맞는 말이었을 것이다.』[22]

이와 같은 멘델의 지적으로부터 거의 10년이 흐른 후, 라캉 계열의 정신분석가였던 프랑수아 루스탕 역시 라캉의 상징적 무의식이 사실 레비 스트로스의 인류학적 개념을 정신분석에 그대로 옮겨놓은 것일 따름이라는 지적을 하고 있다.[23] 라캉에 있어서 상징적 차원의 차용은 그의 지적 편력에 있어서 중요한 전기(轉機)를 이루게 된다. 왜냐하면 그 이전, 그러니까 〈거울기〉 집필 당시의 라캉은 거울에 되비친 상(像) 연구에 주의력이 온통 쏠려 있었기 때문이다. 라캉은 레비 스트로스를 발견함으로써 비로소 인간을 초월하는 무의식 개념의 불가역성, 즉 외재성(外在性)에 이를 수 있었는데, 그는 이러한 무의식이 지닌 내재적 조합을 파악하고자 한다.『인간을 초월하는 상징적 차원의 외재성이야말로 무의식을 규정하는 개념이다.』[24] 라캉에 의해 도입된 이와 같은 무의식의 개념은 모든 역사성을 거부하는 것이다. 이 개념은 인간을 출생하기도 전에, 그리고 죽어서까지도『마치 기표들의 놀이에 사로잡힌 장기판의 장기처럼』[25] 하나의 연쇄 속에 위치시키고 있다. 상징적 차원은 사회적인 것에 속하지도, 그렇다고 해서 인간 개인에게 속하지도 않는 것으로, 이는 레비 스트로스의 개념에서와 마찬가지로 비어 있고, 다만 교환의 기능을 수행할 뿐이다.

프랑수아 루스탕은 라캉의 이와 같은 무의식 개념의 차용에 대해 언급하면서, 라캉이 사회적 요인을 저버림으로써『어쩔 수 없이 언어를 실체화하고 또한 이 언어에 중요성을 부여할 수밖에 없었던 필연성』을 지적하는데, 이는 곧『말씀에 의한 〈창세기〉의 신학을 부활』하는 것임을 또한 지적하고 있다.[26] 말하자면 라캉은 형이상학적 유혹, 또한 그가 연설의 서두 인용문으로도 삼은 적이 있는 〈요한 복음〉, 그리고 또 수학이나 물리학 등의 자연과학 사이에서 갈등할 수밖에 없었다는 것이다. 라캉은 다음과 같이 자문한다.『우리들은 이미 상당한 정도로까지 발달한, 예컨대 물리학과 같은 자연과학의 이상(理想)과 어느 만큼의 관계를 유지해야 하는가? 여하튼 이 관계의 경계선은 기표나 구조가 설정하는 정의의 테두리 내에서 찾아야 할 것이다.』[27] 이러한 라캉에게 있어서 레비 스트로스는 정신분석 담론의 과학성 확보를 위한 모범으로 여겨졌다. 레비 스트로스가 민족학과 언어학·수학·정신분석 등을 모두 포괄하는 데 성공했던 점을 부러워하기에 이른다.

레비 스트로스의 상징적 체계의 기본적 카테고리가 라캉에 의해 보다 실체화되고, 또한 보다 과격한 형태를 띤 채 정신분석학에 도입되었다는 점은 의심의 여지가 없는 사실이긴 하지만, 그렇다고 해서 모든 정신분석가들은 프로이트가 정립한 무의식 개념이 라캉에 의해 변질되었다고는 생각하지 않는다.『구조주의를 받아들인 라캉이 무의식에 관한 프로이트의 첫번째 위상 이론을 넘어서지 못했다고 말한다면 이는 그릇된 견해이다.』[28] 조엘 도르의 견해로는, 라캉의 기표적 연쇄로서의 무의식 개념이 이에 대한 프로이트의 두 위상 이론을 손상시키지 않을 뿐더러 이를 보다 소상히 밝히고 있으며, 또한 뛰어넘고 있다. 라캉이 비록 레비 스트로스에게서 많은 영향을 받기는 했지만, 그는 물려받은 도구를 자기의 영역에서 보다 엄정하게 사용하고 있다는 것이다. 이렇듯 라캉은 구조, 혹은 사회의 기본을 이루는 교환 과정 따위의 개념을 받아들이고 있기는 하지만,『부족간에 교환되는 것이 팔루스(phallus)가 아니라 여자라고 한 레비 스트로스의 생각은 잘못된 것이다』[29]라고 지적한다.

하지만 레비 스트로스와 라캉 사이의 이같은 차이점에도 불구하고, 이 두 인물이 50년대에 공유했던 테마, 즉 보편적·과학적·반진화론적 정당화(légitimation)에의 열망을 또한 지적하지 않을 수 없다. 예컨대 라캉은『나는 역사성이란 개념을 마땅히 혐오해야 할 이유가 있기 때문에 혐오한다』[30]라고 말한다. 역사성에 대한 이같은 과격한 거부는 실상 정신분석 치료의 병력 구술문제와도 상관이 있긴 하지만, 보다 근본적으로는 구조주의적 패러다임이나 공시태에 부여하는 중요성에 부합하는 것이기도 하다. 이러한 관점에서 볼 때, 우리는 라캉이 프로이트의 무의식 개념에 상응하는 이론화를 꾀하면서 레비 스트로스를『비밀의 문을 열어 줄 수 있는 열쇠로 보다는 단지 이론적 담보로』[31] 여겼다고 보는 태도를 인정할 수는 없을 것이다. 실제로 라캉은 클로드 레비 스트로스에게서 많은 영향을 받았을 뿐 아니라 그 밖에도 스스로 공언하고 있듯이, 모니크 레비 스트로스에게서도 많은 영향을 받았다. 이제 라캉주의의 고전이 되어 버린『발화자(發話者)는 자신이 보내는 메시지를 역전(逆轉)된 모습으로 되받는다』라는 말은 실상 모니크 레비 스트로스가 어느날 그에게 던졌던 말이기도 하다.

또한 라캉은 레비 스트로스의 저술을 자기 것으로 취함으로써 문명과 자연 사이의 단절에 관한 인류학 일반의 문제에 대해 정신분석적으로 기여하고자 했다. 라캉이 대문자(大文字) 타자(他者)나 이타성(異他性)에 관해 했던 사색, 그리고 비이성, 결핍의 장소, 욕망의 탈중심화, 욕망의 배회 등의 테마에 몰두했던 까닭은 바로 여기에 있었던 것이다. 레비 스트로스가 이타성의 실상을 남비크와라

(Nambikwara) 부족에게서 찾으려 했던 반면에, 라캉은 영원히 도달할 수 없는 부재의 장소인 대문자 타자의 위력을 세우고자 했던 것이다. 따라서 50년대의 레비 스트로스와 라캉 사이에는 두 인물 사이의 우정 이상의 것, 다시 말해 두 분야에 걸쳐 공통된 지적 탐험, 그리고 서로 다른 영역을 넘어서서 펼쳐지는 공통의 이론적 전략이 있었던 것이다.

16

RSI : 이단

아주 역설적이게도, 라캉이 로마에서 행한 연설에서는 언급되어 있지 않지만 실상 이보다 두 달 앞서 이루어진 커다란 발견물이 하나 있다. 유명한 라캉의 삼위체, 즉 실재계(實在界)·상징계(象徵界)·영상계(映像界)(RSI)가 바로 그것인데, 이 삼위체는 1953년 7월 당시 아직도 상징계·영상계·실재계의 순서를 지키고 있었다. 이에 대해 장 알루슈는 『나는 이 삼위체가 라캉의 위대한 발견이라고 생각한다』[1]라고 평가한다. 이 삼위체를 라캉 자신은 자기의 테리아카라고 부르는데, 테리아카란 고대 때 가장 널리 알려진 약이름으로서 오랫동안 만병통치약으로 통했던 약이다. 세 항으로 이루어진 라캉의 이 발견물은 장차 그저 RSI, 혹은 프로이트에 대한 이단으로 불려지게 된다. 장 알루슈는 말하길, 『나는 라캉이 언어학을 도입키로 한 까닭이 바로 이 발견물이 지닌 중요성을 깨달았기 때문이라고 생각한다. 당시의 라캉은 일종의 전투적 상황에 처해 있었는데, 그렇기 때문에 그에게는 이론적 무기가 필요했던 것이다』[2] 라캉의 이 발견은 1953년에 이루어지는데, 이때는 레비 스트로스가 라캉에게 지대한 영향을 미치고 있던 시기로, 라캉의 삼위체 중에서 상징계가 가장 중요한 자리를 점하고 있다는 사실 또한 이와 결코 무관하지 않다.

라캉의 삼위체에서 드러나는 구조주의적 측면은 실재계와 영상계 사이에 자리하고 있으며, 또한 가장 커다란 중요성을 부여받고 있는 세번째 차원, 즉 상징계에서 찾을 수 있다. 언어학적 이원 체계가 지금의 경우 헤겔의 변증법에 따른 삼항 체계로 변모하였지만, 그리고 비록 라캉 자신은 이 삼항 체계에 다른 의미를 부여하고 있긴 하지만, 이 삼위체는 프로이트의 위상학인 이드·자아·초자아에 또한 대응하는 것이기도 하다. 프로이트의 위상학과 비교할 때 라캉의 삼위체가 도입하고 있는 혁신은, 프로이트의 관점에서 볼 때 실재계에 비견될 수 있는 이드가 욕동의 기저에 위치했었던 반면에, 이 삼위체 내에서는 상징계가 구조를 관할하고 있다는 점이다. 라캉의 삼위체가 이룩하고 있는 가장 커다란 혁신은 바로 이 점에 있으며, 이 새로운 혁신은 언어와 구조의 차원을 도입하고 있다. 무의식은 이제 더 이상 깊숙이 묻혀 있고, 그렇기 때문에 그 정체를 밝혀내야 할 일종의 지옥이 아니라 사소한 말 한 마디, 더듬는 어조를 통해서도 포착 가능한 것이 되었다.

바로 이와 같은 이유로 해서 라캉은 1953년 행한 로마 연설에서 비록 삼위체의 발견을 아직 공표하지는 않고 있으면서도 언어학적 방법의 중요성을 역설하게 된다. 그의 첫 삼위체는 상징계 다음으로 실재계를 위치시키고 있는데, 실재계는 어떠한 경우에 있어서도 현실과는 혼동되어서는 안 되는 차원이다. 실재계는 현실과는 반대로 바로 이 현실의 이면을 이루며, 결코 도달할 수 없는 차원이다. 라캉의 실재계란 〈이 세상에 속하지 않는 것〉(im-monde)[1]이며, 불가능을 뜻한다. 또한 하이데거적 존재가 존재태와 구별되듯 라캉의 실재계는 현실로서 존재할 수 없는 부재를 일컫는다. 라캉의 영상계는 거울기에서 야기되는 이항(二項) 관계에서 연원하는데, 이 영상계는 자아를 착각, 혹은 여러 다양한 감정들로 포장된 덫에 빠뜨

---

1) 〈im-monde〉는 또한 〈더러운〉이란 뜻으로 읽힐 수도 있다.

린다. 한 주체에게 있어서 이 세 차원은 실재계의 원초적 결핍을 구심점으로 하여 무한히 이어지는 기표적 연쇄 속에서 함께 어우러지는 것이다. 라캉의 삼항 체계는 욕망이라고는 하지만 실상 욕구의 차원으로 전락해 버린 경험적 태도와는 근본적으로 대립하는 것이다. 왜냐하면 라캉에게 있어서 욕망의 지주(支柱)란 바로 대문자 타자와의 만남, 다시 말해 욕망을 생성토록 하는 원인인 결핍의 장소로 인도하며, 또한 욕구의 메커니즘을 밝혀 주기도 하는 근원적 기표와의 만남에서 연원하기 때문이다.

50년대 초 젊은 철학자 무스타파 사푸앙은 정신분석에 입문한 후 한 남성 히스테리 환자를 받게 되었는데, 이 환자는 네 살 때 아버지로부터 버림을 받았었다. 그런데 사푸앙은 이 환자가 아버지를 제대로 알지도 못하고 자랐는데도 어째서 분석 과정중에는 주로 아버지의 상(像)이 문제되어야 하는지를 이해하지 못해 절망에 빠졌었다. 포기상태에까지 이른 사푸앙은 다시 철학에 전념할 것을 고려하던 중, 라캉의 권유로 릴 가에 있는 라캉의 집에서 열리는 세미나에 참석하게 된다. 사푸앙은 이곳에서 디디에 앙지외·피에르 오브리·세르주 르클레르·옥타브 마노니 등을 만난다. 또한 사푸앙은 라캉의 세미나에 참석함으로써 실재적 아버지와 영상적 아버지 그리고 상징적 아버지 사이의 차이를 알게 되는데, 그는 이때서야 비로소 자기 환자가 했던 말은 물론, 이 환자의 혹독한 초자아, 자책의 행위, 기피증 등을 이해할 수 있었다. 『이 세 차원 사이의 차이를 이해하게 되면 환자의 말을 듣는 방식도 새로워지고 환자의 담론을 대하는 분석가의 태도 또한 달라지게 된다』[3]라고 그는 회고한다.

이 새로운 경험으로 인해 무스타파 사푸앙은 정신분석의 효율성과 라캉의 통찰력을 굳게 믿게 된다. 그는 이후 무려 15년 동안 라캉으로부터 분석가 교육을 받게 된다. 라캉의 삼위체는 주체가 주체 스스로 의식하는 것보다 많은 것을 의미토록 되어 있으며, 또한 주체 스스로가 의식적으로 통제할 수 있는 예정된 의미가 아닌 여러 기표들을 발하게 된다는 전제에서 출발한다.

라캉은 구조주의자인가?

이처럼 1953년에 라캉이 이룩한 대혁신은 그의 삼위체에 관한 이론, 그리고 또 로마 연설을 빌려 공표된 언어학적 모델에의 강조에 있는 셈이다. 그리고 그는 〈T.t.y.e.m.u.p.t〉(〈Tu t'y es mis un peu tard〉 :『너는 그것을 좀 늦게서야 시작했다』라는 뜻) 이전과 이후의 자신이 완전히 다르다는 것을 고백한다. 과연 이 시점 이후에도 『라캉은 구조주의자인가?』[4] 자크 알랭 밀레르는 이같은 질문을 던지면서 다음과 같이 답하고자 한다. 라캉은 물론 구조주의적 움직임에 참여하고 있는데, 왜냐하면 레비 스트로스를 매개로 하여 야콥슨에게서 구조의 개념을 빌려오고 있기 때문이다. 다른 한편으로 그는 구조주의로부터 벗어나 있다고도 할 수 있는데, 왜냐하면 구조주의자들의 구조가 『일관되고 또 완전무결한 것인 반면에, 라캉이 도입하고 있는 구조는 모순되고 불완전한 것』[5]이기 때문이다. 구조주의자들에 있어서 구조란 이를 통해 이제까지는 감춰져 있거나 해독할 수 없던 것들에 도달할 수 있는 해석학적 의의를 지니는 반면, 라캉의 구조란 주체가 가시적 세계 내에서 주체 스스로 의식하지 못하는 채 그 자신의 살아 있는 육체를 포획하고 있는 것이다. 각각의 항들이 서로에 대해 변별적 기능을 갖고, 또 기표와 기의의 보완적 성격에 의해서 성립되는 소쉬르적 구조와도 달리, 라캉적 구조의 무의식적 주체는 근본적으로 도달할 수 없다는 차이점을 나타낸다. 이처럼 라캉의 무의식적 주체는 영구히 분리되어 있는 것, 어떠한 접근의 기도도 용납하지 않는 것, 존재할 수 없는 것, 언제고 다른 곳에 있는 것 등을 의미한다.『바로 이런 이유로 해서 나는 라캉의 이론을 아주 특별한 형태의 구조주의로 이해할 수도 있다고 보는데, 왜냐하면 그의 이론은 이 이론 자체 내에 포착할 수 없는 것, 혹은 포함될 수 없는 부분이 있다는 사실을 포함하고 있는 이론이기 때문이다.』[6]

그렇지만 이처럼 완전성에 기반하고 있는 구조주의자의 구조와 불완전성에 정초하는 라캉의 구조가 서로 다르다는 점을 인정한다 하더라도, 우리는 이 둘 모두에서 주체가 탐구 영역에서 배제되어 있다는 공통점을 또한 지적하지 않을 수 없다. 왜냐하면 소쉬르나 레비 스트로스에게서 주체는 전혀 고려의 대상이 아니며, 또한 라캉에게 있어서는 오히려 과대평가되어 역설적으로 주체는 도달할 수 없거나 뿌리 뽑힌 존재이기에 모습을 감추게 되기 때문이다. 따라서 이 두 분야는 모두 그것이 유기체적이든 사회적이든간에 사물들의 세계를 멀리 하려는 경향이 강하다.

라캉에게 있어서 주체의 욕망은 이제 더 이상 유기체적인 주체가 아니며, 마치 언어학적 기호가 모든 지시 대상으로부터 단절되어 있듯이 모든 생리학적 현실로부터 분리되어 있는 것이다. 이와 같은 라캉의 주체 개념에 대해 마르크스주의 사회학자 피에르 푸제롤라는 다음과 같이 비판하고 있다.『프로이트는 우리가 동물적 인간으로 존재하기 때문에 우리들의 욕망이 성에 기반하고 있다고 생각했는데, 우리가 욕망하기 때문에 존재한다고 보는 라캉의 견해를 그가 접했었다면 아마도 이를 편집광적 기벽으로 간주했을 것이다.』[7] 어쨌든 라캉은 소쉬르의 기표/기의 사이의 단절을 더욱 공공히 하고 있으며, 또한 그는 프랑수아 조르주가 유머러스하게 〈아버지식(式) 버전〉[2]이라 꼬집고 있는 언어학적 구조주의에 기반한 그 자신만의 버전을 제시한다.[8]

라캉은 정신분석을 자연과학, 보다 구체적으로는 물리학에 필적할 만한 학문으로 정립시키고자 한다. 1953년 그는 자연과학과 소위 추론적 과학이라 불리는 인문사회과학을 서로 대립시키는 것이 인위적 구분이라고 비판한다. 그는 형식화된 실험과학이 자연과 맺고 있는 단순치 않은 관계를 환기시키는 동시에, 물리학을 포함한 모든 실험과학 내에 인간 중심적 세계관이 깃들어 있고, 나아가 〈엄격한〉 과학과 기타의 학문을 구분해야 할 어떠한 본질적 근거도 없음을 지적한다. 라캉은 이처럼 학문 사이의 벽을 허물고, 가장 형식화한 과학을 본보기로 하여 정신분석을 하나의 과학으로 정립하고자 한다. 라캉은 다음과 같이 말한다. 『우리는 불의 논리학은 물론 집합 이론을 낳게 했던 수학적 형식주의가 어떻게 인간행위를 다루는 학문에 이같은 상호 주관적 시간의 구조를 부여할 수 있는지를 알고 있다. 정신분석이 과학으로서의 엄정성을 확보하기 위해서는 바로 이 점을 고려해야 한다.』[9]

본느발

이와 같이 라캉이 확고한 과학적 기반을 찾고자 한 까닭은 프로이트 정신분석학파와의 단절 이후 그에게는 이와 같은 이론적 전략이 필수적이었기 때문이었다. 라캉의 로마 연설 이후, 정신과 의사이자 그의 친구인 앙리 에는 1960년 본느발 학술대회에서 무의식을 대회의 주제로 삼게 된다. 이 학술대회에서는 프랑스 정신분석의 양대 산맥에 속하는 정신분석가들이 함께 모여 서로 논쟁을

---

2) 〈아버지식버전〉(père-version)은 〈변태〉를 뜻하는 〈perversion〉이란 단어의 말장난이다.

벌이는데, 우선 세르주 르보비시·르네 디아트킨·앙드레 그린·콘라드 스텡 등으로 대표되는 파리 정신분석협회의 정신분석가들, 그리고 세르주 르클레르·장 라플랑슈·프랑수아 페리에·장 베르트랑 퐁탈리스를 위시한 프랑스 정신분석협회 소속의 정신분석가들이 그들이다. 본느발에는 이들 외에도 폴 리쾨르·모리스 메를로 퐁티·앙리 르페브르·장 이폴리트 등의 철학자들, 그리고 앙리 에가 주관하는 이 그룹 세미나의 단골손님인 정신과 의사들이 참석한다.[10]

라캉은 여기서 국제정신분석연맹(IPA)에 맞서서 정신분석의 과학성을 입증하려 애쓰며, 철학자들에 맞서서 의식을 모든 것의 중심에 위치시키는 현상학적 기반을 뒤흔들려 한다. 이에 대해, 메를로 퐁티는 같은 해 발간한 저서 《기호들》을 통해서도 밝히듯이 정신분석학에 우호적임에도 불구하고 다음과 같이 말하고 있다. 『나는 언어적 차원이 모든 것을 뒤덮는 것을 보고 매우 거북한 감정을 느낀다.』[11] 여러 정신과 의사들은 정신분석 고유의 탐구 대상인 무의식을 유일한 대회 주제로 삼았던 이 본느발 대회를 계기로 장차 정신분석으로 방향을 바꾸기에 이른다. 이들 중 상당수는 언어학과 인류학이란 이중의 학문적 담보를 갖추고 있는 현대적이고도 엄정한 라캉의 연설에 매료된 것이다.

이 본느발 대회의 하이라이트는 라캉의 제자인 장 라플랑슈와 세르주 르클레르가 행한 연설이었다. 이들은 임상 부문은 르클레르가 맡고 라플랑슈가 전체적으로 텍스트를 작성한 이론 연구의 한 부문을 공동으로 발표하게 된다. 이 연구에서 르클레르는 30세 가랑의 유태인 환자의 꿈을 분석하는데, 우리는 오늘날 이 환자가 실상 르클레르 자신이었다는 사실을 알고 있다. 극도로 정교한 르클레르의 이 꿈분석은 이제까지의 정신분석적 치료가 순전히 환자의 병력 구술에 의존해야 했던 답보상태에서 완전히 탈피해야 한다는 필요성을 역설하고 있다. 르클레르는 이 일각수(一角獸)의 꿈분석을 통해 기표의 우월성을 강조하고 있다.『정신분석은 그러므로 문자(文字)를 다루는 분야이다』[12] 르클레르는 담화 속에 드러나지 않은 감춰진 의미를 추적하려는 전통적 방식과는 반대로,『특수한 가치의 재현에 영향을 주는 것은 문자적 표현이다』[13]라고 생각한다. 그러므로 그는 무의식은 하나의 언어처럼 구조화되어 있다는 라캉의 이론을 이 일각수의 꿈분석을 통해서 증명한다. 그가 스승과 견해차를 보이고, 또 그래서 함께 토론하기를 원했던 유일한 사항은 1차적 억압에 관한 개념이었다.『나는 본느발에서 이 점에 관해 라캉이 아니라 스텡과 토론을 벌이게 되었다. 나는 이 점에 있어서 라캉과는 다른 생각을 아직도 가지고 있는데, 당시 이러한 내 생각은 주목받지 못했었다』[14]

이에 반해, 장 라플랑슈는 라캉 쪽에 가담하고 있긴 하지만, 이 기회를 빌려 무의식은 하나의 언어처럼 구조화되어 있다는 명제로 대변되는 라캉 이론과 거리를 취하고자 한다. 예전에 〈사회주의와 야만〉이란 그룹의 열성분자였던 라플랑슈에게서 라캉의 구조주의적 측면에 대한 비판 태도를 발견할 수 있다는 사실은 아마도 전혀 우연이 아닌지도 모른다. 그의 라캉 비판은 분야가 다르기는 하지만, 50년대 초 클로드 르포르가 레비 스트로스에게 행했던 비판과 맥을 함께 하는 것이기도 하다. 라플랑슈는 1946년 미국에서 정신분석에 관심을 갖게 되는데, 그는 뉴욕에서 뢰벤슈타인을 만나고, 또 그의 권유에 따라 하버드 대학에서 정신분석 강의를 듣는다. 그는 그후 프랑스로 돌아와 고등사범학교 준비반 시절의 스승인 페르디낭 알키에를 집으로 찾아가서 정신분석 치료를 해줄 만한 분석가에 대해 문의하며, 스승은 그에게 라캉이란 인물이 정기적으로 정열적인 강연을 하고 있다는 사실을 말해 준다.『라캉은 당시 거울의 단계, 그리고 멧비둘기나 비둘기, 옮겨다니는 메뚜기 등에서 관찰되는 동일화 과정을 가지고 강연하고 있었다. 그때 나는 라캉을 만나 그로부터 분석을 받게 되었다. 나는 그러니까 수년 동안 분석가로서의 라캉만을 접한 셈인데, 왜냐하면 나는 그가 하고 있던 세미나와 그로부터 받고 있는 분석이 뒤섞이는 것을 피하기 위해 같은 기간 동안 내내 그의 세미나에는 가지 않았었다』[15]

말하자면 본느발에서의 라플랑슈는 애매하고도 껄끄러운 위치에 있었던 것이다. 왜냐하면 그는 파리 정신분석협회의 관점에서 보자면 라캉의 제자인 셈이긴 하지만 라캉 이론의 몇몇 문제에 대해 비판을 던지고 있기 때문이다. 본느발에서의 그의 비판적 견해는 토의조차 되지 않고 다수의 논리에 의해 희생된다. 라플랑슈는 프로이트의 무의식에 관한 정의는 물론 무의식을 의식·전의식과 대립시키고 있는 그의 무의식에 관한 위상학을 이어받고 있다. 라플랑슈는 또한 사물적 재현과 언어적 재현, 1차적 과정과 2차적 과정 사이의 구분 등과 같은 프로이트 이론에 부응하는 제2의 구조라는 개념을 주장한다. 그의 견해에 따르면, 사물적 재현과 같은 언어의 비(非)언표적 1차 단계와 언어적 재현과 같은 언표적 2차 단계는 구분되어야 한다는 것이다. 이에 따라 라플랑슈는 『무의식은 언어의 조건이다』[16]라는 결론을 내린다. 이렇듯 라플랑슈는 라캉의 명제를 뒤집음으로써 라캉이 언어, 그리고 이 언어가 무의식을 좌우하는 기제로서 발휘하는 은유적·환유적 활동방식에 부여하고자 했던 중요성을 감소시키고자 한다. 『본래의 자리에서 이탈되어 위치가 바뀌어지는 것은 바로 특정화되지 않은 순수한 상태의 충동 에너지이다』[17]

이처럼 장 라플랑슈는 라캉이 언어학에 부여코자 하는 모델로서의 역할을 부인하는데, 그는 이후로도 무의식은 라캉이 주장하는 것과는 다르다고 지적하면서 다음과 같은 말을 하고 있다. 『무의식 내에 언어적인 요소가 있다는 사실은 의심할 여지가 없는 사실이긴 하지만, 억압의 기제는 이 요소들을 사실상 파괴시키며 결코 구조화시키는 방향으로 작용하지 않는다』[18] 오늘날 라플랑슈는 무의식은 하나의 언어처럼 구조화되어 있다는 라캉의 명제로부터 더욱더 멀어져 있다.[19] 그는 1960년에 이미 언어란 이항 구조로 환원될 수 있을 정도로 구조화되어 있지 않다는 점, 무의식은 말이 아니라 사물의 흔적에 의해 형성된다는 점, 또한 무의식의 활동은 구조 내에서의 활동과는 오히려 정반대의 위치에 놓여 있다는 점 등을 단언하고 있다. 왜냐하면 『무의식에는 모순되는 것들이 공존하며, 부정(否定)이나 판단이란 존재하지 않을 뿐 아니라, 에너지를 붙잡아 두거나 고착시키는 아무것도 없기』[20] 때문이다. 그는 라캉의 명제를 『무의식이란 마치 하나의 언어 같은 것이기는 하지만 구조화되어 있지 않다』[21]로 수정하기를 권하고 있다.

　라캉 자신은 이처럼 사유와 언어를 결합시키려는 라플랑슈의 시도를 비판한다. 왜냐하면 라캉이 보기에 소쉬르의 산식에서 근본적인 것은 기표와 기의 사이의 단절이기 때문이다. 라캉에게 있어서 정신분석학을 현대언어학의 연장선상에 위치시키고자 하는 노력이나, 혹은 『인간은 언어 그 자체이다』[22]라는 명제는 단연코 전략적으로 매우 중요한 의의를 갖는 것들이다. 왜냐하면 인식론적 확장을 꿈꾸던 라캉은 정신분석학을 50년대 초부터 부흥하기 시작한 일반기호학의 반열에 끌어올리려 했다. 그는 현대언어학에서 그 유일한 길을 찾을 수 있었다. 어쨌든, 라캉은 자기 휘하의 군단이 전술적으로 힘을 과시해야 했던 본느발 학술대회에서 라플랑슈의 발표문에 대한 토론에 참가하지 않는다. 라캉은 대신 무의식이란 언어의 효과, 혹은 진리와 지식으로 쪼개진 〈코기토〉의 효과라는 생각을 개진한다. 라캉은 이로부터 한참 후, 자기 이론을 다루고 있는 아니카 르메르의 박사학위 논문에 부치는 서문을 쓰던 1969년에 이르러서야 자기 제자와의 의견차를 표면화한다.[23]

라캉은 1960년 본느발에서, 차후 많은 수정을 가해서 《에크리》에 〈무의식의 위치〉란 소제목으로 싣게 될 텍스트를 발표한다. 그는 이 텍스트에서 데카르트의 〈코기토〉가 지닌 환상을 지적하고, 또 그럼으로써 헤겔식의 절대 지식에 준거코자 하는 고전적 철학의 입장을 비판한다. 라캉은 거울에 되비친 상에 사로잡힌 자아, 다시 말해 『영속적으로 붙어 있는 무지(無知)의 기능』[24]을 담당하는 자아의 포획 내에 의식이 위치한다고 말한다. 그러므로 라캉에게 있어서 데카르트의 〈코기토〉란 인간 정신의 1차적 순간, 다시 말해 무의식의 전제조건을 이룰 따름이다. 인식 주체에 있어서 기의에 대한 기표의 우위를 주장하는 라캉은 한 기표가 다른 기표를 표상하기 위해서만 주체의 자리를 잠시 드러낼 뿐이라고 말한다. 라캉이 포착하고자 하는 인간 정신의 이 두번째 순간은 이와 같은 주체의 분리 혹은 주체의 〈재분할〉의 순간인데, 라캉은 이 순간을 신생아의 탄생 순간을 통해 예증하고 있다. 하지만 이 순간은 흔히 말하듯이 신생아가 어머니의 육체로부터 분리되는 순간이 아니라, 주체가 자기 자신의 일부와 분리되는 순간이라는 것이다. 탯줄이 끊길 때 신생아는 자기의 해부학적 보완체를 잃어버리는 셈이기 때문이다. 『달걀을 깨뜨릴 때 인간(l'Homme)은 물론 〈오믈렛-인간〉(l'Hommelette)[3]이 태어나는 것이다』[25] 주체에게 있어서 이 원초적 단절은 장차 끊임없이 되살아나게 되며, 따라서 이 〈오믈렛-인간〉이 살아가면서 스스로 자멸하거나 파괴행위를 일삼지 않도록 여러

3] 〈오믈렛-인간〉(l'Hommelette)이란 신조어는 同音의 단어 〈오믈렛〉(omelette)을 겨냥한 말장난이다. 이것은, i) 인간(l'Homme)이란 명사 뒤에 〈작은〉을 뜻하는 프랑스어의 접미사 〈-lette〉가 첨가된 신조어로서, 〈병아리 인간〉 혹은 〈어머니를 닮은 축소형 인간〉 등으로 이해될 수 있다. ii) 또한 이것은 〈달걀을 깨뜨리지 않으면 오믈렛을 만들 수 없다〉(On ne fait pas d'omelette sans casser des deufs)라는 널리 알려진 속담을 배경으로 하고 있다.

제한이 필요하게 되는 것이다. 바로 이 단절 때문에 실재계(Réel)는 영원히 도달할 수 없는 차원의 것이 되며, 또한 이 도달할 수 없는 실재계를 지향하는 충동에는 죽음의 문제가 따르고, 또한 잠재적으로 죽음의 본능을 이루고 있다.

　라캉에게 있어서 무의식은 상징계에 준거한다. 라캉에 따르면 무의식은 음소·음소군 등으로 이루어져 있으며, 따라서 언어에 기반을 두고 있다. 1966년 라캉은 다음과 같이 말한다.『무의식에 대한 탐구는 단연코 언어학의 영역이다.』[26] 이처럼 라캉에 의해 문자(文字)가 존재를 대신하게 됨으로써 정신분석에 구조주의적 패러다임이 지배하게 된다.

열대의 부름

뉴델리 회담(1949)에서 반둥 회의(1955)에 이르는 시기에 국제 정치상의 하나의 새로운 요구가 표출되었다. 그것은 지금까지 세계를 동서로 가르던 관행을 뛰어넘어 제3세계로 관심을 돌리자는 것이었다. 이러한 요구는 저개발국들로부터 비롯되어 유색인에게도 서구 문명과 동일한 존엄성이 있음을 인정하고, 나아가 이러한 평등을 실현하려는 열망을 고취했다. 이러한 탈식민지화의 움직임 속에서 유네스코는 근대학문이 인종문제에 가져온 새로운 해답을 조명하는 총서의 일환으로 클로드 레비 스트로스에게 저술을 의뢰했는데, 그 결과가 1952년에 출판된 《인종과 역사》이다.

과감한 논조의 이 책은 당시 확산되어 가던 식민지 해방 현상을 이론화하는 데 크게 기여하였고, 여기서 클로드 레비 스트로스는 인종적 편견을 공박하였다. 이를 통해 인류학은 이미 세계대전 전 폴 리베가 시도했듯이 사회적 쟁점에 개입하게 되었으며, 형질인류학에서 사회인류학으로의 이행이라는 이미 진전되고 있던 현상을 확고히 했다. 그는 동일성의 재생산에 기초한 역사적 목적론을 비판하고, 그 대신 문화의 다양성이라는 개념과 차이의 환원 불가능성을 주장했다. 이러한 그의 주장은 사고방식의 본질적 혁신을 담고 있었는데, 그것은 당시 식민적 속박에 저항하는 세 개 대륙 제3세계인들의 분발로 흔들리던 유럽 중심주의의 기반 자체를 공격하는 것이었다. 이와 같은 시각에서는 문화의 선행성이나 인종적 열등성이라는 개념이 더 이상 용납되지 않았고, 서구 사회를 세계의 나머지 지역이 추종해야 할 모델로 제시하던 위계적 틀도 부정되었다. 서구문화를 이식하려는 노력은 거부되고, 그 대신 사람들은 서양식 포장 아래 가려져 있던 것에 관심을 기울이게 되었다. 레비 스트로스는 진화론을 인정하지 않는다는 점에서 모스의 계보를 잇고 있지만, 그렇다고 각각의 사회를 그것의 개별성이라는 작은 세계 안에 가두어 두려는 일종의 지방주의에 빠진 것은 아니다. 오히려 그 반대로 그는 각각의 사회를 하나의 구체적 보편성의 표현으로 본다. 이런 의미에서 레비 스트로스는 서양으로 하여금 타자를 이해해 나아가는 길을 열어 준 안내자였을 뿐 아니라, 또한 이 타자가 우리에게 우리 자신에 대해 알려 주며, 우리를 인간적 보편성의 의미 있는 한부분으로 변화시키는 우회로가 되어 준다는 점을 분명히 말해 주었다.

여기서 구조주의적 방법은 약호의 상호 교환성이라는 개념을 통해 타자를 이해하는 선행조건으로 제시되고 있다. 사실 모든 체계는 하나의 약호에서 다른 약호로의 이행이라는 차원에 자리잡는 한, 그들 서로간에 교환될 수 있다. 『직접적인 대화란 이루어질 수 없다. 무엇을 이해하지 못하는 것은 자신의 고유한 체계를 뛰어넘지 못하기 때문이다. 이러한 보편주의적 휴머니즘을 설득하는 데 기여한 누군가를 꼽으라면, 그 사람이 바로 클로드 레비 스트로스이다.』[1] 서구 중심적 폐쇄성에 비춰볼 때, 이러한 주장은 문화의 다형성에 기초해서 인간 지식의 풍요성에 바탕을 두고 세계를 더욱 넓게 이해해 가는 서막이었다.

레비 스트로스는 역사관을 크게 두 가지 흐름으로 구별했다. 하나는 혁신이란 어떤 것이건간에 원초적 균형을 위협한다고 보며, 따라서 일체의 혁신을 용납하지 않는 태도이다. 다른 하나는 이에 대립하여 역사를 위대한 문명들의 축적으로 보는 태도이다. 이러한 축적적 역사는 서양의 특권이 아니다. 그것은 세계의 다른 지역에서도 이루어졌다. 게다가 레비 스트로스는 어떤 문명을 다른 문명들보다 더 앞선 것으로 제시하게 해줄 모든 위계적 가치를 인정하지 않는다. 그는 기존의 척도들을 해체함으로써 이러한 유형의 모든 고찰을 상대화한다. 예를 들어 서구 문명은 기술의 차원에서는 확실히 앞서 있다. 그러나 다른 척도들로 재보면 서양인들에게 원시적 단계, 세계의 요람기의 전형으로 비춰졌던 문명들이 사실은 서양보다 더 큰 정묘함을 발휘해 왔음을 알게 된다.『만약 몹시 열악한 지리적 환경을 극복하는 능력의 정도에 척도가 두어졌다면, 최고의 영광은 틀림없이 에스키모인들이나 베두인족들이 차지했을 것이다.』[2]

이런 식으로 척도를 바꾸어 보면, 서양은 기술 문명을 제외한 다른 모든 차원에서 뒤처진다. 영적 수련이나 정신집중을 통한 육체의 조절에 있어서도 마찬가지인데, 이 분야에 있어서 동양은 삶 속에 뿌리내린 구도적 수련과 정신성으로『수천 년은 더 앞섰다.』[3] 또한 오스트레일리아 원주민은 친족 관계 구성의 복합성에 있어, 멜라네시아인은 심미적 대담성에 있어 가장 뛰어나다. 이러한 사실로부터 레비 스트로스는 두 가지 교훈을 이끌어 냈다. 하나는 어떠한 사회를 대상으로 삼건간에 기존의 척도에 따른 진단은 상대적일 뿐이라는 교훈이다. 또 다른 하나는 인간적 풍요함은 다양한 경험들 사이에서 이루어지는 융합 과정에서만 얻어진다는 교훈이다. 왜냐하면 이러한 융합 과정이야말로 새로운 발견의 원천이기 때문이다.『한 인간 집단을 고통스럽게 하고, 지니고 있는 자질을 마음껏 실현하지 못하게 하는 유일한 치명상, 단 하나의 결함이란 바로 고립되어 있다는 점이다.』[4]

레비 스트로스는 식민적 문화 이식을 거부할 이론적인 토대를 확고히 해놓고, 그 실천의 연장선에서 서구 외의 다른 사회들을 서구의 학문적 영역 속으로 맞아들인다. 그러나 차이의 문제는 다만 타자의 환원 불가능성의 표현인 것만은 아니며, 분석되어야 할 이데올로기적 개념이기도 한 것이다. 그가 때 이르게 선보인 구조주의적 패러다임은 이러한 명분하에 비코·콩트·콩도르세·헤겔 혹은 마르크스가 서구적 전체성 위에서 펼쳐온 철학들의 기반을 무너뜨린다. 16세기 신대륙의 발견과 함께 탄생했던 일련의 사고방식이 다시 등장하는 것이다.『그때 서구의 이성에는 금이 생긴다. 몽테뉴는 완전히 이질적인 어떤 것이 서구 이성의 기반을 침식해옴을 인식한다. 보편적인 것 위에 수립되지 않은 권력은 결코 행사하지 않는다는 것이 그리스인들로부터 물려받은 서양의 항구적 성향이다.』[5] 사실 이미 몽테뉴는 우리가 신대륙 민족들의 멸망을 재촉하리라고 말했으며, 소위 문명인들이란 인디언들과 자신들 사이에 우애 있고 서로 이해하는 사회를 만드는 방법을 모른다고 한탄했었다. 레비 스트로스의 《인종과 역사》는 이러한 한탄을 다시금 상기시키며 나오자마자 곧 반인종주의적 사상의 필독서가 되었다.

카유아 / 레비 스트로스 논쟁

이러한 성공에도 불구하고 레비 스트로스는 로제 카유아로부터 신랄한 비판을 받았다.[6] 역설적인 것은 그가 1974년 몽테를랑의 뒤를 이어 아카데미 프랑세즈 회원이 될 때, 자신을 비판했던 로제 카유아의 지지로 그 자리를 얻게 되었다는 점이다. 물론 이때도 카유아는 예전의 날카로웠던 논쟁을 언급했다.『그때 당신은 잊지 못할 맹렬한 논조로 내게 반박했습니다. 내가 얼빠진 사람이라고 말입니다. 사상을 논하는 데는 어울리지 않는 공격적 어조였지요.』[7]

로제 카유아가 상기하는 바대로 레비 스트로스의 반론은 유례 없이 과격했다. 그래서 레비 스트로스 자신도 이것을 후에 편찬한 논문 모음집 《누워 있는 디오게네스》[8]에 수록하지 않았다. 그렇다면 이 논쟁의 주된 내용은 무엇인가?

로제 카유아는 어떤 철학사상들의 태동과 그것들이 생겨난 시대 사이의 흥미로운 상관 관계를 수립했는데, 그에 따르면 이들 철학 사상은 시대의 단순한 반영이 아니라 그 시대에 결여된 어떤 것을 보완하는 역할을 한다는 것이다. 헤겔에 이르기까지 서양의 철학은 역사의 단선성과 보편성을 그 본질로 여겨왔지만, 전체로서의 서양과 그 하부 영역들은 여전히 불안정하고 허술하게 연결되어 있었다. 통용되는 교의들은 인류의 진보를 원인과 결과의 연속을 통해 수미일관되게 설명하려 했지만, 실제에 있어서 인류의 진보에는 여전히 아주 잡다한 현실이 얽혀 있는 것이다. 그런데 학문적 탐구에 있어서나 집단적 감수성에 있어서 차이의 복수성과 환원 불가능성을 의미 있게 인식하게 된 것은 역사가 실제로 전세계적이 된, 그래서 이 복수성이 사라지게 되었던 1차대전 때였다. 로제 카유아는 《인종과 역사》를 이와 같은 차이의 복수성과 환원 불가능성의 인식에서 생겨난 지적인 응축물로 보았다. 그리고 이러한 태도가 서양의 몰락을 예견하는 것으로 인식했다. 그는 레비 스트로스가 예전에는 고려의 대상조차 되지 않던 사람들에게 과분한 미덕을 부여했다고 비난하고, 그의 상대주의적 관점을 전반적으로 비판한다. 즉, 레비 스트로스가 한편으로 모든 문화는 동등한 가치를 지니며 상호간 비교가 불가능하다고 하면서도(『한 문화의 진보는 다른 문화가 사용하는 준거 체계 안에서는 측정할 수 없다……이러한 태도는 타당하다.』[9]), 다른 한편으로 동양이 육체와 정신의 관계라는 차원에서 서양보다 수천 년을 앞섰다고 주장함으로써 자기 모순에 빠졌음을 지적한다. 레비 스트로스적 상대주의는 너무 멀리까지 나아간 것이다. 그에 대한 반론으로 로제 카유아가 내세운 것이 서양 문명의 우월성이다. 그에 따르면 서양 문명의 우월성이란 다른 문화에 대한 끊임없는 호기심 안에 자리잡고 있으며, 또 이 호기심으로부터 민족지가 생겨났다. 이러한 욕구는 다른 문명에서는 찾아볼 수 없는 것이다. 『흔히 말하는 속담과는 반대로, 레비 스트로스는 자기 눈 속의 티 때문에 다른 사람 눈 안에 박힌 들보를 보지 못했다……이러한 태도는 점잖은 것이기는 하다. 그러나 학자라면 차라리 티와 들보가 있는 자리에서 그것들을 가려내는 일에 전력해야 할 것이다.』[10]

즉시 신랄한 반론이 돌아왔다. 이번에도 사르트르의 《현대》지는 레비 스트로스의 발언대가 되어 주었다. 반박의 논조는 이러한 것이다. 『디오게네스는 걸으면서 움직임을 증명하곤 했다. 로제 카유아는 움직임을 보지 않으려고 드러누웠다』[11] 그는 여기서 로제 카유아의 비판에 전혀 양보함 없이, 자기 논제의 주안점을 다시 한번 요약했다. 카유아가 식인 풍속을 언급한 데 대한 그의 대답이란, 자신은 음식에 도덕성을 부여하지 않으며, 사람이 사람을 죽인 숫자면에서 보면 서양인들이 파푸아뉴기니인들보다 더 많이 죽였다는 것이다. 이 논쟁은 특히 놀랄 만큼 격렬했다. 『카유아는 정찬 식탁 앞의 익살로 시작해서 설교자의 훈계로 이어져 속죄자의 비탄으로 끝내는 연습에 열심이다. 그가 활용하고 있는 뻔뻔한 문체는 바로 이러한 연습으로 다듬어졌다.』[12] 『미국에는 매카시가 있다. 우리에게는 우리의 매카유아가 있다』[13] 그러나 둘 사이에 오고 간 과격한 논조로 인해 이 논쟁이 지닌 의미까지 퇴색하는 것은 아니다. 레비 스트로스의 소논문은 50년대 초 인종주의적 편견에 맞선 투쟁 속에서 얻어낸 중요한 성과로 남았다. 또한 조락하는 유럽 내에 어떤 쇠퇴기적 사상이 퍼져 가고 있음을 간파한 카유아의 통찰 역시 정당했다.

화제의 책 : 《슬픈 열대》

1955년의 반둥 회의는 당시 아시아-아프리카 회의 지도자의 한 사람이었던 레오폴 세다르 상고르의 표현을 따르면, 전세계에 내리친 〈천둥〉이었다. 같은 시기에 민간 항공교통의 발달은 아주 먼 지역의 문명들까지 서구 여행자들의 발길이 미칠 수 있는 범위 안으로 끌어들였다. 열광적 이국 취미가 구대륙을 휩쓸었다. 여행사들은 서양인의 입맛에 맞춘 이방의 체험을 각양각색의 방법으로 제공했다. 관광산업의 교두보들이 마치 치외법권 지역처럼 세계의 거의 전지역에 자리잡았으며, 곧 이어 클럽 메디테라네가 각 대륙들을 구획짓고, 서구인 자신들을 원주민으로부터 보호하기 위해 참호로 둘러싼 요새의 창살 뒤에서 보다 저렴한 비용으로 타자의 발견을 제공하게 되었다. 1955년, 이처럼 지적인 관심이 옮겨지고 있던 적절한 시기에 화제의 책 《슬픈 열대》가 세상에 나왔다. 레비 스트로스는 이 책에서 그 시대 집단적 감수성의 열망을 충족시켰고, 그의 성공이 이를 증명해 준다. 그는 자신이 바라던 대로 인류학과 구조주의의 가시적 쾌거를 이루어 냈으며, 이를 프랑스 지성계의 중심에 위치시켰다. 동시에 그는 그때까지 자신에게 부과되어 온 이미지를 변화시켰다. 『대학 교수 색인표에는 내가 사람을 공식에 끼워맞추는 일에 탁월한 감정 없는 기계라고 소개되었다. 나는 그런 꼬리표 때문에 무척 화가 났었다』[14]라는 그의 말에서 알 수 있듯이, 그는 종종 차가운 과학자로 소개되어 왔었던 것이다.

흥미로운 점은 이 저서가 레비 스트로스가 겪은 두 번의 좌절을 계기로 탄생하게 되었다는 사실이다. 우선 레비 스트로스는 민족학자로서의 자신의 경험을 활용하여 소설을 쓰고 싶어했다. 그러나 소설 쓰는 일은 30여 쪽 만에 단념하고 말았다. 이러한 소설적 구

상의 흔적은 책 제목에, 그리고 일몰의 장엄한 묘사 등 몇 군데에
남아 있을 뿐이다. 《슬픈 열대》를 낳게 한 레비 스트로스의 또 하
나의 좌절은 1949년과 1950년, 그가 두 번이나 콜레주 드 프랑스
의 교수직에 지원했으나 연달아 거절당했던 일이었다. 이 일로 레
비 스트로스는 대학에 몸담는 일을 단념하고 『대학에 자리를 얻을
생각이었다면 결코 출판할 엄두도 내지 못했을』[15] 《슬픈 열대》의
집필에 몰두했다. 이 에피소드는 구조주의가 자신이 지닌 힘과 혁
신의 능력으로 대학이라는 체제를 뛰어넘어 공인(公認)의 다른 통
로를 발견하려 할 때가 오리라는 것을 예견케 해준다. 레비 스트로
스가 가장 적절한 시기에 스스로를 유람 철학자로 소개하면서 등
장할 수 있었던 것도 이 우회로 덕분이다. 그의 시각 속에는 과학
적 엄정성과 문학적 요소, 잃어버린 기원에 대한 향수, 죄의식과 구
원이 뒤섞여 있다. 이 저술을 어느 한 가지로 분류할 수 없는 것도
그 때문이다.

　그는 자신의 주관적 이야기에서 출발하여 자기 탐구와 타자의
발견을 잇는 연결끈을 보여 주었는데, 그것은 민족학자란 인간성의
원천에 접근하고 또한 그럼으로써 루소가 생각했던 대로 『시초에
만 진정으로 위대한 것을 창조하는』[16] 인간의 진실에 도달한다는
생각을 바탕으로 한다. 인간의 역사를 탄생의 진정한 순간, 그러나
우리가 영원히 상실해 버린 그 순간이 생기 없이 반복되는 것에
불과하다고 보는 이러한 관점에는 독특한 노스탤지어가 스며 있다.
『우리는 사상의 고귀함에 다가서게 될 것이다. 이러한 사상의 고귀
함은……시초들이 지닌 정의할 수 없는 위대함을 우리 성찰의 출
발점으로 삼는 데서 온다』[17] 이렇게 시초에 큰 가치를 부여하는
데는 자신이 속한 서구 사회가 과거에 저지른 인종 살육과 같은
잘못에 대한 인종적 속죄 같은 것이 있다. 예전 영광스러웠던 식민
지 개척시대에 서양 문명을 전파하는 일에 뛰어들었던 레비 스트

로스는 이제 서구 문명의 이식 사업이 거부되고 그 역류까지 동반하는 시기에 이르러 몇 군데 도덕적 상처를 어루만지며 자신의 죄를 뉘우친다. 그가 그려보이는 열대가 그토록 슬픈 것은, 그곳이 이질 문화에 동화되어 가기 때문만이 아니라 사라져 가는 대상을 다루는 민족지의 본래 성격에도 기인한다. 원시 토착 사회가 사라져 가고 있음은 특히 레비 스트로스가 탐험했던 땅에서는 부인할 수 없는 사실이다. 그러나 이러한 사회들은 탈식민지화 시대를 맞아 자신의 정체성을 확립하면서 스스로 변화하고 있는 중이며, 그들의 전통으로부터 벗어나 문명 사회로 옮겨가고 있는 것이다.

역설적인 일이지만, 《슬픈 열대》의 성공을 보장했던 탈식민지화의 물결은 동시에 이 책의 방향성에 위기를 가져왔는데, 그것은 이 책이 보존과 소멸간의 긴장 속에 사로잡혀 있는 정체된 사회를 바탕으로 쓰여졌기 때문이다. 레비 스트로스는 『세계는 인간 없이 시작되었으며, 인간 없이 끝날 것』[18]이라고 했지만, 제3세계의 사회들은 이 환원적 딜레마를 뛰어넘고, 변화의 길을 열어갈 능력을 보여주며, 이러한 변화를 통해 분명 자신들의 정체성을 재구성하게 될 것이다. 인류학의 사회적 효용성은 단체 관광 프로그램에 참가할 때 보충적 교양을 제공하는 데 있지 않다. 그 효용성이란 자기 시대와 함께 호흡하며 그 시대를 과학적 지식으로 밝히는 것이다. 그리고 이것이 바로 디엔비엔푸[1]의 패배 후 레비 스트로스가 던진 다음과 같은 메시지의 의미이기도 하다. 『만일 충분한 수의 민족학자들이 지난 50년간 소박하고 허세 없이 연구를 해왔었다면, 우리는 베트남과 북아프리카에 대해서 영국이 인도에서 사용했던 유형의 해결책을 마련할 수 있었을 것이다.』[19]

---

1) 베트남의 지명. 이곳에서 1956년 프랑스군은 호치민이 이끄는 베트남 독립군에게 크게 패한다.

비록 인류학자가 자신의 학문을 전개하는 데 있어 정치적 견해를 전적으로 배제할 수는 없다 해도, 1955년 이래 레비 스트로스는 학문에만 정진할 뿐 그외 일체의 당파적 투쟁을 거부하는 과학자로 자신의 입장을 정의해 왔으며, 또 그러한 입장을 결코 포기하지 않았다. 그는 행동에서 한걸음 물러났고, 또 이러한 은거를 시대에 초연한 성직자에게서 보는 바와 같은 불가침의 본분처럼 여겼다. 민족학자의 역할은 『오직 다른 사람들을 이해하는 것』[20]이며, 이러한 임무를 수행하기 위해서 몇 가지는 포기하고 어느 정도의 손실은 감수해야 한다는 사실을 받아들여야 한다. 이해하거나 행동하거나 둘 중 하나를 선택하는 것, 이러한 것이 『나무 아래 현자의 명상』[21]에서 가장 큰 위안을 찾는 사람의 신조로 보인다. 레비 스트로스가 우리를 초대하는 곳이란 인간들의 진정한 황혼이다. 그는 인류학을 해체 과정을 연구하는 학문인 〈엔트로폴로지〉(entropologie)[2]로 전환하자고 제안하기까지 한다. 물론 레비 스트로스가 참여에서 한걸음 물러난 태도를 지켰다고 해서 타자를 그리는 데 있어 민족학자로서의 자신의 감수성을 표현하지 못한 것은 아니다. 오히려 그가 보여 준 주관성과 극도의 감수성이 비평가들의 일치된 호평을 끌어내고, 《슬픈 열대》가 대중적으로 성공하는 데 기여했다.

레비 스트로스는 자신의 발견이 스스로에게 불러일으킨 열광의 매순간에 우리를 동참하게 할 뿐 아니라, 무엇보다 자신이 관찰한 행위들 아래 숨어 있는 논리를 복원함으로써 당시 유행하던 이국취미를 뛰어넘었다. 그에 의하면 관찰자란 자신의 토양과 얽혀 있음에도 불구하고 사회가 기능하는 법칙을 찾아나서는 과학자로 남아 있어야 하며, 또한 이러한 명분을 통해 자기 자신으로부터 벗어

---

2) entropie와 -logie를 합친 레비 스트로스의 조어.

나야만 한다. 지적인 독자들을 매혹하고 인문사회과학을 구조주의의 새로운 모험 속으로 끌어들이게 되는 것은 바로 이러한 탈중심화인 것이다. 여기서도 레비 스트로스는 다시 한번 루소를 본보기로 제시하며 그에게 감동적 찬사를 보내고 있다. 『우리의 스승, 우리의 형제인 루소, 그에게 우리는 너무도 배은망덕했다』[22] 레비 스트로스에 의하면 루소는 『나는 생각한다. 그러므로 존재한다』라는 데카르트의 〈코기토〉에 대해 대답이 불확실할 수밖에 없는 『나는 무엇인가?』라는 질문으로 응수할 수 있었던 선구자의 위치에 있었다. 그리고 레비 스트로스는 루소의 뒤를 이어 타자의 담론을 이해하기 위해 자아의 명증성을 거부한다. 『사실 나는 내가 아니며, 타인들 중에서도 가장 약하고 보잘것없는 타인이다. 《참회록》이 발견한 것은 바로 이 점이다』[23] 《인간 불평등 기원론》에서 루소는 서양이 미지의 사회를 발견하는 일에 나설 것을 호소하고 있는데, 그것은 어떤 물질적 풍요함을 끌어내기 위해서가 아니라, 거기서 우리 삶의 방식을 조명할 수 있는 다른 풍속들을 발견하기 위해서였다. 『루소는 민족학을 예견하는 데 그친 것이 아니다. 그는 이 학문의 기초를 세웠다』[24] 자기 자신에 대해 이야기하고 자신의 의혹과 야망을 펼쳐보이는 관찰자로서의 루소의 모습은 레비 스트로스에 의해 계승되었고, 그리하여 그는 자신의 참회록인 《슬픈 열대》를 쓴 것이다.

눈부신 성공

이 책은 큰 반향을 불러일으켰다. 이 책이 담고 있는 복합적인 성격이 인문사회과학 저서로서는 예외적으로 광범위한 독자층을 획득하는 힘이 되었다. 그때까지는 단지 문학이나 간혹 철학적 논쟁의 몇몇 큰 이슈만이 그러한 파급력을 보여 주었던 것이다. 사르트르가 특히 문학과 연극을 통해 자신의 실존주의를 확산시켰던 일이 그러한 예였다. 게다가 사르트르가 지닌 영향력은 여전히 건재하였고, 레비 스트로스는 자신의 저서를 발췌하여 《현대》지를 통해 소개한 적도 있었다.[25] 그러나 레비 스트로스가 거둔 성공은 그로 하여금 사르트르의 후견에서 벗어날 수 있게 해주었으며, 따라서 이후로 구조주의적 프로그램이 독자적으로 전개될 수 있는 바탕이 되었다. 모든 언론·학자·지식인들이 자신들의 정치적·학문적 입장을 떠나 이 책의 출현을 환영했다.

　레몽 아롱은 《피가로》지에서 〈최고도로 철학적인〉[26] 이 책이 《페르시아인의 편지》에 이어 철학 여행의 전통을 되살리고 있다고 찬사를 보냈다. 《콩바》지는 레비 스트로스에게서 〈세르반테스의 풍모〉를 보았다. 프랑수아 레지스 바스티드는 샤토브리앙이 다시 태어났다고 하며, 시인의 탄생에 경의를 표했다.[27] 마들렌 샤프살은 《엑스프레스》지에서 『아마도 10년간 우리에게 이보다 더 강하게 호소해 온 책은 없었다』[28]라고 하며 이를 선지자의 작품이라고 소개했다. 장 라크루아는 자신이 담당하는 《르몽드》지 철학란에 《슬픈 열대》의 특집을 마련하고, 레비 스트로스의 사상 속에 웅크리고 있는 파라독스를 지적해 냈다. 『그는 진보를 비판한다. 그러나 우리 문화가 이룩한 진보를 그의 비판보다 더 찬양해 주는 것은 없다』[29] 많은 평자들은 연구 대상이 연구자에게 미치는 영향에 대한 그의 성찰과 이국 취미가 스며들지 않은 진지한 탐구에 경탄했다. 『그가 가장 먼저 우리에게 권하는 것은 우리 자신에 대한 탐구이다』[30] 『독자는 이 책에서 무엇보다 인간을 발견할 것이다. 그가 궁극적으로 추구하는 것은 바로 이러한 인간이 아닌가?』[31] 소설 비평가인 클로드 루아는 《리베라시옹》지에서 소설이라는 자신의 전공 장르를 뛰어넘어 《슬픈 열대》에 대한 예외적 비평문을 쓰면서 이렇게 말하고 있다.『지난 일주일 동안 가장 흥미를 불러일으킨 책은 소설이 아니라 민족학자 클로드 레비 스트로스의 저작이다.』[32] 《르 카나르 앙쉐네》지는 〈청량한 열대〉라는 표현까지 동원했다(1956년 10월 31일).

좀더 본격적인 비평은 장 카즈노브가 주관하는 《아날》지와 《철학평론》지에서 다루어졌다. 《아날》지에서 뤼시앵 페브르는 자신을 사로잡은 작품에 대해서 직접 평문을 쓰고자 했지만, 세상을 떠나는 바람에 뜻을 이루지 못했다. 《비평》지에 〈인간적인 책, 위대한 책〉[33]이라는 제하에 장문의 논고를 쓴 사람은 이 잡지의 편집장인 조르주 바타유 자신이었다. 그는 문학의 영역이 더욱 전문화된 활동으로 옮겨지고 있다는 점을 간파하고 있었다. 바로 이때 레비 스트로스의 책이 알프레드 메트로의 작품[34]처럼 그러한 새로운 감수성을 지니고 글쓰기와 과학성의 새로운 관계를 보여 주었는데, 그것은 예술 작품과 과학적 발견 사이에 존재하던 전통적인 대립을 뛰어넘는 것이었다.『《슬픈 열대》는 처음부터 과학적 탐구의 결실로서가 아니라 하나의 예술 작품으로 등장했다.』[35] 이 책의 문학적 성격은 이것이 무엇보다 인간을 표현했으며, 인간의 감정과 행동양식을 표현했다는 점에서 오는 것만은 아니다. 그것은 또한 이 책이 어떤 논리적 질서를 드러내 보이겠다는 목표보다는, 작가를 매혹하고 끌어당기는 것을 따라가고 있다는 점에서 온다.

이 민족학적 저술이 지닌 문학성이 중심 화제가 되자, 공쿠르 상 위원회는 《슬픈 열대》에 이 상을 수여하지 못하는 것이 유감이라는 공식 성명을 발표했다. 르네 에티앙블도 레비 스트로스의 이 저서에 대한 장문의 연구서를 발표했는데, 이 속에서 그는 레비 스트로스를 자신의 동류로, 타고난 이교도로 보았다. 《슬픈 열대》는『깊이 빠져들거나, 아니면 던져 버릴 유형의 책이다. 나는 이 책을 열렬히 받아들여 내 서가의 보물로, 내 육신의 값진 일부분으로 간직하고 있다.』[36] 그는 프랑스인, 이어서 포르투갈인이 현재 브라질이 된 지역에 진출한 과정과, 그로 인해 그곳 인디언들이 겪은 물리적·도덕적 타락을 기술한 질베르토 프레이레의 저서를 환기하면서 서구적 근대성을 비판한 레비 스트로스의 시각을 지지한다. 프레이레와 브라질 원주민 자신들의 말에 의하면,『그들은 결코 문명을 가져오지 않았다. 그러나 그들이 수많은 브라질인에게 매독을 전파시켰다는 증거는 남아 있다.』[37]

이처럼 만장일치로 열렬한 지지를 끌어모았던 만큼 약간의 오해가 없을 수는 없었다. 레비 스트로스가 거부했던 것이 바로 이국취향이었음에도 불구하고, 몇몇 사람들은 이 책 속에서 이국 취향을 즐기는 것에 만족했다. 여기서 개인적 감수성의 표현에 주목했던 사람들은 작가의 의도와는 반대로, 단지 덧없는 존재이자 〈피었다 지는 꽃〉인 인간에게 다가오는 축복받은 죽음에 이끌렸다. 가장 유명한 오해는 여행과 탐험기에 수여되는 라 플륌 도르(황금 펜)상의 심사위원회가 1956년 11월 30일 이 상의 수상자로 레비 스트로스를 선정한 일이다. 《슬픈 열대》가 『나는 여행과 탐험가들을 혐오한다』라는 구절로 시작되어, 『여행이 우리에게 보여 주는 것은 우리가 인류의 얼굴에 던진 쓰레기이다』[38]라는 말로 이어지는 책이었음에도 불구하고, 근소한 표차로 이 상을 받게 된 것이다(장 클로드 베리에의 《흰 코끼리의 나라에서》에 표를 던진 4명의 심사위원을 제외한 5명의 지지표를 얻었다). 레비 스트로스는 이 상을 거절했으며, 이러한 행동이 『새로운 쥘리앵 그라크의 출현. 인디언 전문가가 〈황금 펜〉을 거절하다』[39]라는 기사에서 보듯이, 또 하나의 문학적 찬사로 되돌아왔다.

이런 일치된 찬사의 합창 속에서 몇몇 불협화음이란 묻혀 버리기 십상이다. 막심 로댕송이 펴낸 《슬픈 열대》에 대한 비판서[40]가 특히 이런 경우인데, 그는 여기서 레비 스트로스의 상대주의적 입장을 비난하고 역사적 변증법을 옹호했다. 『이 전적인 상대주의 시각에서는 아르키메데스의 원리를 아는 일이 우리의 족보를 아는 일보다 더 중요하다고 주장할 근거가 없어진다.』[41] 칭찬의 기조 위에서 쓰여진 에티앙블의 논문 속에서도 몇 가지 비판적 평가가 발견된다. 레비 스트로스가 남비크와라 부족을 관찰한 끝에 내린 결론, 즉 문자화된 의사 전달이란 그 기원에 있어서 노예화를 용이하게 하는 수단이었다는 결론은 지나친 비약이라는 것이다. 에티앙블은 히틀러와 푸자드[3]는 문자가 아닌 말과 선동적 몸짓에서부터 시작했다고 반박하고 있다. 인류학을 〈엔트로폴로지〉로 바꾸자는 제안에 대해서는 이렇게 비판한다. 『전혀 당치않다!……레비 스트로스는 사이버네틱스[4]에 지나치게 경도되어 있다.』[42]

레비 스트로스는 1956년 10월 15일 인류박물관에서 있었던 세미나에서 막심 로댕송·앙드레 조르주 오드리쿠르·G. 그라나이의 비판에 대해 역시 비판으로 응수했다. 레비 스트로스에 의하면, 자신은 모델들을 대상으로 삼아 하나의 대표적 모델을 수립하려 했던 것이 아니라 다만 부분적이고 한정된 결론을 이끌어 내고자 했던 것인데, 그들이 자신에게 의도적으로 시비를 걸고 있다는 것이다. 『막심 로댕송의 주장처럼 비앙쿠르의 노동자들을 낙담케 할 만한 것이 거기에 있는가?……《인종과 역사》에도 《슬픈 열대》에도 그런 것은 없다. 나는 진보라는 개념을 해체하려 했다기보다 그것을 인류의 발전이라는 보편적 범주의 차원을 넘어 우리 사회에 특유한 삶의 개별적 양식이라는 보다 구체적인 차원에서 살펴보려

---

3) 프랑스의 서적 문구 상인으로 1953년 중소상공업자의 정치적 불만을 등에 업고 반의회주의적 극우운동을 일으켰다. 이 운동은 상공업자 방어동맹을 결성하여 1956년의 선거에서 의회에 진출하기도 하였으나, 근본적으로 권위적 급진주의였다는 점에서 파시즘과 유사한 면을 보여 주었다.
4) 생물 및 기계를 포함한 체계에 있어서의 제어와 통신을 연구하는 학문. 여기서 에티앙블은 레비 스트로스가 인간 사회를 기계적 체계로 보려 한다는 점을 부각시키기 위해 이 용어를 사용하고 있다.

했던 것이다.』[43] 레비 스트로스는 여기서 보여 준 방어적 입장을 일관성 있게 고수하면서 이후 자신의 비역사주의에 퍼부어지는 온갖 비난에 대응한다. 그는 자신이 일반철학자가 아니라 하나의 특별한 과학적 방법론의 전파자라고 주장하였지만, 그의 반론은 구조주의적 방법론의 명백한 철학적 가정들을 전혀 드러내려 하지 않았기 때문에 만족스러운 것은 아니었다. 그러나 1955년은 아직 철학적 대논쟁을 벌일 만한 시점이 아니었으며, 이를 위해서는 60년대를 기다려야만 할 것이다. 아직까지 레비 스트로스는 새로운 실증주의의 개가에 만족하고 있을 뿐이었다.

철학자들의 전향

레비 스트로스의 영향은 대중적 영역에 국한된 것이 아니었다. 그것은 지성계 전반에 큰 반향을 일으켰으며, 많은 철학자·역사학자·경제학자들을 열대로 이끌어 갔다. 이들은 자신의 학문 분야를 떠나 먼 곳의 부름에 응하였다. 서양은 더 이상 과거와 같은 방식의 사회 참여를 요구하는 것 같지는 않았다. 그래서 젊은 세대는 살아 있는 사회에 대한 이성적 연구를 통해서 자신의 고유한 감수성을 발산하는 작업에 열광했다. 이러한 분위기 속에서 《슬픈 열대》는 새로운 정신적 상태의 징후, 즉 〈이성〉의 요구에 부응하면서도 그 요구를 다른 대상들에 적용하여 자신들의 퇴각로를 확보하려는 의지의 징후가 되었다.

수많은 학자들이 진로를 바꾸었고, 레비 스트로스는 그러한 전향의 집합축이 되었다. 민족학자인 뤽 드 허쉬는 그 당시 이미 벨기에령 콩고, 즉 오늘날의 자이르 땅에서 연구 활동중이었다. 소르본에서 마르셀 그리올 문하에 있었던 그는 스승이 주장한 상징적 대

구조를 찾아내지 못해 낙담하고 있었는데, 1955년 프랑스로 돌아와 《슬픈 열대》를 발견하고 이 책에 매혹당했다. 처음 아프리카로 떠날 때는 《친족의 기본 구조》를 대충 훑어보았을 뿐이었던 그는 이제 다시 레비 스트로스 생도가 되어 돌아갔다. 그리하여 그는 아프리카인의 상징적 사고 체계를 이해하기 위해 신화의 갖가지 변주담들을 대조하는 작업에서부터 시작하여, 인디언 사회에 적용했던 방법론들을 중앙 아프리카의 반투족 사회에 옮겨놓고자 했던 것이다.

레비 스트로스의 대성공은 대학 내 민족학의 허약한 위상을 보완해 주었다. 인류박물관에는 1925년 이래 민족학연구소가 설치되어 있었다. 그러나 이 연구소는 단지 하나의 부서 혹은 전공 교수들의 모임에 불과했으며, 여기서 주관하는 강연의 주된 청강생들은 문학과 과학 두 부문의 수료증을 주는 유일한 과목인 이 과목에서 수료증을 획득하려고 온 학생들로서, 민족학자가 되려는 소명을 지닌 사람들은 아니었다. 특히 철학 전공 학생의 경우 학위를 따기 위해서는 과학 과목의 이수증이 필요했으므로 자신들의 전공과 직접 연결된 연수 과정을 밟으려 했다. 미셸 이자르는 이 점이 불만스러웠다. 그의 기억에 따르면 컬처 테크놀로지나 형질인류학 혹은 선사학처럼 잘 구성되어 있던 분야도 있었으나, 『나머지는 우리가 보기에 전반적으로 빈약했다』[44] 민족학 수업은 개념을 정리할 도구적 방법론의 정립이 이루어지지 않은 상태에서 세계의 큰 지역별 혹은 주제별로 이루어지고 있었던 것이다. 이런 상황 속에서 대중매체의 영향력은 젊은 세대에게 전통적 직업군을 대체하는 다른 선택이 가능하다는 사실을, 소르본이라는 성채와는 별개로 인류학적 돌파구를 열어야 한다는 사실을 납득시키는 데 중요한 역할을 했다. 언어학도 당시 흡사한 상황이었으므로, 이러한 점이 이후 두 학문의 공동의 운명, 상호 침투의 기반이 되었다.

50년대 중반, 《슬픈 열대》와 알르조 카르팡티에의 《분수령》의 출현은 미셸 이자르에게 있어서 『바깥세상으로의 부름』[45]처럼 울려왔다. 그러나 거기서 레비 스트로스가 제시한 모험이 인도하는 목적지는 약속된 땅이 아니라 이미 살펴보았듯이 환멸이다. 이 모험은 발견을 향해 가는 탐구행위이지만, 그 발견은 이미 그 안에 좌절을 품고 있다. 『나는 이것의 비관적인 면, 막다른 골목과도 같은 면에 심취해 있었다.』[46] 미셸 이자르는 50년대의 이러한 분위기에서 자신의 진로를 바꾸었다. 소르본 대학의 철학과 학생이었던 그는 당시 권위를 누리던 《현대》지를 통해 이미 레비 스트로스를 알고 있었다. 레비 스트로스는 자신의 몇몇 중요한 글들을 이 잡지를 통해 발표하고 있었기 때문이다. 그러나 그가 받고 있는 교육에서 민족학이란 아주 주변적인 관심사일 뿐이었다. 그의 스승들이었던 헤겔 추종자 장 이폴리트, 그리고 장 발·모리스 드 강디약이나 블라디미르 얀켈레비치는 이 새로운 탐구 영역에 흥미가 없었다. 분석철학·인식론·일반언어학 같은 분야들 전부가 이처럼 관심 밖에 놓여 있었다. 민족학의 경우 거의 존재하지 않는 분야나 마찬가지였으나, 약간의 예외가 있긴 했다. 『기본적 인성에 대한 연구로 논문 보완본을 썼던 미셸 뒤프렌이 조교로서 아메리카 문화인류학을 강의하고 있었고, 그후 클로드 르포르가 새 조교로 왔는데, 나로서는 그와 늦게 만난 것이 아쉽다. 그는 1951년이나 1952년경부터 클로드 레비 스트로스의 저서에 대해 논문을 써오고 있었다.』[47]

친구인 피에르 가타리, 즉 펠릭스 가타리의 권유로 조르주 캉길렘과 가스통 바슐라르의 저서를 읽고 인식론에 이끌리고 있던 미셸 이자르는 장 발의 지도로 학위를 준비하던 해에 민족학을 수강했다. 연구소에서 그는 역사학 과정을 선택했다가 인류학·언어학·종교사를 혼합한 연구로 다시 방향을 바꾼 올리비에 에렌슈미트를 만났다. 미셸 이자르가 만난 철학자들 중에는 미셸 카르트리처럼 후에 인류학으로 방향을 바꾸게 될 사람들이 많았다. 그리하여 미셸 이자르에게 있어 일시적 기분전환이나 단순한 우회로에 그칠 뻔했던 이 해 1956년은 별안간 전혀 다른 중요성을 띠게 된다. 『연말이 되자 나는 철학을 버리고 인류학을 하기로 결심했다.』[48]

미셸 이자르를 민족학으로 이끄는 데 《슬픈 열대》가 큰 역할을 했다고는 해도, 철학을 버리도록 결심케 한 것은 《친족의 기본 구조》였다. 그는 이 책의 수학적 모델화와 구조주의적 프로그램의 가능성이라는 과학적 포부에 큰 감명을 받았고, 그 위에 『서양에서 등을 돌려, 우리를 생산해 낸 우리 역사의 바깥에 놓여 있을 다른 곳으로 가보려는』[49] 의지를 하나 더 보탰다. 그리하여 미셸 이자르는 고등연구원 제5분과에서 레비 스트로스의 강의를 수강했으며, 또한 진정한 전문가가 되기 위해 자크 수스텔과 로제 바스티드의 강의에 참석했다. 1957년 말, 레비 스트로스는 그에게 두 가지 연구를 제의했다. 하나는 하르툼에 있는 수단 고고학박물관에 근무하면서 남부 수단의 흑인 애니미스트 전시실을 개설하는 일이었다. 그러나 그의 경력이 너무 부족했기 때문에 이 계획은 실현되지 못했다. 다른 하나는 응용인문사회과학연구소에서 오트볼타 지역에서 연구할 민족학자와 지리학자를 구하고 있었으므로 그곳에 가서 일하는 것이었다. 그리하여 이 견습 민족학자는 1년간 아프리카 땅에서 작업하게 되는데, 이때의 경험을 통해 그는 결정적으로 인류학 쪽으로 돌아서게 된다.

그는 이 탐험에 프랑수아즈 에리티에 오제라는 또 한명의 새내기를 데려갔는데, 그녀는 인류학보다도 더 탈중심적 시야를 지닌 학문인 역사학을 공부하던 사람이었다. 1953년에서 1957년까지 소르본의 역사학과 학생이었던 그녀는 고대 역사를 전공할 계획이었다. 그러나 철학과 학생들, 특히 미셸 이자르와의 만남은 그녀에게 연인을 만들어 주었을 뿐 아니라 인류학에 흥미를 갖게 했다. 그래서 1957년 그녀는 고등연구원의 제5분과에서 레비 스트로스의 강의를 듣기 시작했다.『역사지리학을 공부하고 교수 자격시험을 준비하던 사람에게 있어 그것은 분명 전혀 새로운 것들이었다』[50] 프랑수아즈 에리티에 오제에게 놀라움을 안겨 준 것은 세 가지로서, 그녀는 존재한다는 것조차 모르고 있던 사회 공동체들이 존재함을 알게 되었으며, 의심의 여지 없이 이성을 적용할 수 있는 경우들을 접하게 되었고, 전혀 새로운 추론방식을 발견한 것이다. 이에 열광한 그녀는 아예 이 길로 들어서 민족학 과정을 이수한다. 미셸 이자르와 동행할 지리학자를 구하지 못하였으므로, 자원한 프랑수아즈 에리티에 오제가 뽑혀 그와 한 팀을 이루게 되었다. 그녀는 아프리카에서의 연구 활동중에 에리티에 이자르 부인이 된다. 그들에게 맡겨진 임무는 볼타 강의 한 지류에 건설된 댐이 유발한 인구 이동문제를 연구하는 것이었다. 이주 지역으로 마련한 곳에 수몰 지역 주민들이 이주하지 않는 이유를 찾아야 했기 때문이었다.『이 문제를 풀기 위하여 민족학자와 지리학자들의 자문을 구한 것은 현명한 일이다. 왜냐하면 이것은 비강제적 인구 이동의 초기 사례였으며, 또한 사람들의 동기화를 이해하고자 한 첫 사례였기 때문이다』[51]

인도 연구

1955년은 인류학의 출범에 있어서 결정적 전환기였다. 옥스퍼드에 있던 루이 뒤몽이 프랑스로 돌아와 고등연구원에서 강의를 시작한 것이다. 역시 이 시기에 페르낭 브로델과 클레망 엘러는 고등연구원의 제5분과에서 지역 연구를 기획했는데, 이것은 미국의 연구방식을 모델로 삼아 여러 전공 분야의 동일 연구 대상에 대한 협력을 촉진하게 되었다. 루이 뒤몽의 복귀는 소르본에서 종교사를 전공하고 있던 올리비에 에렌슈미트의 진로에 대전환을 가져왔다. 그는 민족학자로, 언어학자로 나아간 것만이 아니라 인도 연구에도 뛰어들었다. 그는 미국에서 돌아온 마르티네의 소르본 강의와 고등연구원 제5분과 레비 스트로스의 강의, 그리고 제6분과의 루이 뒤몽의 강의를 동시에 들었는데, 이처럼 산스크리트어·언어학·구조인류학의 연구를 결합한 결실로 그는 인도 연구에 새로운 활기와 방향을 부여했으며, 그리하여 인도학은 그때까지의 풍토 연구에 머물렀던 단계를 뛰어넘게 된다. 루이 뒤몽을 중심으로 하나의 그룹이 형성되는데, 이 그룹에는 철학자이자 브라만교 전문가로서 1960년 고등연구원의 교수가 될 마들렌 비아르도, 미국 경제학자인 대니얼 소너, 산스크리트 연구가로서 1962년 고등연구원의 동남아의 법과 제도 과목 담당 교수로 임명될 로베르 랭가가 참여했다.『이 그룹은 다양한 전공이 결합된 전문화되고 정예화된 팀이었고, 프랑스 인도학계의 주변부에 자리잡았다.』[52]

인도학 분야는 그 연구가 요구하는 전문성 때문에 대중의 관심을 끌지 못한 것이 사실이다. 그래서 루이 뒤몽은 한 강연회에 25명이나 되는 청중이 모이자 혹시 다른 유명인과 혼동한 것이 아닌가 하여 이렇게 말한 적도 있었다.『여러분께서 혹시 착각하셨을까 봐 말씀드립니다만, 저는 르네 뒤몽이 아니라 루이 뒤몽입니다.』[53] 인도학의 위상은 인류학 분야로부터 조금 거리를 둔 주변적 위치에 머무른다. 다른 연구 분야들에 비해 이 부문은 문자적 지식, 즉 산스크리트어 지식의 중요성이 매우 컸기 때문이다. 레비 스트로스와 같은 시기에 루이 뒤몽은 동일한 프로그램의 축 위에서 돌파구를 열고 인도 연구가들을 좁은 틀로부터 끌어냈으며, 다른 문화 영역의 전문가들과 접할 수 있는 환경을 마련했다.

기술적 연구 부문 : 르루아 구랑

50년대의 이러한 분위기 속에서 인류학의 성공에 기여할 또 하나의 축이 생기는데, 이는 1956년 소르본의 (유일한) 민족학 교수 자리에, 그 해 사망한 마르셀 그리올 후임으로 앙드레 르루아 구랑이 임명된 덕분이다. 두번째 교수직은 1959년에 마련되어 로제 바스티드가 차지하게 되며, 선사고고학 학위는 르루아 구랑의 담당 하에 설치되어 1960-1961년 사이에 제정된다. 르루아 구랑은 민족학의 고고학적·기술적 측면을 대표한다. 그러므로 그의 연구는 레비 스트로스가 지향하던 문화 연구에 대한 보완의 의미를 지닌다. 레비 스트로스도 1987년의 한 콜로키움에서 그들 각자의 연구가 방법론적 차원에 있어서는 유사성을 지니고 있다는 점을 인정했다.[54]

르루아 구랑은 공시태를 우위에 놓는 새로운 관점을 도입했다. 그러나 그것은 레비 스트로스처럼 소쉬르의 모델에서 출발한 것이 아니라, 지층을 수평적으로 조사하는 자신의 연구방법에서 얻어낸 것이다. 이것은 40년대 말, 수평주의자와 수직주의자 사이에서 벌어진 대논쟁의 대상이기도 했다. 르루아 구랑은 연마(décapage)라는 개념을 통해 『사물들이 수평적으로 말하게끔 수평적으로 지각을 걷어내야』[55] 한다는 입장을 옹호했는데, 이는 구조주의적 프로그램과 마찬가지로 전체를 포괄하려는 야망을 보여 준다. 즉, 그가 민족학적 문화에 대해 지녔던 개념에 있어서, 연구 대상은 문화의 개별적 표현이 아니라 다양한 부분들간의 관계이며, 따라서 일관성이 성립될 수 있는 것은 집합 안에서이다. 르루아 구랑의 제자로서 그가 1956년 소르본 교수에 임명되자 그의 뒤를 이어 인류박물관에서 기술학 과목을 맡은 엘렌 발페는 레비 스트로스의 강의도 동시에 들었으므로 인류학계의 이 두 축 사이에서 가교 역할을 했다.

그러나 인류학 연구의 이 두 방향은 본질적으로는 서로 다른 것으로 남아 있을 것이다. 이 두 방향은 일과 말 사이에서 수립되는 관계의 양식을 설명하는 데에서 대립한다. 르루아 구랑은 이 둘을 수직으로 선 자세를 통해 설명한다. 이 자세는 손을 자유롭게 쓸 수 있어서 손으로 전문화된 작업을 하거나 물건을 잡는 일을 가능하게 하며, 한편 입은 자유롭게 말할 수 있게 된다. 그런데 마르크스의 《자본론》의 첫부분에 있는 꿀벌과 건축가의 유명한 예화가 보여 주듯이, 언어가 개입되지 않은 작업이란 없다. 건축가의 활동이 지닌 특징은 그가 실제로 집을 짓기 전에 머리 속에서 미리 그려본다는 점에 있다. 그렇다면 둘 사이의 경계는 어디에 위치하는가? 노동인가, 언어인가? 그 대답은 언어를 강조하는 레비 스트로스의 시각을 받아들일지, 실천에 가치를 두는 르루아 구랑의 시각을 받아들일지에 따라 달라질 것이다.

이러한 방향성의 차이점들을 넘어 이 다양한 축들은 인류학 연구에 활기를 부여했다. 인류학은 향후 30여 년간 번창할 장치들을 갖추게 된다. 구조주의적 야망은 연구자들 각자의 관심 분야의 특수성과 서로 다른 퍼스낼리티에도 불구하고 이들을 하나로 모은다. 이는 당시 알제리 전쟁의 발발과 인도차이나 전쟁의 종전, 그리고 반둥 회의라는 토대 위에 프랑스에서 싹튼 제3세계에 대한 심정적 동조라는 맥락에 서 있다. 그것은 바로 오랫동안 식민지 문제를 부정해 오다가 별안간 양심을 일깨우는 현실을 발견하게 된 프랑스인들의 뼈아픈 자성이라는 맥락이다. 이 모든 것은 자신이 태어난 사회에 불편함을 느끼고 있던 젊은 세대에게 있어 여행에의 초대나 열대로의 부름 이상을 창출해 냈다. 그들에게 야심적이고 엄밀성으로 무장된 하나의 프로그램, 환멸을 맛본 감수성에게 이성과의 화해를 약속해 주는 듯한 구조주의적 프로그램이 제시된 것이다

18

이성이 헛소리하다 : 미셸 푸코의 저서

유럽 중심주의적 사고는 오랫동안 원시 사회에 대해 무지했다. 이러한 지적 풍토에서 인류학은 원시 사회에 대한 연구를 통해 서구의 타자성에 대한 의문을 제기하였다. 바로 이 시기에 한 철학자가 광기의 역사를 쓰면서 서구 이성의 이면을 문제삼는다. 그는 다름 아닌 미셸 푸코이다. 승리에 찬 이성 뒤에서 그는 비이성의 억압된 표현들을 추적한다. 사고의 영역에 메스를 들이댐으로써 그는 서구사상의 경계선으로, 서구 역사의 한계점으로 단번에 나아간다.

많은 사건들이 미셸 푸코의 집필과 시기적으로 일치한다. 그는 1956년 《광기의 역사》를 쓰기 시작한다. 이는 《슬픈 열대》의 출간과 반둥 회의 직후이다. 그리고 에비앙 협약과 알제리 독립 직전인 1961년 《광기의 역사》를 출판한다. 언뜻 보아서는 정치적 · 문화적 사건들과의 시간적 일치가 우연인 것처럼 보인다. 미셸 푸코를 제3세계주의자로 여길 수 없는 만큼 더더욱 그러하다. 그럼에도 불구하고 《광기의 역사》는 곧장 서구적 주체의 역사에 대한 단절의 징후가 된다. 저자는 서구적 주체의 역사에 광기를 대립시킨다. 그것은 서구적 주체의 잊혀지고 억압된, 그리고 배제의 결과로 생겨난 또 하나의 모습인 것이다. 그런데 프랑스 정치의 틀을 벗어나게 된 알제리 사람들 역시 소외된 자로서 살아온 탓에 역사의 무게에 짓눌리고 있었다.

북아프리카에서 프랑스의 자민족중심주의에 대해 제기된 이의와 푸코가 드러내 보여 준 이성중심주의에 대한 이러한 관계에 대해 피에르 노라는 즉각적인 반응을 보였다. 그는 《알제리의 프랑스인》[1]이라는 책을 막 출판한 참이었다. 그는 곧 미셸 푸코에 대한 자신의 열광을 글로 썼으며, 후일 갈리마르사에서 출판된 푸코 책의 발행 책임자가 된다. 미셸 푸코는 잊혀진 것, 이성에 의해 억압된 것을 되살아나게 하며, 그렇게 함으로써 역사에 대한 새로운 감수성을 보여 준다. 그것은 과거처럼 영웅들에 가치를 부여하는 감수성이 아니다. 그들은 지쳐 있기 때문이다. 그것은 또한 저주받은 사람들을 찬미하는 감수성도 아니다. 1956년에는 변증법이 꼼짝도 할 수 없는 상태였기 때문이다. 그것은 역사에서 잊혀져 있던 이들을 이성이라는 벽 뒤에 갇혀 있는 흔적들로부터 찾아내고자 하는 감수성이다. 이렇게 푸코는 이론적·정치적 논의뿐 아니라 감옥이나 요양소 같은 것들을 성찰의 대상으로 삼음으로써 새로운 영역의 문을 연다.[2]

레비 스트로스는 다양한 여러 원시 사회들을 획일적인 것이 아니라 서로 다른 것으로 생각할 수 있게 해주었으며, 원시 사회에 대해 숙고함으로써 원시 사회를 이성의 영역으로 복귀시켰다. 푸코 역시 이와 동일한 모험의 흔적을 따른다. 이러한 그의 시도에서 광기는 이성 쪽으로 되돌아가 이성에게 질문하고, 그것의 약점과 강점을 명확히 한다. 미셸 푸코는 억압의 시도들, 난해한 것처럼 보이는 것을 인위적으로 합리화시키는 것들, 또한 감각의 왜곡들을 추적한다. 그는 또한 지식 밑에 감추어진 권력의 가면을 벗기고, 그럼으로써 시대정신을 드러내 보여 준다. 『우리의 삶에 결핍된 생기가 펼쳐지는 곳은 지리적 지평(이국주의)에서, 역사적 지평(모험에 가득했던 과거 혹은 공상과학소설 같은 미래)에서, 혹은 삶의 절정이나 맨 밑바닥에서이다.』[3]

한계에 이르고자 함, 경계에 관한 생각, 푸코는 이러한 것들을 통해 철학에 새로운 모험을 약속한다. 그의 철학은 이제 막 잉태된 구조주의의 은하계에서 중요한 자리를 차지하게 될 것이다. 푸코는 철학이라는 분야에서 뿐 아니라 자신의 목적을 역사화시키는 능력에 의해 이중으로 특권을 부여받을 것이며, 그럼으로써 클로드 레비 스트로스에 의해 만들어진 구조주의의 냉철한 계열축에서 의심의 여지 없는 하나의 역사적 관점을 제시할 것이다.

미셸 푸코는 따라서 조르주 캉길렘이 평했듯이 일종의 통합자로 개념 철학자의 자리를 굳히는 것처럼 보인다. 물론 1961년 당시의 그는 아직 구조주의자들의 그룹에 끼지는 않았지만. 프랑스에서 전공 분야들간의 경계가 허물어지고 철학사적으로 현상학적 시대를 마감하는 것처럼 보이는 이러한 요구는 도대체 어디에서 유래하는 것일까? 그러한 편견들, 기성복처럼 이미 만들어져 있는 사상들을 제거하는 미셸 푸코는 진리란 존재하지 않음을 보여 주고자 하는 끊임없는 노력을 통해, 자신이 지식을 팔아먹는 사람이라는 비난을 들어가면서까지도 아주 겸손한 하나의 사고를 제시한다. 그는 자신이 생각하는 것에 대해 소리 높여 외쳐대기는커녕, 생각할 수 있는 것의 어렴풋한 윤곽을 그려나가고자 한다. 그 역시 니체가 그러했던 것처럼 방랑의 철학자, 이성의 이면을 말하는 철학자, 현대문화의 구렁텅이 밑바닥까지 뒤지는 철학자가 될 것이다.

그는 자신의 기이함을 소리 높여 주장하는 이상한 철학자이다. 그는 냉소적이어서 자신이 어떤 학파로 분류되는 것을 거부할 뿐 아니라 그것을 조롱한다. 그는 자신이 어디에 고착되거나 밀착되는 것에서 벗어나고자 끊임없이 노력한다. 마치 앙드레 지드의 주인공처럼 자기 자신으로부터도 벗어나고자 한다. 나타나엘[1]과 같은 방

---

1) 앙드레 지드의 소설 《지상의 양식》의 주인공.

식으로 자신의 위치를 끊임없이 바꾸는 미셀 푸코는 그가 하나의 예술 작품으로 만들고자 했던 삶의 한단계 한단계에서 자신의 사고를 형성한 곳에 재위치되어야 할 것이다. 미셀 푸코를 이상한 인물로 만든 것이 무엇인지 살펴봄으로써 우리는 어떤 점에서 그가 구조주의의 계열축에 참여하는지, 또한 어떤 점에서 그가 구조주의와 다른지를 살펴볼 수 있을 것이다. 이 작업에서 그의 사고를 하나의 보편적 틀로 환원시키지 말고 다만 그 틀 주위에 연결시켜야 한다.

스타 탄생

미셀 푸코는 자신의 개인적 삶과 글쓰기 사이의 관계에 있어서 많은 어려운 문제를 야기시켰다. 그는 자기 자신을 거의 드러내지 않는다. 장 폴 아롱은 푸코가 죽었을 때 바로 이 점을 비난한다. 미셀 푸코는 1926년 10월 15일, 푸아티에의 가톨릭 보수 부르주아의 명문 집안에서 태어났다. 그의 가족은 부계 쪽으로 보나 모계 쪽으로 보나 성공한 의사 집안이었다. 그의 아버지는 종합병원에서 명성을 날렸던 외과 의사이다. 그의 어머니 안은 말라페르에서 태어났지만, 푸아티에에서 20여 킬로미터밖에 안 떨어진 방되르 뒤 푸아투 출신이다. 그곳에 그녀는 소위 〈샤토〉라 불림직한 거대한 저택을 소유하고 있었다. 자크 마리 라캉처럼 미셀 푸코도 자신의 이름 중 하나를 쓰지 않았다.[2] 그에 대해 그의 어머니는 그의 이름의 이니셜이 피에르 망데스 프랑스[3]와 똑같은 PMF가 되기 때문이라

---

2) 그의 원래 이름은 폴 미셸 푸코이다.
3) 프랑스 정치가(1902-1982). 제4공화국 수상을 역임했다.

고 말한다.[4] 그러나 그보다는 아버지의 이름에 대한 거부에서 아버지의 이름인 폴이라는 이름을 버린 것이 아닌가 생각된다.

이러한 전기적 사실은 철학자-아들을 이해하고, 『아버지와 아버지의 이름에 대한 계속적인 거부라는 그의 미래의 방향을 이해하는 데 있어서 무의미한 요소는 아닐 것이다. 그것은 그의 주관적인 입장에 대한 열쇠가 될 것이다.』[5] 바로 여기에서부터 일반적인 정신분석, 특히 라캉과의 복잡미묘하고도 갈등적인 관계가 시작된다. 왜냐하면 미셸 푸코는 담화 속에 주체의 진리가 존재한다는 사실을 받아들일 수 없었기 때문이다. 그의 저작 속에 나타나는 삭제에 대한 열광과 모순어법(대립된 두 용어의 결합으로 이루어진 수사적 문체)과 같은 수사적 문체에 대한 집착은 그가 파괴하고 싶은, 그러나 결코 파괴할 수 없었던 아버지의 관점을 강박적으로 반복하는 것처럼 보인다. 그는 자신의 목소리 뒤에는 아무도 존재하지 않는다는 것을, 따라서 자신의 글에 서명하지 않을 것을 열성적으로 주장한다. 그리고 그러한 요구에 따라 그는 구조주의 비평에서 주장하는 저자에 대한 거부에 대해서 뿐 아니라, 조르주 바타유·모리스 블랑쇼·피에르 클로소프스키 등이 주장하는 문학의 혁신적 시도에도 적극적으로 동참한다. 이처럼 아버지의 이름은 그에게 큰 짐이었으며, 그는 일찍이 아버지와 결별한다. 『이 사회 계층에서 아버지와의 단절은 대단히 힘든 일이었다. 아버지는 종종 이렇게 말하곤 했다. 의사가 되지 않으려거든 적어도 소르본의 교수는 되어야 한다고.』[6]

미셸 푸코가 의사라는 직업에 관심을 가지지 않았다고 해서 의학의 영향을 받지 않은 것은 아니다. 그는 의학이라는 프리즘을 통해 인문사회과학을 이해할 수 있었다. 즉, 눈에 보이는 실증적인 흔적들을 통해 사물을 파악하되 그 이면을, 그 부정적인 측면을 포착하는 것이다. 마치 의사가 병리학을 통해 질병을 치료하면서 건강을 되찾아 주고자 노력하는 것과 같은 이치이다. 이러한 방식으로 푸코는 『인문사회과학적 접근에 있어서 하나의 진정한 의학적 계열축』[7]을 만들어 낸다. 별문제 없이 푸아티에의 앙리 4세 고등학교를 3학년까지 마친 후 푸코는 부모에 의해 가톨릭 학교인 생스타니슬라스 기숙학교로 보내진다. 그곳에서 그는 비판정신을 기르고 더 나아가 신랄한 비평적 태도를 가지게 된다. 그곳에서 그는 중등교육을 마친다. 『그는 정말 굉장히 인상적이었습니다. 그는 대단히 신랄했으며, 모든 교리에 대해 의심을 품었습니다.』[8]

이 시기는 푸코의 작품을 이해하는 데 또 하나의 열쇠를 제공한다. 그의 저작은 전쟁이라는 드라마적 경험에 의해 깊은 영향을 받는다. 속내 이야기를 잘하지 않는 푸코는 절대로 대중 앞에 자신의 이야기를 하는 법이 없다. 그는 훗날 침묵을 권고하는 캐나다 인디언들의 잡지를 통해 그 시기에 관한 자신의 생각을 밝힌다. 그 잡지는 10여 부밖에 인쇄되지 않았을 것이다. 그는 그 인디언들에게 자신은 영속적인 지평선, 즉 전쟁과 죽음의 지평에 의해 깊이 각인된 청년기를 기억한다고 고백한다. 『내가 받았던 강렬한 인상에 대해 말하려고 할 때 가장 놀라운 것은 모든 나의 감정적 기억은 정치적 상황과 관련이 있다는 사실이다……내 생각에 내 세대의 젊은이들은 남자건 여자건 모두 전쟁이라는 엄청난 역사적 사건에 의해 유년기를 맞이하였다고 본다. 전쟁에 대한 위협은 우리의 지평선이었고 우리의 존재 영역이었다. 그리고 난 후 실제로 전쟁이 발발했다. 역사에 대한 나의 관심, 그리고 개인의 삶과 우리가 감내해야만 하는 사건들 사이의 관계에 대한 관심은 바로 이러한 사실로부터 연유한다. 나는 바로 그것이 이론에 대한 나의 욕구의 출발점이라고 생각한다.』[9]

푸코에게 전쟁에 대한 생각은 매우 중요하다. 그것은 전략·권력·붕괴·힘의 관계 등에 대한 개념들의 중심적 틀을 이룬다. 미셸 푸코는 사회적·개인적 활동의 온갖 층위에서 인간의 지배성, 다시 말해서 타인의 행동을 억압하는 각자의 능력을 살펴보고자 한다. 이러한 의도 속에서 그는 전쟁에 대한 문제 제기를 가장 중요하게 생각한다. 왜냐하면 죽음과의 대면이 이루어지는 것은 이 층위에서이기 때문이다. 게다가 이 층위는 70년대 말 그가 콜레주 드 프랑스에서 연구하려고 시도한 영역이다. 그는 《성의 역사》 이후에 그 영역에 전념하려고 마음먹었던 것이다. 푸코는 루뱅 가톨릭 대학에 초청받았을 때의 대담에서 이 앞으로의 연구를 다음과 같이 언급한다. 『만일 신이 내게 아직도 생명을 주신다면, 광기·범죄 그리고 성욕 이후 내가 연구하고픈 마지막 과제는, 소위 사회에서 일어나는 투쟁의 차원에서 이해된 전쟁과 전쟁 제도에 관한 문제일 것이다.』[10]

젊은 시절의 푸코로 돌아가 보자. 그는 푸아티에의 고등사범학교 준비반에 들어가 윌름 가의 고등사범학교 입학시험을 준비한다. 그러나 첫번 시험에서 낙방한 그는 시험 준비를 위해 파리로 가, 수도 한가운데 있는 앙리 4세 고등학교에 들어간다. 당시 그의 동급생들로는 앙드레 보름세르·프랑수아 베다리다·로베르 모지·프랑수아 퓌레 등이 있다.

철학에 대한 푸코의 선택은 바로 이곳에서 이루어진다. 그것은 제자들을 헤겔로 인도한 장 이폴리트 교수의 교육 덕분이다. 그런데 훗날 푸코는 이 스승을 고등사범학교에서 다시 만나게 될 뿐 아니라, 콜레주 드 프랑스의 교수 자리를 물려받기도 한다. 『전쟁 직후 학생이었던 사람들은 장 이폴리트 교수의 《정신의 현상학》에 관한 강의를 잊지 못할 것이다. 마치 목소리 자체의 움직임 안에서 사고하는 것처럼 끊임없이 계속되는 그의 말 속에서 우리는 이폴리트 교수의 목소리뿐 아니라 헤겔의 목소리도 함께 듣는 것 같았다.』[11] 《정신의 현상학》을 번역한 이폴리트 교수의 가르침은 이제까지 낭만주의적 철학의 명성 뒤에서 사장되어 왔던 헤겔의 사고에 현대성을 부여한다. 그가 1947년에 받은 학위 논문 〈정신현상학의 기원과 구조〉는 《현대》지에서 주요 사건으로 다루어졌으며, 전쟁 이후의 철학적 사고에서, 그리고 코제프와 장 발의 연장선상에서 헤겔주의에 중요한 역할을 재부여한다. 1975년 푸코는 장 이폴리트 교수부인에게 《감시와 처벌》한 권을 보내면서 『이폴리트 부인께, 지금의 내가 있게 해주신 분을 기억하면서』[12]라고 쓰고 있다. 한편 푸코의 주요한 텍스트 가운데 하나인 〈니체·계보학·역사〉도 이폴리트 교수 정년퇴임 기념논문집에 수록되어 있다. 그 논문집에는 푸코 이외에도 조르주 캉길렘·마르시알 게루·장 라플랑슈·미셸 세르·장 클로드 파리앙트 등의 글이 실려 있다.[13]

정신질환

1946년 그는 윌름 가의 파리 고등사범학교에 4등으로 합격한다. 그러나 그러한 성공도 미셸 푸코가 심리적 균형을 찾는 데 도움을 주지 못한다. 1948년 그는 자살을 기도한다. 당시로서는 자신의 동성애적 성향을 만족시키면서 살기가 쉽지 않았던 것이다. 이러한 연유에서 그는 정신의학 기관들과 접촉을 가지게 된다. 그는 일찍이 푸아티에의 의사로 프로이트와 서신 왕래를 하던 보샹 박사에 의해 프로이트에 입문한 바 있었다. 그는 고등사범학교의 강의에 만족하지 않고 파리에 있는 다양한 심리학연구소들을 찾아다니는가 하면, 생트안 병원에서 심리학 연수를 받기도 한다. 당시 그는 심리학에 심취되었고, 특히 정신병리학에 특별한 관심을 기울인다. 『광기는 그를 매료시킨 듯했다. 그는 병원 방문을 통해 감금의 세계에 대한 수많은 일화들을 이야기하곤 했다』[14]라고 자크 프루스트는 회고한다.

이처럼 그의 교육은 사변적인 전통철학의 과정과 내용을 넘어서는 것이었으며, 또한 지식에 대한 이론적이고 실천적인 영역과의 접촉을 가능하게 하는 것이었다. 그리고 그것은 훗날의 변신을 위한 준비였다고 할 수 있다. 그런데 이러한 변신은 생각보다 빨리 이루어진다. 그의 첫번 저작인 《정신질환과 인성》은 벌써 1954년에 출간된다. 이 책에서 푸코는 정신병리학과 정신분석의 개념들, 그리고 광기의 사회적 표현에 대한 독서를 다룬다. 그 책은 장 라크루아가 계획한 〈철학 입문〉 총서를 위해 알튀세가 푸코에게 요청한 것이었다. 이 책은 프랑스 대학 출판사에서 출판되었다. 그 당시 푸코는 또한 다니엘 라가슈, 1949년에 교수로 임명된 장 이폴리트, 하이데거를 강의한 장 보프레, 그리고 장 발과 장 투생 드잔티 등 소르본 교수들의 강의도 듣는다.『그러나 물론 젊은 학생들에게 가장 깊은 인상을 준 강의는 메를로 퐁티 교수의 강의였다』[15]

사고의 한계를 찾아서

고등사범학교에서 푸코의 주의를 끈 인물은 1948년부터 철학 교수 자격시험 준비반 선생을 맡고 있던 루이 알튀세였다. 50년대 초, 사고의 큰 흐름은 마르크스주의였고, 알튀세는 학생들을 마르크스로 인도했다. 그들 중 하나가 푸코이다. 알튀세는 푸코를 프랑스 공산당에 데려가기도 했다. 그에 대해 당 동지였던 모리스 아귈롱은 다음과 같이 말하고 있다.『의사표시·가입, 그리고는 탈퇴, 더 이상은 잘 생각나지 않는다』한편 릴 대학의 동료였던 올리비에 르보 달론은 1953년 〈민중의 아버지〉 스탈린의 사망 소식을 듣고 푸코가 눈물을 흘렸던 사실을 회상한다.[16] 당시 고등사범학교는 둘로 나뉘어져 있었다. 하나는 미사에 어김없이 참석하는 〈탈라〉(미사 참석 그룹)이고, 또 하나는 훗날 프랑스 공산당의 계열에 들어가기 위해 서로 손을 잡은 공산당원들과 좌파 가톨릭 교도들로 이루어진 그룹이다.

1950년 고등사범학교에서는 모두 푸코가 교수 자격시험에 우수한 성적으로 합격할 것으로 기대했다. 그러나 1차 시험에 합격한 그는 구두시험에서 낙방한다. 다음해 그는 다시 시험 준비를 해야만 했다. 그리고 두번째 시험에서 그는 인생 항로에서 전환점이 되는 핵심적인 주제와 마주치게 된다. 그것은 마치 어떤 운명적 부름과 같은 것이었다. 그는 구두시험에서 평범하지 않은 한 주제를 선택하게 되었다. 그것은 심사위원 중 한 사람이었던 장 이폴리트 교수가 다른 교수들의 반대를 무릅쓰고 출제한 〈성욕에 관하여〉라는 문제였다. 푸코는 우연히 이 문제를 뽑게 되었고, 그는 높은 점수를 받았다. 이 문제는 다 알다시피 앞으로 푸코의 가장 큰 작업의 장이 될 것이다.

교수 자격시험 합격 후 그는 고등학교에서 근무하지 않고 티에르 재단에서 1년간 근무한 후, 릴 대학의 심리학과 강사가 된다. 그러나 그가 파리를 아주 떠난 것은 아니다. 그는 알튀세의 요청에 따라 심리학과 연구조교로서 윌름 가의 고등사범학교에서 강의를 맡게 된다. 그가 제라르 주네트·장 클로드 파스롱·폴 벤·모리스 팽게·장 몰리노 등 고등사범학교 출신의 공산당원들과 교류하게 된 것은 바로 이때이다. 그들은 푸코를 〈푸크스〉(Fuchs)라 불렀는데 이는 독일어로 여우라는 뜻으로, 푸코가 그 누구보다 영리했기 때문에 붙여진 이름이었다. 여우는 또한 가장 깊이 땅을 파는 동물이기도 하다. 1953년 푸코는 이미 『당시에는 별로 알려지지 않았던 라캉 박사가 시작한 세미나를 들으러 매주 생트안 병원에 갔다. 그는 라캉을 무한히 경외하였다. 푸코는 종종 거울상과 거울기에 대해 암시하곤 했다. 그것은 당시에 가장 멋진 이론이었다.』[17] 푸코의 친구인 모리스 팽게는 1953년 니체의 발견이 푸코에게 부여한 중요성을 지적한다. 『헤겔·마르크스·하이데거·프로이트, 이러한 사람들이 푸코 학문의 축이었다. 그러다가 1953년 그는 니체를 만난다. 나는 치비타베키아 해변[4]의 태양 밑에서 《반시대적 고찰》을 읽고 있는 푸코의 모습을 다시 보는 듯하다. 1953년부터 푸코 학문의 전체적인 계획이 세워진다. 니체적인 윤리정신이 푸코의 도덕과 학문의 계보학적 비판을 장식할 것이다.』[18]

50년대 초의 푸코는 문학에 많은 관심을 가졌으며, 특히 모리스 블랑쇼의 새로운 글쓰기 방식에 매혹되었다. 블랑쇼 역시 푸코의 문채, 특히 그의 모순어법 문채의 체계적인 사용에 대해 계속적으로 관심을 표명하였다. 훗날 푸코는 『당시 나는 블랑쇼가 되고 싶었다』라고 친구인 폴 벤에게 술회한다.[19] 이러한 문학적 감수성은 푸코로 하여금 사무엘 베케트·조르주 바타유·레몽 루셀·르네 샤르 등의 작가들의 족적을 따라가게 한다. 바깥, 그리고 한계의 사고에 대한 진정한 이끌림은 푸코에게도 뿌리 깊은 것이었다. 그리고 그러한 문학적 양식(糧食)들은 그가 이방인의 상태에서 열심히 추구했던 정신분석학적 지식으로 해결할 수 없었던 그의 원초적 고통인 죽음에 대한 고뇌를 설명해 준다. 정신분석학에서도 그는 물론 이방인이었다.

푸코는 고등사범학교 시절에 알튀세로부터 기숙사 생활을 그만둘 것을 권고받은 적이 있다. 그후 프로이트와 라캉을 알고 있기도 했기 때문에, 다니엘 라가슈로부터 정신분석 치료를 받아보라는 충고를 받기도 한다. 푸코는 정신분석 치료라는 모험을 시도하게 된다. 그러나 그는 3주도 넘기지 못했다. 정신분석과 그의 관계는 항

---

4) 로마 북부에 위치한 이탈리아 해변.

상 대단히 모호하다. 즉, 그는 정신분석에 대해 열광하면서도 동시에 정신분석을 거부하는 것이다. 푸코 덕분에 1968년 파리 8대학에 정신분석학과가 설립되지만 그는 밥벌이를 위해 『자신의 귀를 빌려 주는 사람들』[20]을 비웃는다.

유 배

바깥에 대한 사고, 한계에 대한 탐구는 푸코로 하여금 1955년 국경을 넘게 한다. 그는 유배를 택하고 1955년 스웨덴의 웁살라로 떠난다. 이는 조르주 뒤메질 덕분인데, 그는 아직 푸코를 직접 아는 사이는 아니었다. 하지만 그는 30년대에 자신이 자리잡고 있었던 웁살라 대학 프랑스 교수 자리에 누군가를 추천해야 할 입장이었다. 고등사범학교와 연락이 끊어졌던 뒤메질은 라울 퀴리앵에게 조언을 부탁했고, 그는 『내가 아는 사람 중 가장 똑똑한 사람』[21]이라며 푸코를 소개했다. 그리하여 뒤메질은 푸코에게 그 자리를 제안하였고, 푸코는 이를 받아들인다. 푸코는 3년간 스웨덴에 머물렀으며, 그 이후로 두 사람 사이의 지적인 유대 관계와 『죽을 때까지 변질되지 않는』[22] 우정이 시작된다.

푸코가 구조주의 운동에 참여했다면, 그렇게 하도록 한 장본인은 바로 뒤메질이다. 그때까지 푸코는 실존적 고뇌에 대한 연구를 수행함에 있어서 확실한 방법을 찾지 못하고 있었다. 그는 여전히 철학·심리학 그리고 문학 사이에서 망설이고 있었던 것이다. 물론 그는 1953년 스탈린의 죽음으로 인해 정신적으로 충격을 받았고, 스탈린을 대체할 만한 존재로 니체를 발견했었다. 그러나 그는 아직 계보학을 구성하는 데 필요한 초석을 찾지 못하고 있었고, 뒤메질과의 중요한 만남이 이 초석을 부여하는 계기가 되었다. 푸코 자신도 자신의 책 《광기와 비이성》의 서문에서 자신이 뒤메질에게 진 빚을 인정하고 있다.『어느 정도 고독하다고 말할 수 있는 나의 과업에 있어서 나를 도와 준 많은 사람들에게 나는 고마움을 표시하지 않을 수 없다. 그 중에서도 특히 뒤메질 교수의 도움이 없었다면 이 작업은 결실을 맺지 못했을 것이다.』[23] 《르몽드》지와의 회견에서도 그는 자신이 〈구조주의적 사고의 측면에서〉 뒤메질 교수로부터 가장 많은 영향을 받았음을 강조하고 있다.『뒤메질이 신화 분석을 위해 구조를 사용한 것처럼 나는 경험의 구조적 기준을 발견하고자 했으며, 그것의 도식은 다양한 층에서의 변화와 함께 발견될 수 있을 것이다.』[24] 푸코는 스웨덴에서, 즉 바깥에서 논문을 집필한다. 푸코는 어떤 아마추어 수집가가 남긴 17-18세기 의학서적을 많이 소장하고 있는 카롤리나 레디비바 도서관에서 광기의 증세들을 집요하게 추적한다. 그로부터 그는 침묵의 세계에 목소리를 부여하는 그의 이론을 정립한다.

학위 논문

1961년 5월 20일 토요일, 소르본의 루이 리아르 강의실에서 하나의 중요한 사건이 벌어졌다. 옛부터 내려오는 의식에 따라 학위 논문들이 공표되는 이 근엄한 장소에서 미셸 푸코라는 한 철학자가 박사학위 논문을 발표한다. 그의 논문은 보수적이고 전통적인 분위기에 어울리지 않을 듯 보이는 엉뚱한 주제를 다루고 있다. 학위 논문의 주제는 광기였다. 논문 지도 교수였던 조르주 캉길렘은 학생들에게 『꼭 가보라』[25]는 광고를 했다고 한다. 강의실을 꽉 채운 다른 관중들과 함께 피에르 마슈레는 이 사건을 목격하게 된다. 발표장에 들어가기 이전까지 마슈레는 푸코라는 이름을 알지 못했었다. 그러나 그는 발표 참석 후 푸코의 발표에 완전히 매료되어 그의 책들이 출판되자마자 사들였다고 한다. 『놀랄 만한 일이 벌어졌다. 심사위원들은 모두 압도당했다』[26] 심사위원장은 1948년부터 소르본의 교수였던 유명한 철학사학자 앙리 구이에였다. 그 밖에도 논문 지도 교수인 조르주 캉길렘·다니엘 라가슈·장 이폴리트·모리스 드 강디약 교수 등이 심사위원이었다. 논문 발표를 마치면서 푸코는 『광기를 말하기 위해서는 시인의 재능이 필요하다고 생각합니다』라고 말했고, 이에 대해 캉길렘 교수는 『당신은 그 재능을 가지고 있소』라고 응수하였다.[27]

자신의 논문에서 푸코는 정신병리학과 같은 특정 학문의 담화에서 진리라고 주장하는 것에 대해 문제를 제기하면서, 그것의 논리적 타당성과 가능성의 조건에 대해 연구한다. 그는 서구 역사에 과감히 도전한다. 그리고 의기양양한 이성에 대해 다음과 같은 의문을 제기한다. 『정신의학과 같이 의문의 여지가 많은 학문의 경우에서, 우리는 보다 확실하게 권력과 지식의 효과가 서로 얽혀 있다는 사실을 감지할 수 있지 않을까?』[28] 전통적인 경계선을 이동시키기 위해 푸코는 하나의 금기 대상, 즉 서구 이성의 억압된 부분, 서구 이성의 타자라는 이미지로부터 출발한다. 그럼으로써 그는 여전히 모호한 채로 남아 있는 정신의학적 지식을 타당한 것으로 이해시킬 수 있는 조건과 방법을 묘사한다. 그러한 접근방법에 힘입어 그는 대상을 역사적으로 고찰하는 길로 나아간다. 이같은 역사적 분석은 〈방법론상의 수단〉[29]으로 고안된 것이다. 이 수단은 다분히 정치적인 것으로서, 과학의 신성화를 피하기 위한 방책이다. 역사의 관점에서 쓰여진 담론은 과학이 가진 권력이 무엇인가를 자문하는 것이어야 하며, 과학 속에 존재하는 비과학적인 것을 포착하는 것이어야 한다. 또한 『우리 사회에서 과학적 진실의 결과가 어떻게 바로 권력의 결과와 일치하는지에 대해서도 자문해 보아야 한다.』[30)

　연구의 대상인 광기는 여러 가지의 담론들로부터 해방되어야 한다. 그 담론들은 광기를 감금시키고 있다. 푸코는 이성의 타자라는 형상을 잉태하게 하는 방식을 더욱 잘 포착하기 위해 소위 과학적이라는 모든 지식들——법적 지식·의학적 지식·경찰 지식——을 하나하나 법정에 소환한다. 두텁게 쌓여온 담론의 여러 층이 제거된 벌거벗은 대상 그 자체에 대한 이와 같은 탐색은 바로 글쓰기·언어·친족 관계, 그리고 무의식 등의 영도를 추구하는 당시의 구조주의적 주제 연구와 완전히 일치한다. 푸코의 시도는『광기 역사의 영도에 이르고자 하는 관점에서 행해진다. 이때 광기는 미분화된 경험이며, 분할 자체에 대한 분화되지 않은 경험이다.』[31) 이같은 이성의 어두운 한계에서의 작업은 소위 합리적이라는 담론들 뒤에서 광기 자체에 생명력과 목소리를 부여한다.『나는 결코 그 언어의 역사를 만들고자 하지 않는다. 나는 차라리 침묵의 고고학을 만들고자 한다.』[32)

침묵하는 광기에 목소리를 되돌려 주기

　푸코는 이처럼 역사에서 배제되고 이성에 의해 잊혀진 광기에 발언권을 되돌려 주고자 한다. 그는 기초가 되는 몇 개의 신화로부터 출발하여 하나의 허구로서의 역사를 구축한다.『그의 역사는 소설이다.』[33) 거기에서는 이미 구축된 지식과 형성중인 경계에 대한 실증주의적 긍정과 야심어린 비판, 혹은 심지어 허무주의적 태도가 서로 대립한다. 푸코는 광기 역사의 여정을 우리에게 제시한다. 그는 중세의 광인들의 배로 우리를 인도한다. 광인들의 배는 아르고나우타이[5) 신화로부터 빌려온 주제일 뿐 아니라 광인들을 뱃사공들에게 넘겨 줌으로써 광인들을 도시에서 추방한 중세 도시의 실제적 현실이었다. 광기는 항상 동일한 지위를 가졌던 것이 아니다. 그것은 처음에는 배제의 대상이었다가 후에 감금의 대상이 된다.

푸코는 광기의 지위 변화 시기를 정확히 지적한다. 르네상스 시대에 광인의 모습은 이성의 모습과 분리되지 않았다. 에라스무스는 이성에 내재적으로 존재하는 광기를 발견했다. 파스칼은 『인간은 필연적으로 광인이며, 광인이 아니라는 사실은 광기의 다른 면에서 광인임을 드러내는 것이다』[34]라고 말했다. 이와는 반대로 18세기의 합리주의는 탐구 대상을 제한하고자 했고, 이에 따라 광기를 배제시킨다. 광기는 데카르트가 정의한 바로 그 방법론상의 규칙에 따라 실수와 부정과 기만적인 꿈 쪽으로 밀려난다. 합리주의의 영토에서 쫓겨난 광기는 이때 비로소 따로 떨어진 부정적인 형상으로 태어난다. 심지어 광기는 과거의 선악 분리에 뒤이어 이성적 세계와 비이성적 세계 사이의 결정적인 분리의 지점이 된다. 비상식의 세계인 광기는 합리적 사고에 자리를 내 주기 위해 사라져야만 한다. 침묵을 강요받고 감옥에 갇힌 광인은, 그러나 아직은 특별히 취급되지는 않고 거지들과 함께 감금된다. 즉, 이성의 시기인 17세기에 광기에 대한 공포가 끊임없이 엄습함에 따라 광인들은 감금당하게 되는 것이다. 광기는 위협이 되고 광인이 사라지는 것은 이성의 지배조건이 된다. 그리하여 광기는 대감금의 시대를 맞이한다. 푸코는 1656년 4월 27일에 있었던 왕의 칙령에서부터 광기의 대감

---

5) 그리스 신화에 나오는 아르고 선의 선원들. 그리스의 도시국가 이콜코스의 정통 왕위 계승자인 이아손이 왕위 찬탈자 펠리아스에게 왕위를 내놓을 것을 요구하자 펠리아스는 이아손과 그 추종자들을 아르고라는 배에 태워 황금 양털을 찾으러 보낸다. 펠리아스는 이아손이 영영 돌아오지 못할 것이라고 믿었다. 왜냐하면 황금 양털은 결코 잠들지 않는 용이 지키고 있었기 때문이다.

금이 시작되었다고 말한다. 바로 그날 거지들을 감금시켜 노동을 강요하는 수용소가 탄생한다. 『수용소는 이를테면 이 도덕적인 도시의 부정적인 요소를 감금한다』[35] 그는 여기에서 담론 실천상의 불연속성을 찾아낸다. 이 불연속성은 광기 및 동족성에 대한 새로운 관계를 이끌어 낸다. 여태까지 가난한 사람들은 부자가 될 수 있는 가능성이 있는 사람, 뿐만 아니라 속죄의 가능성도 있는 긍정적인 존재로 여겨져 왔다. 그러나 이제는 무질서의 근원으로, 신의 징벌의 표시로 여겨짐으로써 부정적으로 취급당한다. 사회에서 추방당한 그들은 광인들과 마찬가지로 사람들의 눈에서 사라져야만 했다.

미셸 푸코는 결코 서구 사회의 전체적 일관성을 복원하는 사회사를 쓰려 했던 것이 아니다. 그는 단지 사회 현상의 한계점에만 머무른다. 구조주의가 우연적인 사회적 사건에 부여한 것보다 더한 최고의 자율권을 담론에 부여하는 것이라면, 푸코는 이미 구조주의의 특권적 영역에 위치한다. 그는 자신이 발견한 담론의 전복 현상을 총체적 설명의 도식 안에 편입시키기를 거부한다. 이 도식에서는 아마도 서술된 억압의 현상과, 사회의 역사적 변동, 즉 종교가 지배하는 사회로부터 윤리-경제가 지배하는 사회로의 이행 사이의 관계를 확립할 수 있었을 것이다. 그리고 이러한 윤리-경제의 지배는 현대의 정신 구조와 제도적 실천 속에 뿌리를 내리고 있다.

고전주의 시대에 광인은 법의 관할 안에 있었지 아직 의학의 영역에 속하지 않았다. 감금의 결정은 의학적 행위가 아니라 법적인 문제였다. 광인은 『주체가 권리를 이행할 능력이 있는지를 구별하는 법적 지식과 감금의 사회법이 만나는 지점에 위치했다』[36] 물론 광인은 다른 죄수들과 다르게 취급되었다. 광인은 거지들과 구별되었고 그들의 증세는 동물성의 징후로 여겨졌는데, 이성적인 인간의 경우 이러한 동물성은 잘 억압되어 있다고 생각되었다. 따라서 비세트르[6)]의 간수들은 위험하다고 생각되는 광인들을 쇠사슬로 묶어 놓았다.

18세기에 광인들만을 위한 기관이 생기면서 광기는 새로운 국면을 맞이한다. 수용소의 탄생이 그것이다. 수용소는 광인들을 위한 특별한 장소이다. 그것은 예전에는 자선시설에 속해 있었으나, 그 특수성 때문에 별도로 분리되어 나온 새로운 형태의 시설이다. 이같은 제도적 변화에 뒤이어 광인이 돌보아야 할 환자라는 생각이 생겨난다. 『새로운 차원을 구축하고 새로운 공간의 범위를 정해야만 했다. 그렇게 함으로써 또 다른 고독으로서의 광기가 이 2차적인 침묵상태에서 마침내 말할 수 있도록 해야 했다』[37)] 이제 이러저러한 병리학적 증세를 알아내기 위해서 사람들은 광인의 담론에 귀를 기울이게 된다. 모든 새로운 지식이 의학에 동원된다. 『의사들은 신격화된다. 18세기 말부터 광인을 감금하기 위해서는 의학적 증명서가 거의 필수적이 된다. 그러나 수용소가 의사들에 의해 관리됨에 따라 요양소 안에서 의사는 특권적인 위치를 차지한다』[38)] 광기의 미분화로부터 광기의 분리로의 이행, 광기를 치료될 수 있는 일시적인 병으로 생각하기, 광기에 대한 새로운 시각, 광기를 특별히 취급하는 것을 포함한 새로운 처방법에 대한 인식, 의학적 권력이 법적 권력을 대체하는 데에서 볼 수 있는 지식과 권력 사이의 변증법적 관계, 이러한 것들이 푸코적 접근방법의 주요한 노선이다. 푸코의 접근방법은 단순한 광기의 계보학을 넘어서는 것으로서, 법의 권력에 기초를 둔 사회로부터 개인들의 분류 기준이 된 정상상태에 의거하는, 그리고 전혀 다른 담론 구조를 포함하는 체제로의 이동을 좀더 총체적으로 보여 주기 위한 것이다.

사회체(le social)를 의학적으로 취급하는 것은 이러한 정상화 과

---

6) 파리 남동부 교외에 있는 구제원.

정, 다시 말해서 정상상태와 병적인 상태 사이의 분할에 부합한다. 이제 의사는 새로운 왕이 된다. 의사는 이 분할의 중심에 서 있으며, 정상과 비정상의 경계를 결정한다. 이처럼 정상인 것과 병적인 것 사이의 경계에 대한 서로 다른 이해방식을 문제삼는 것은 조르주 캉길렘의 저서와 밀접한 연관성이 있다. 캉길렘은 이미 구조주의 과학사의 기초를 놓았다. 그는 푸코의 논문에서 이 방법론의 다산성이 눈부시게 구현되었음을 발견한다.

광기와 비이성

당시 학위 논문의 제출은 논문이 책으로 출판된 후에야 가능했다. 따라서 푸코는 1천 쪽에 달하는 방대한 양의 원고를 출판해 줄 출판사를 찾아야만 했다. 그는 브리스 파랭에게 갈리마르사에서 자신의 논문을 출판할 것을 제안한다. 갈리마르사에서 뒤메질의 작품을 출판한 바 있었던 만큼 푸코는 어느 정도 자신감을 가지고 있었다. 그러나 우리는 브리스 파랭으로부터 《친족의 기본 구조》의 출판을 거절당한 레비 스트로스가 플롱사에서 자신의 책을 출판했던 것을 기억한다. 푸코 역시 갈리마르사로부터 출판을 거절당한다. 장 들레는 푸코에게 프랑스 대학출판사에서 그의 모든 책들을 출판할 것을 제안하지만 푸코는 자신의 책이 『학위 논문의 고립된 영역으로부터 벗어나기를 원했다.』[39] 그는 이 점에서 레비 스트로스의 길을 따라가고 싶었다. 레비 스트로스는 《슬픈 열대》의 출판을 통해 전공자 집단에서 벗어나 보다 넓은 층의 지식인들로부터 호응을 얻었던 것이다.

푸코의 친구 자크 벨프루아는 역사학자이자 〈어제와 오늘의 문화〉 총서의 책임자인 필리프 아리에스에게 원고를 건네 준다. 이것이 이들 두 철학자와 역사학자 사이의 긴 만남의 시작이다. 이후 그들은 많은 결실도 맺었고, 또한 그들 사이에는 수많은 오해도 있었다. 1961년 필리프 아리에스와의 결정적 만남은 정말로 이해하기 어려운 것이었다. 편견을 거부하는 니체적 허무주의자 푸코와 극우파이자 왕당파인, 그리고 극우행동파의 옛 투사인 역사가 필리프 아리에스 사이에 도대체 무슨 공통점이 있을 수 있었을까? 정신 현상에 대한 동일한 감수성이 《구체제하에서의 어린이와 가족》의 저자와의 만남을 가능하게 했을 것이다. 또한 이전 시대에 대한 보이지 않는 가치 부여, 광인과 이성적 인간이 함께 생활하고 어린이와 노인이 함께 즐기는, 엄격한 분할이 있기 이전의 근원적 세계에 대한 향수가 그들의 만남을 가능하게 했을 것이다.

필리프 아리에스 덕분에 《광기와 비이성》은 플롱사에서 출판될 수 있었다. 훗날 푸코는 이에 대해 필리프 아리에스에게 경의를 표시한다. 아리에스는 다음과 같이 술회한다.『방대한 양의 원고가 내 손에 들어왔다. 그것은 내가 전혀 알지 못하는 작가가 쓴 고전주의 시대의 광기와 비이성의 관계에 대한 학위 논문이었다. 그 논문을 읽으면서 나는 경탄을 금할 수 없었다. 그러나 그것을 출판하는 것은 대단히 어려운 일이었다.』[40]

푸코는 스웨덴에서 논문을 준비할 때 두 번에 걸쳐 바르트를 초대한다. 그후 푸코가 파리에 갈 때마다 그들은 우정을 나누곤 했다. 푸코의 책이 출판되자 바르트는 그 책이 역사를 구조주의에 적용한 첫번째 업적임을 높이 평가한다.『푸코가 그린 역사는 구조주의적 역사이다. 그것은 두 가지 측면에서 구조적이다. 하나는 분석의 측면에서이고, 또 하나는 계획의 측면에서이다.』[41] 바르트는 일찍이 레비 스트로스·라캉·푸코, 그리고 자기 자신의 연구작업의 연관성을 재빨리 파악한다. 그렇다고 해서 그들이 공동으로 연구를 한 것은 결코 아니다. 바르트의 눈에 푸코의 작업은 현대민족학의 찬

란한 업적으로 비친다. 푸코는 이제까지 순전히 의학적인 사실로 간주되었던 것을 연구함으로써 자연에서 문화로의 전위, 바로 그것을 실현한다. 레비 스트로스가 친족 관계를 일종의 계약에 의한 현상으로 분석한 것처럼, 또한 라캉이 무의식을 하나의 언어로 구조화한 것처럼, 바르트는 문학적 글쓰기는 훈련의 결과로서 천재적 창의성과는 아무런 관계도 없는 생산의 결과로 파악한다. 마찬가지로 미셸 푸코는 『광기를 병리학적 실체로 파악하는 것을 거부한다』.[42] 롤랑 바르트는 푸코 책의 독서를 통해 푸코의 연구가 본질적으로 일반기호학에 속하는 것으로서, 형태들에 대한 연구를 목적으로 하는 다양한 의미소들의 구성이라는 사실을 파악한다. 그렇게 본다면 광기란 모든 본질과 모든 초월적 내용이 빠져 버린 비시간적 형태에 불과할 것이다.

모리스 블랑쇼 역시 푸코의 책을 높이 평가한다. 그는 푸코의 글에서 자신이 다루었던 한계적 글쓰기, 새로운 문학 공간에 대한 정의를 발견한다. 『문화를 넘어서서 문화가 배척하는 것과의 관계를 마련하는 것, 즉 한계적 말, 글쓰기의 바깥, 이러한 관점에서 이 책을 독서하고 또 재독해야 한다』.[43]

푸코는 문학의 아방가르드 쪽으로부터 호의적인 평가를 받았다. 그리고 그 밖에도 몇몇 역사가들[44]과 인식론자들[45]로부터도 좋은 평을 들었다. 그러나 정작 그 책은 예상했던 것만큼 대중의 호응을 얻지 못했고, 철학자와 정신의학자들 사이에서도 별 반응을 얻지 못했다. 《현대와 정신》에서는 푸코의 책을 다루지도 않았으며, 정신의학자들은 푸코의 책을 단순히 문학과 형이상학의 새로운 문체적 시도 정도로만 평가했다. 푸코가 대중적 호응을 얻기 위해서는 《말과 사물》을 기다려야 했다. 《광기의 역사》는 1961년 초판으로는 3천 부를 찍었고, 1964년 2월 1천2백 부의 재판을 찍었을 뿐이었다.[46] 이처럼 푸코의 저작은 초기에는 목표에 이르지 못했다. 정신의학자들은 푸코에 의해 질문 공세를 받는 느낌을 별로 가지지 않았다. 『푸코의 저작물은 비실천적인 면에만 영향을 줄 수 있었다』[47] 그런데 로베르 카스텔에 의하면 이 영향은 이중적이다. 한편으로 그것은 인식론적 단절을 가능하게 해주는 자극제가 되었으며, 다른 한편으로는 실증적 개념이 되어 버린 정신질환이 이제는 이성의 타자로서 이타성(altérité)을 가진 것이 된다. 1961년에 독창적이고 학문적인 논문이었던 푸코의 저작은 이중적 사건으로 인해 새로운 국면을 맞이한다. 이중적 사건이란 1968년 5월 혁명과, 로널드 레잉과 데이비드 쿠퍼 등의 영국계 반(反)정신의학자들이 가졌던 푸코에 대한 관심을 가리킨다. 60년대 말에 가서야 푸코의 책은 집단적 감수성에 답하게 되고, 치료의 변화에 대한 요구에 부응하게 되며, 수용소에서의 치료에 대한 논쟁을 불러일으키는 근원이 된다.

배제냐 통합이냐

푸코의 구조주의적 방법론은 얽매이고 유동적인 담론에 사로잡힌 광기의 실체 상실에 근거한다. 그러한 관점에서 광기는 일관성도 실체도 잃은 채, 억압하는 이성 안에서 사라진다. 한참 후인 1980년 마르셀 고셰와 글래디스 스웨인은 역사적 사실에 대한 면밀한 연구에 근거하여 푸코의 이론과 대립되는 주장을 펼치는 논문을 낸다.[48] 그들은 푸코에 의해 만들어진 연대기에 가치를 부여하지 않는다. 감금의 시작은 결코 고전주의 시대(1656)가 아니었으며, 19세기라는 것이다. 특히 그들은 현대성의 생명력은 광인의 배제나 이질성에 있는 것이 아니라 통합의 논리에 있다고 주장한다.

푸코의 잘못된 진단으로 인해 현대 이전의 시기에 모든 차이를 수용하는 관용적 사회, 무차별의 사회가 존재했었다는 환상을 사람들은 가질지도 모른다. 그러나 마르셀 고셰와 글래디스 스웨인에 의하면 실상은 그 반대이다. 만일 광인이 받아들여졌다면 그것은 그들을 인간 이하의 존재로 생각했기 때문이다.『이처럼 불평등의 원칙과 자연적 위계 질서에 의해 정의된 문화적 차원에서, 절대적 차이는 친밀감을 배제하지 않았다』[49] 근대 세계에서 광기가 문제 되고 광인들이 요양소에 감금된 것은 광인들이 거부되기 때문이 아니라 오히려 그 반대이다. 즉, 광인이 하나의 다른 자아, 즉 정상인과 다른 자아, 유사한 존재로 인식되었기 때문이지 이성의 타자로 생각되기 때문이 아니다.『근대에 이르러 〔광인과 정상인은〕 원칙적으로 동일하다. 다만 실제적인 면에서 차이가 있을 뿐이다』[50]

현대 민주주의 사회에서의 광기의 역사는 따라서 배제의 역사라기보다는 통합의 역사인 것처럼 보인다. 마르셀 고셰 역시 〔광인의〕 집단 수용이 야기시킬 수 있는 위험성을 인식한다. 그러나 그는 푸코가 했던 것처럼 그것을 배제에 의한 치료의 관점에 놓지 않는다. 그는 그러한 것을 정상화의 관점에, 통합된 낙원의 관점에 놓는다. 1961년 푸코는 이성에 진보적 비전을 부여하는 관점에 있지 않았다. 그렇기는커녕 그는 이성의 해체를 통해 이성의 타자라는 수수께끼 같은 형상을 등장시키고, 계몽의 지배를 뒤흔들어서 억압과 규율의 기반을 파헤치게 하였다.

여기에서 문제가 되는 것은 현대성과 그 범주에 대한 철저한 비판이다.《광기의 역사》는 특히 이 시대의 징후로, 서구 역사에 적용된 구조주의적 새로운 시도의 첫걸음으로, 또한 억압된 것에 대한 가치 부여로 여겨진다. 그렇게 되면 진실에 대한 탐구는 말해지지 않은 것, 백지, 스스로 감추는 것에 의해 드러나는 사회가 침묵 속에 덮어두는 것에 놓여 있기 때문이다. 그런 점에서 볼 때 역사인류학과 정신분석학이라는 이중적 측면에서 광기는 이상적인 연구 대상이다.

19

마르크스주의의 위기 : 해방인가, 재결빙인가?

1956년은 상당수 프랑스 지식인들에게 단절의 해로서, 장차 1966년을 장식할 미래의 인물들에게 그 단초를 제공해 준다. 따라서 이 해는 마르크스주의로부터 바통을 이어받은 지적인 현상으로서의 구조주의가 진정으로 탄생한 시기이기도 하다. 실존주의 철학에 표현되었던 해방에 대한 낙관주의는 역사적 좌절의 쓴맛을 보게 된다. 이 새로운 시기를 맞는 56년은 연초에 열린 제20차 구소련 공산당대회에서 새로운 서기장 흐루시초프에 의해 스탈린의 죄악이 드러나는 것으로 시작하여 연말에 헝가리 혁명이 구소련의 탱크에 의해 진압되는 것으로 막을 내린다.

좌파 핵심에서조차 구소련식 모델에 대한 비판이 득세할 만큼 충격은 컸다. 공산주의 이데올로기가 역사적 현실에 부딪침에 따라, 미래의 희망처럼 노래되던 것들이 사라지고 전제 권력의 잔인한 논리에 대한 공포가 대두되었다. 대혼란의 파장은 아직 비앙쿠르에 미치지 않아 프랑스 공산당은 가장 강력한 정치적 조직으로 남아 있었지만, 진리 탐구와 허위에 대한 비판적 작업을 수행하는 지식인들은 그때까지의 분석틀을 재검토하지 않을 수 없었다. 잃어버린 희망에 대한 애도가 1956년에서 1968년까지 이어지면서 시대적 분위기를 온통 지배한다. 사람들은 이제 변화하지 않는 것, 정치적 주의주장에 좌우되지 않는 것을 중요시하게 되었다. 집단적 감수성은 불변성과 부동성을 우위에 두게 된다.

반면 유럽은 18세기 말 이래 가장 급속한 경제적 변모의 시기를 맞는다.『당시 사람들은 엄청난 지각의 단절을 겪지만, 한참 세월이 흐른 뒤에야 그것의 중요성을 가늠할 수 있었다. 정작 사안이 진행 중일 때는 아무것도 일어나지 않는 것처럼 생각되기 때문일 것이다』[1] 그때까지 1917년의 러시아 혁명은 프랑스 대혁명의 연장선에서 근대 민주주의의 이상을 완수한 것으로 간주되었으므로 프랑스 지식인들은 1789년과 계몽주의의 이상과 가치를 재평가하는 작업에 들어간다. 그리고 그들 중 많은 사람이 볼셰비키즘의 불행한 운명이 계몽주의의 이상에 어떤 영향을 미쳤는지를 가늠해 보려 하였다.

구조주의라는 현상은 바로 서구 민주주의의 가치에 대한 이러한 비판적 읽기에 그 뿌리를 두고 있다. 프랑스 지식인들은 자신의 사유를 더 이상 자율성이나 자유·책임성 등의 가치에 기초하여 전개하지 않는다.『새로운 설명은 주체보다는 총체를 전면에 내세웠다』[2] 이때부터 근대성과 형식적 민주주의에 대한 비판은 퇴조하는 마르크스주의가 아니라 하이데거와 니체의 이름으로 행해지는데, 때로 이 비판은 텍스트의 완결성이나 내적 구조에로의 칩거로 나타나기도 한다.

이 시기는 1958년에 정권을 잡은 드골 장군에 의해 2차대전 이후 지속되었던 프랑스의 구조적인 정치적 불안정이 종말을 고한 때이기도 하다. 드골 주위에는 기술관료 출신 장관들이 몰려 있었는데, 이는 고등사범학교로부터 국립행정학교로 중심축이 이동했음을 뜻하는 것이었다. 고전의 재생산을 구현해 온 기관이 테크노크라트를 양성하는 기관에 자리를 양도한 것이다. 이에 대해 고등사범학교는 1966년의 구조적 지진의 진앙지가 됨으로써, 즉 과학적 담론의 본산임을 자처함으로써 국가 엘리트 양성에 있어서 2급의 역할로 추락하는 시기를 늦추려고 안간힘을 쓰게 된다. 1958년 이후 테크노크라트적 사유가 권력을 장악한 것이다. 『내가 보기에 구조주의는 테크노크라트적 사유에 대하여 철학과 논리의 색채, 그리고 합리성과 활력을 제공하는 등, 일종의 토대로 작용했기에 크게 성공할 수 있었다. 이 시대와 구조주의 사이에는 흔치 않은 좋은 만남 정도 이상의 관계, 즉 일종의 정략 결혼 관계가 있었다』[3]

단절의 시기 : 1956년

한편, 예배를 담당한 사제들에 의해 〈민중의 아버지〉가 고발되면서 마르크스주의라는 신앙의 초석이 붕괴되는 결과가 초래됐다. 그런 면에서 구조주의는 제도적 마르크스주의가 임종을 맞는 시점에서 많은 이들에게 구세주 역할을 하였다. 『일종의 격식을 갖춘 학살이었다……그것은 깨끗한 청소와 빗질·환기·소독을 가능케 했다. 사람들은 세제나 방취제를 선택할 때 냄새가 몹시 고약하더라도 세척력만 뛰어나다면 상관 없이 선택하기도 한다』[4] 지식인들은 이제 더 이상 환상놀음을 할 수 없었다. 따라서 그들은 예전에 자신들이 섬기던 바로 그 숭배 대상을 비난하기에 이르렀다. 바야흐로 지식인들에게 있어 단절의 시대가 열린 것이다.

로제 바이양은 자기 사무실에서 스탈린 초상을 떼내고 그로부터 멀어져 갔다. 클로드 루아는 『반동분자, 즉 노동자 계급과 민중의 적』[5]이라는 이유로 프랑스 공산당에서 축출된다. 1950년대 초반 이후 공산당의 동반자 역할에 충실했던 사르트르조차 1956년 11월 9일자 《엑스프레스》지에 헝가리 사태와 관련한 자극적인 글을 발표함으로써 당과의 돌이킬 수 없는 결별을 맞는다. 정말이지 이 시기에는 당에 대항하는 많은 비판들이 행해졌다. 비록 그것이 끊임없는 비방과 모욕을 받아야 하는 범죄로 간주되었기는 하지만. 그러나 이러한 수단에 의한 위협은 당시 한계를 가질 수밖에 없었는데, 그것은 많은 이들이 알제리 전쟁에 반대하는 반식민주의 논쟁 속에서 배반했다는 비방이 거짓이라는 명백한 증거들을 발견했기 때문이다. 이렇게 1956년은 많은 서구 지식인들에게 전쟁의 여파를 상당 부분 씻어 준 해이다. 동구에서는 이보다 훨씬 후인 1989년에야 이 작업이 완수된다. 이제 제기되는 것은, 구소련의 현실을 알면서도 여전히 마르크스주의자가 될 수 있는가라는 질문이었다.

역사는 이제 더 나은 미래에 대한 희망으로 나타나지 않았다. 사람들은 어떻게 야만의 씨앗이 역사 속에 심어질 수 있었는가를 역사적 실패를 통해 따져보았다. 1956년의 이러한 균열은 『우리로 하여금 더 이상 무엇인가를 희망하지 않도록 만들었다.』[6] 미셸 푸코에 따르면 이제 지성은 역사의 연속적 흐름에 관심을 갖기보다는, 또는 지상에서의 구원으로 이끌어 준다는 당과 같은 변조된 메시아의 임재를 기다리기보다는, 이미 주어진 사회 속에서 가능성과 불가능성의 영역을 분간해 내어야 한다. 그러나 새로운 작업 영역과 정체성을 확보하기 이전에, 먼저 그때까지 의례와 습관에 길들어져 제2의 가족과 같았던 당과 결별하는 것이 필요했다.

피에르 푸제롤라는 1956년에 프랑스 공산당을 떠난다. 『나는 당시 보르도의 몽테뉴 고등학교에서 가르치면서 공산당의 일원으로 있었는데, 헝가리 문제로 당과 결별했다. 1958년에 파리에 온 나는 아르귀망 그룹에 합류했다.』[7] 제라르 주네트 또한 1956년에 프랑스 공산당을 떠난다. 『그 뒤 나는 〈사회주의냐 야만이냐〉 그룹[1]에서 3년간 해독 치료를 받았는데, 그때 클로드 르포르 · 코르넬리우스 카스토리아디스 · 장 프랑수아 리요타르를 사귀었다. 8년간 스탈린주

---

1) 본장의 〈해빙〉 부분 참조.

의자였던 자가 비마르크스주의자가 되려니 일종의 강한 원심분리기가 필요했는데, 〈사회주의냐 야만이냐〉 그룹이 그 중의 하나로서, 그것은 우리를 뿌리에서부터 뒤흔들어 놓았다.』[8] 그 중 한 사람이었던 올리비에 르보 달론 또한 말한다. 『1956년 동기생 모임을 할 수 있을 정도였다.』[9] 그는 인도차이나 전쟁에 반대하기 위해 미셸 푸코와 함께 있었던 릴에서 1953년에 공산당에 가입했었다.

1956년에 장 피에르 페이가 레비 스트로스의 엄격한 프로그램을 감격적으로 발견할 수 있었던 것은 폴란드의 10월 사태에 대한 지지 덕분이다. 그는 소르본의 루이 리아르 강의실에서 페르낭 브로델의 후원하에 유네스코가 조직한 폴란드 대표들에 대한 장중한 영접식에 참석한다. 그 모임은 예전의 스탈린식 숙청의 희생자였지만 이제 폴란드 혁명의 승리자가 된 고무카가 도착하면서 화려하게 막을 내렸다. 바로 그곳에서 레비 스트로스는 『강단 비슷한 것 위에 올라서서 우리에게 다음과 같이 말했다. 즉, 구조가 최고이며, 또한 앞으로의 지배적인 세 과학은 수리경제와 구조언어학, 그리고 인류학이라고 장황하게 떠벌렸던 것이다. 실제로 인류학은 몇 달 후에 책 한 권이 출판됨으로써 구조적인 것의 반열에 들게 되었다.』[10] 장 피에르 페이는 미국에서의 1930년의 공황기나 1873년에 빈에 닥쳤던 불황을 모델로 삼아 현대 사회에서 신화학이 어떻게 기능하는가를 알고자 했다. 그에게 레비 스트로스의 구조적 방법은 신화와 경제정세 사이의 복잡다단한 상관성을 구조와 변동의 관계 속에서 해명하는 데 유망한 것으로 보였다.

마르크스주의 위기의 출구로서의 구조주의

레비 스트로스에게 의지한 많은 사람들은 인류학으로 개종한다.

추방된 공산주의 철학자들의 경우를 그 예로 들 수 있는데, 당시 4인방으로 불리던 알프레드 아들러·미셸 카르트리·피에르 클라스트르·뤼시앵 세박은 1956년 사태 이후 모두 당을 떠나는 동시에 철학으로부터 인류학으로 전환한다. 이러한 선택 또한 정치적 상황의 변화와 결부되어 있다. 『1956년은 우리에게 결정적인 시기였다.』[11]

알프레드 아들러는 실존주의에서 구조주의로 이어지는 자신의 지적 행로를 다음과 같이 설명한다.[12] 1952년 18세의 나이에 프랑스 공산당에 가입한 아들러는 정치적 참여를 통해 마르크스주의의 대열에 합류한다. 그러나 스스로를 진정한 마르크스주의자라기보다는 단지 도덕적으로 참여한다는 의미에서 공산주의자라고 생각하며 주변부에 머문다. 그는 철학과 수업 과정에서 장 이폴리트의 가르침을 통해 헤겔을 발견한다. 『당시의 정치적 선택이 최초의 것이었던 만큼, 마르크스-헤겔주의는 우리에게 지적인 기초와 더불어 전투적 내용을 제공했다.』[13] 바로 그때 1956년의 사건들이 닥치고 이내 공산당은 수치의 대상이 된다. 그후 1958년에는 정식으로 제명이 통고된다. 『1956년은 민족학의 선택조건 자체였다.』[14] 이제 정치-윤리적 참여와 마르크스-헤겔주의적 사유 사이의 합치성이 불가능해지면서, 아들러는 《친족의 기본 구조》에 대한 클로드 르포르의 세미나에 참석한다. 이들 4인방은 열광 속에 레비 스트로스의 저작을 만나는데, 이 저작은 그들에게 탈이데올로기를 의미하는 동시에 반(反)정치적 담론을 담고 있다는 장점을 지닌 것이었다. 『우리들은 《슬픈 열대》를 발견했다. 나는 피에르 클라스트르에 대해서 기억하는데, 그는 이 책을 네댓 번이나 읽었다.』[15]

이러한 변화는 4인방으로 하여금 구조주의 패러다임의 탄생과 관련된 모든 것에 흥미를 갖게 만들었다. 그들은 구조언어학을 연구하고, 1958년부터는 생트안 병원에서 열리는 라캉의 세미나에 참석한다. 이러한 갈망에 힘입어 이들은 1958년에서 1963년에 이르는 기간 동안 다른 분야들과의 관계 속에서 민족학의 완벽한 이론적 기초를 습득하고 현지 조사를 떠난다. 이때 이 그룹은 둘로 나뉜다. 뤼시앵 세박과 클라스트르는 아메리카인디언 지역을 택한 반면, 아들러와 미셸 카르트리는 아프리카로 떠난다. 『라틴아메리카에서는 진짜 원시족들을 만나지 못할 거야라고 우리는 농담삼아 말하곤 했다』[16] 이들이 실제로 발견하기를 열망했던 것은 이국 취향의 탐구보다는 훨씬 깊은 것으로서, 마르크스-헤겔주의의 일원적 도식이나 스탈린식 교범에서 벗어나는 사회들을 찾아내는 것이 이들의 주된 관심사였다.

발견 정신은 또한 사변철학이나 역사에 대한 실망에 의해 촉진되었다. 이런 것들은 마르크스-헤겔주의의 소진과 함께 종말을 고한 것처럼 보였다. 레비 스트로스의 저작은 자기 자신에게만 기능하는 순전히 사변적인 담론과는 반대로 진정한 지적 모험을 제공했다. 『클로드 레비 스트로스는 《슬픈 열대》에서, 한 씨족의 이름을 알기 위해서는 많은 시간을 허비해야 한다고 말한다. 그의 책을 읽으면서 우리는 누군가 새로운 것을 내놓았음을 알아차렸다』[17] 현지로의 출발, 그리고 1956년의 혼란의 결과물인 서구 역사로부터의 탈출은 이제 결정적인 것이다.

해 빙

이데올로기적인 해빙은 1956년부터 원전의 파괴를 불러왔다. 물론 선구자들이 있었다. 특히 1949년 코르넬리우스 카스토리아디스와 클로드 르포르의 주동으로 형성되어 1956년에 상당수가 합류한 〈사회주의냐 야만이냐〉 그룹을 들 수 있는데, 이 그룹은 전체주의적 관료 체제인 스탈린의 모델을 분석하기 위하여 좌파에 대한 급진적인 비판을 시도하였다.

카스토리아디스 그룹이 보기에 구조주의는 원전에 대한 대안이 아니라 1958년에 최고조에 달하게 된 근대 자본주의 지배양식에 대한 단순한 적응일 뿐이었다. 『사람들이 점점 더 과학의 이름으로 억압받을 때, 사람은 아무것도 아니고 과학만이 전부라고 주장하면서』[18] 과학에 대하여 절대적 우선성을 부여하는 담론이 바로 구조주의라는 것이다. 이들은 새로운 구조주의 학파로 인해 생생한 역사가 배제되고, 또한 지적 영역에 테크노크라트의 사유가 틈입하게 된 것을 비판한다.

1956년에 잡지 《아르귀망》을 중심으로 새로운 사조가 탄생한다. 이들은 정전의 포기에 따른 마르크스주의의 수정작업을 제안하는 동시에 근대화의 제 모순을 명확히 드러내려는 작업을 시도한다. 이 잡지를 창간하고 편집을 맡은 에드가 모랭 주위에는 코스타스 악셀로스·장 뒤비노드·콜레트 오드리·프랑수아 페토·디오니스 마스콜로·롤랑 바르트·피에르 푸제롤라 등이 모여 있었다. 이 잡지가 창간되었다는 사실 그 자체가 바로 경직된 언어가 사라지고 그 자리를 다층위적이고 반성적인 사유가 차지하게 된 해빙기의 표현이었다. 『1956년 봄이 한창일 때, 폴란드·헝가리·체코슬로바키아로부터 우리에게 갑작스러운 희망이 밀려왔다. 역사는 밀물과 썰물 사이에서 망설이고 있었다……우리는 우리의 사상의 기반이 바다를 부유하는 빙산에 지나지 않는다는 것을 깨달았다』[19]

이 잡지는 에드가 모랭, 그리고 이탈리아에서 《루지오나멘티》라는 잡지를 발간하고 있던 프랑코 포르티니의 만남에 의해 탄생했다. 『그 이전 수년 동안 나는 정치적으로 반쯤 시체였다. 탈당한 상태였던 나는 이탈리아에서 친구를 만나 대화를 나누는 것이 행복했다』[20] 이들의 광범위한 사상적 토론은 매우 풍요로웠다. 또한 스스로를 당조직과는 정반대로 단순한 실험실이나 사상적 보고서로 자리매김할 정도로 개방적이었다. 《아르귀망》지는 급진적 비판의 관점에 서되 분과들의 칸막이나 분파적 견해를 넘어서는 차원에서 정치적 문제나 기술문화·언어에 대한 성찰 등을 설명했다. 초기 2년간 이 잡지는 공산당과의 단절을 마무리짓는 데 주력하였지만 곧 관심 대상을 사랑·우주·언어 등 보다 비정치적인 것으로 바꿔나갔다. 『《아르귀망》이 지속적으로 간행되던 6년간, 감정과 사상의 행복한 결합이 있었다.』[21]

새로운 방향에 대한 이러한 모색은 1962년에 때 이른 종말을 맞는다. 『기쁨과 슬픔의 교차 속에 《아르귀망》지는 선장들에 의해 침몰되었다.』[22] 푸제롤라가 세네갈의 다카르에 있고 뒤비노드가 튀니지에 있는 등, 편집동인들이 원거리로 흩어지게 된 것도 이 잡지가 침몰한 이유의 하나이지만, 보다 큰 이유는 60년대 초반에 들어서며 구조주의가 매우 강력한 사조로 등장했기 때문이다. 『대학에서 모든 문제에 대하여 과학적 해결책을 가져다 주는 사상으로 군림하게 된 것이 바로 구조주의이다. 우리의 시대는 이제 끝난 것이다. 우리는 다시 일탈자가 되었고, 지혜롭게도 우리는 그 사실을 알아차린 것이다.』[23]

재결빙

에드가 모랭은 당시 구조주의의 득세를 해빙 다음의 재결빙으로 간주한다. 이는 마르크스주의를 대체하게 된 구조적-인식주의가 마르크스주의 못지 않게 고전적 과학의 법칙을 따르는 과학성에의 확신을 가지고 있었기 때문이다. 구조주의는 주체를 지나치게 불확실한 것으로, 또한 역사를 지나치게 우연적인 것으로 간주하고 배제하는 결정론적인 관점에서 자연과학 못지 않게 엄격한 구조언어학의 모델을 사용하였다. 한편 정치적 재결빙은 이전의 모스크바가 이제는 북경과 하노이, 쿠바의 아바나로 급속히 대체됨으로써 이루어진다. 그런데 인문사회과학의 접근방식을 과학화시키려는 이 욕구는 스탈린 격하 시기에 축적된 환멸감에 비추어 보면 이해할 만하다. 사람들은 뭔가 확실한 것에 매달리고 싶어하였던 것이다. 한편 구조의 부각으로 인해 결정론과 자유 사이의, 그리고 역사적 변혁 임무와 그것의 필연성을 사람들에게 납득시킬 수 없는 현실 사이의 영원한 단절이 설명될 수 있었다.『무의식적 구조의 개념은 우리로 하여금 소쉬르와 야콥슨에 힘입어 계급이나 사회 현상이 바뀌어도 변치 않는, 즉 의식적인 의지를 벗어난 어떤 것을 천착할 수 있게 해주었다』[24] 또한 인류학과 구조언어학 덕택에 우리는 우리의 것과는 다른 세계관과 표상 체계로 들어가 볼 수 있게 되었다.『이로 인해 단순히 모순을 지양하는 한 방식으로만 이해되던 변증법적 세계관의 현실이 가능해졌다. 점점 세련되어 가는 중층적 매개의 개념이 변증법을 혁신한 것으로 보였다』[25]

　1956년 위기의 진정한 수혜자는 단연 구조주의라고 할 수 있다. 그러나 구조주의는 이 시기에 갑자기 나타난 것이 아니다. 그것은 앞에서 살펴본 바와 같이 이미 세기 초부터 그 뿌리를 내리고 프로그램을 선보이기 시작하였던 것이다. 이 구조주의 프로그램은 적어도 특정 지식 분야에서는 과학성과 실행성의 측면에서 우위를 점할 수 있었다. 또한 전시대 지식인의 현실 참여에 함축해 있던 보편성의 이상을 그대로 유지하면서도 이를 세계 변혁에 있어서의 어떤 주의주장에도 결부시키지 않았다. 그보다는 차라리 세계를 보다 잘 이해하기 위한 시도 속에 스스로를 한정하면서, 이타성과 무의식의 형상들을 통합하고자 했다.

2ㅁ

프랑스 경제학파의 구조주의적 도정

인문사회과학 중에서 50년대 이전에 구조를 연구하기 시작한 유일한 분야는 경제학이었다. 물론 경제학의 모델은, 다른 인문사회과학들과는 달리 언어학이 아니었다. 그 대신 경제학자들은 작업의 수식화에서 앞서 있었기 때문에, 엄격성과 과학성을 추구하는 다른 학문들의 모범이 될 수 있었다. 그래서 레비 스트로스는 경제학자들로부터 모델이라는 개념을 빌려서, 구조인류학의 과학적 측면을 부각시켰다.

경제학은 구조주의의 전성기에 선도 학문의 역할을 담당하지는 않는다. 물론 당시 대부분의 인문사회과학이 추구하던 수학화에서 가장 앞서 갔던 것은 바로 경제학이었다. 그래서 경제학과 인문사회과학 사이에는, 레비 스트로스가 경제학의 모델 이론에서 영감을 얻은 것과 같은 교환이 분명 있었다. 그럼에도 불구하고 경제학자들은 60년대에 구조주의에 관한 주요 논쟁에서 비켜나 있었다. 이러한 상대적인 소외는 음운론적 모델이 당시 신기루처럼 확산되었다는 사실에 기인한다. 또한 그것은 제도적 요인에 기인하기도 한다. 즉, 경제학과 법학은 학제상 어문학과는 전혀 다른 영역에 포함되어 있었다. 즉, 이들 학문은 제도적으로 어문학으로부터 완전히 단절되어 있었던 것이다. 『생자크 거리』[1]는 경제학도와 어문학도들을 가르는 아주 깊은 강인 셈이었다. 그 반면 경제학도와 역사학도들은 고등연구원 제6분과에서 서로 접촉할 수 있었다.』[1] 1958년에 인문사회과학 대학을 세우자는 페르낭 브로델의 제안이 거부되고, 어문학과 인문사회과학 학부를 법학과 경제과학 학부로부터 분리하는 방안이 채택되는 바람에 양자 사이의 단절이 지속되게 되었다. 이렇게 주변으로 밀려난 경제학자들은 구조주의의 중심 역할을 담당하지 못하게 된다.

어쨌든 경제학은 자체의 인식론적 조건에 대한 성찰이 많지는 않았지만, 대단히 공리화된 결과를 산출해 낸다. 50년대의 미시경제학은 일반 균형의 개념을 거의 완벽하게 공리화하는 데 성공하여 완전히 수식화된 구조로 제시했다. 그래서 경제학의 영역에서는 『명제의 논리적 구성이라는 기준으로 과학성의 논리적 조건을 검증함으로써 보편적 파장의 성과를 도출하는』[2] 형태의 구조주의가 나타났다. 이러한 공리화의 성공 그리고 그것에 대한 실천적 조작 가능성(opérationnalité)이 오히려 미시경제학의 결과에 대한 문제제기를 지연시키는 바람에, 미시경제학은 자체의 학문적 가정에 대한 비판적 성찰을 전혀 못하게 된다.

국가와 구조의 결합

전후 프랑스에서 국가와 시장 사이의 관계가 변모함으로써, 경제학 영역에서 구조 개념은 주로 실용적인 차원에서 쓰이게 되었다. 거시경제적 차원에서 국가의 개입 가능성에 관한 성찰이 활발하게 이루어진 것이다. 『케인스 이론의 전성시대였다.』[3] 그러나 경제를

---

1) 파리 센 강 우안 대학가의 길 이름. 이 길 오른쪽에는 법학과 경제학 중심의 파리 1대학(팡테옹-소르본)과 2대학(팡테옹-아사스)이, 왼쪽에는 어문학 중심의 3대학(소르본-누벨)과 4대학(파리-소르본)이 위치한다.

대체적으로 균형잡혀 있는 것으로 간주하는 까닭에 국가의 개입은 주변적인 것이어야 한다고 보는 영미 전통의 관점에서 보면 프랑스의 경우는 독특한 것이었다. 프랑스에서는 2차대전의 종식과 함께 국민저항평의회[2]를 중심으로 구성된 국가가 거시경제 모델의 근간을 바꾸어 버렸다. 경제계획·국토개발·국유화 등에 의해서 프랑스 경제의 구조를 근본적으로 변화시킨 것이다.

당시의 목적은 국민 경제의 구조 자체에 영향을 주어서 그 전체적인 흐름·수요·활동 수준을 결정적으로 변화시키는 것이었다. 따라서 경제적 현대화와 재건의 선도자라고 간주된 국가는 중대한 구조 변화를 책임지게 되었다. 이와 같은 절대적인 필요성 덕분에 경제학자들이 다시 뭉쳐서 〈진정한 프랑스 경제학파〉[4]를 구성하였다. 경제학처럼 연구가 분산되기 쉬운 영역에서 이러한 규모로 역량의 결집이 이루어진 시기는 아주 드물다. 하기야 당시에는 경제문제와 사회문제들이 서로 뒤엉켜서 너무 복잡했기 때문에, 이런 방식으로 해결을 모색할 수밖에 없었다.

경제학자들 결집의 한 주요 축은 프랑수아 페루·장 베예·장롬 그리고 마르샬 형제의 《경제학지》였다. 이 학술지의 지도위원회에는 페르낭 브로델이 참가하여, 아날파 역사학자들과 경제학자들 사이의 유기적인 대화를 상징하게 되었다. 종전 직후부터 국가는 구조 개혁을 실현하고 중단기 작업에 의해 공권력을 계도할 목적으로, 일련의 행정 기구들을 신설한다. 그래서 국립통계경제연구소에 경기예측과를 신설하고, 1952년에는 이재국에 경제계획을 담당하는 경제재정연구과(SEEF)를 신설했다. 후자는 나중에 경기예측/경제계획부로 승격하고 산하기관으로 CREDOC(생활조건연구관측

---

2) Conseil national de la Résistance. 1943년 5월 15일에 레지스탕스를 주도하던 장 물랭이 창설한 기구. 국내 활동에 주력하면서 드골의 국민해방평의회와 연대했다.

센터)와 CEPREMAP를 두게 된다. 이렇게 국가는『국가 재정의 정리와 예측을 위한 거시경제적 모델의 구성이라는 두 가지 주요 목표를 위하여 경제학적 지식을 활용했다』[5]

이처럼 거시경제 이론가들과 실무자들은 국가와 조직적인 관계를 맺는 바람에 인문학자들, 특히 어문학자들의 대학 세계와는 더욱더 멀어지게 되었다. 클로드 그뤼종 · 피에르 위리 · 알프레드 소비 · 프랑수아 페루가 조직한 팀에서 대학 교수들은 특수 대학 출신 기술자들과 민간 행정가들에 비해 단연코 소수였다. 생산 장치의 분야별 일관성을 추구하기 위하여, 국가 경제의 예측적 모델화가 행정부 최고위 책임자들의 주도하에 이루어진다.[6]

따라서 경제학자들이 구조주의적 방식을 중시한 것은 분명하지만, 이는 어문계 대학인들과는 무관한 방향으로 이루어졌다. 더구나 경제학자들이 자신들의 작업을 수식화하는 바람에 어문학자들과의 관계는 더욱 멀어졌다. 그럼에도 불구하고 경제학자들과 나머지 인문사회과학 사이의 대화를 촉진하는 연결고리들이 전혀 형성되지 않았던 것은 아니며, 이런 관점에서 프랑수아 페루의 역할은 말 그대로 결정적이었다.

융합의 인물, 프랑수아 페루

1955년에 콜레주 드 프랑스의 교수가 된 프랑수아 페루는 이미 1944년에 응용경제학연구소를 설립했는데, 이 연구소가 발간하는 학술지는 레비 스트로스와 질 가스통 그랑제 등의 글을 게재함으로써 철학적, 특히 인식론적 성찰을 수용하고 있었다. 또한 페루는 메를로 퐁티에게서 일반화된 경제의 개념을 차용한다. 따라서 철학이 페루에게 끼친 영향은 이중적인 셈이다. 페루는 구조주의의 모델이 경제학자들에게 전파되는 데 크게 기여한다. 가격이 아무런 저항도 없이 작용하는 완전한 시장을 숭배하는 자유주의자들에게 페루는 구조 개념의 작용 가능성을 반론으로 제시했다.『한 경제 집단의 구조는, 단순하고 복잡한 단위들을 서로 맺어 주는 연결의 망에 의해 결정될 뿐 아니라, 기본 단위들과 이 단위들의 객관적으로 의미 있는 조합들의 유통량(flux)들 사이의 비율, 그리고 그것들의 저장량(stock)들 사이의 비율에 의해 결정된다.』[7]

정치경제학에서 유럽인들은 1929년 경제 위기에 대응하기 위하여 이미 30년대에 구조주의의 패러다임을 대거 사용한 바 있다. 그러나『사회학적 구조주의와 경제학적 구조주의는 사회학과 정치경제학의 탄생과 같은 시기에 형성되었다』[8]라는 앙리 바르톨리의 주장처럼, 경제학에서의 구조 개념의 사용은 그 이전 시기로 거슬러 올라간다. 즉, 다양한 경제적 여건들을 일관성 있는 전체적 경제 활동의 구성요소들로 간주하여 이들간에 서로 밀접한 관계가 있는 것으로 파악하였던 17세기에 이미 구조 개념이 탄생하였다고도 볼 수 있다는 것이다.

이미 오귀스트 콩트는 중농주의자들을 〈사회물리학〉의 창시자로 분류했었다. 그 이후 마르크스는 자본의 작동법칙을 생산양식·사회 구성체·사회적 생산 관계와 같은 구조적 개념을 통해 파악하려고 애썼다. 그는 관찰 가능한 것을 단순히 기술하는 단계를 넘어서,『자본주의적 생산양식의 내적 조직을 그 이상적인 평균치 속에서』[9] 밝혀내려고 했다. 마르크스가 구조라는 개념을 순수하게 개념적이고 이론적인 모델로서 사용한 것은 분명하다. 그럼에도 불구하고 마르크스는 일정한 사회 체제 속에서 생산력의 발전상태라는 경제적 실재와 그 이론적 모델의 연결을 간과하지 않았다. 그 반면, 프랑스 경제학파에서 1945년 이후에 문제가 된 구조는 이론적 차원보다는 경험적이고 관찰 가능한 차원에 속하는 것이다. 다시 말

하자면, 그 구조는 인류학자들이 부여한 의미보다는 역사학자들이
부여한 의미에 더 가까운 것이었다. 구조를 기본 단위들의 유통량
과 저장량의 비율에 의해 정의한 프랑수아 페루, 또 구조를 『일정
한 환경에서 비용·물가·소득·화폐의 가치 관계와 비율』[10] 안에
서 파악한 클레망은 의심할 여지 없이 이런 경우에 속한다.

이미 1930년대에 독일인 에른스트 바게만은 구조의 개념을 체계
화된 방식으로 사용한 바 있다. 구조에 대한 바게만의 정의를 경제
학자들이 받아들이게 되는데, 특히 프랑스에서는 인민전선[3]이 경
제 구조를 개혁할 때 그렇게 하였다. 바게만은 구조를 〈가장 영속
적인 것〉[11]으로 간주했다. 구조는 급속한 움직임에 저항하고 경기
(景氣)가 존재하게 만들며, 경기에 영향을 주면서도 경기와 일체가
되지는 않는 것이다. 구조의 특징은 그 완만한 리듬인데, 이 리듬은
일반적으로 주기적이고 심원한 메커니즘에 의해 변화한다. 이처럼
구조를 변하지 않는 것, 또는 미미하게 변하는 것으로 보는 관점을
프랑수아 페루는 받아들였다. 그에 따르면 구조는 『완만하게 움직
이는 수량들의 집합, 상대적으로 안정된 행동 유형들의 집합』[12]이
다. 앙드레 마르샬은 1959년 로제 바스티드가 주관한 학술대회[13]에
서 구조에 대한 프랑수아 페루식의 정체적 개념 대신, 역동적인 전
망을 제시하게 된다. 이런 접근방법은 구조의 유형에 따라서 거기
에 적용되는 경제법칙이 다를 수 있다는 관점, 즉 경제법칙의 상대
화에 토대를 두고 있으며, 그 법칙들은 다차원의 조합 관계가 존재
하는 경제 체계 내부의 구조적 양극단 사이에 위치한다.[14]

앙드레 마르샬은 현대경제학에서 구조 개념의 부활에 관해 고찰
하였다.[15] 그에 따르면, 그러한 부활은 경쟁자본주의에서 독점자본
주의로의 이행, 1929년의 경제 위기·탈식민지화 등 20세기 자본

---

3) 1935년에 결성된 좌파 연합. 1936년 6월 선거에서 정권을 잡게 된다.

주의의 역사적인 대변동을 규명하려는 경제학자들의 노력에서 비롯되었다. 이 모든 변동의 정황은 모델화, 특히 모든 사회정치적 요인을 제거하고 순수 모델만 남기려는 극단적인 모델화의 극복을 불가피하게 만들었다.

경제인류학의 시도

1957년에 박사학위 논문을 발표한 앙드레 니콜라이의 작업[16]은, 이러한 전체적인 반성의 전망 속에 위치한다. 구조에 대한 그의 성찰은 1948년 고등학교 졸업반 시절부터 시작되었다. 당시에 그는 타르드와 뒤르켐 사이의 논쟁에 열광했었다. 그들에게서 그는 나중에 자기 작업 전체에서 중심적인 위치를 차지하게 될 문제를 찾아냈다. 그것은 행위 우선(타르드)과 구조 우선(뒤르켐) 사이의 논쟁적인 딜레마였다. 그때부터 앙드레 니콜라이는 『두 사람 모두 부분적으로는 옳다. 왜냐하면 사회는 행위자들로 구성되길 원하는 동시에, 이 행위자들은 사회에 의해 움직이는 것처럼 보이기 때문이다』[17]라고 주장했었다. 이러한 모순에 대한 성찰에 의해 순수경제학의 경직된 관점을 극복하게 된 니콜라이는, 1955년에 《슬픈 열대》에 매료된다. 그래서 그는 경제학과만이 아니라 정치학과에도 등록하고, 소르본에서 피아제·라가슈·메를로 퐁티·귀르비치 등의 철학·사회학·심리학 강의를 수강한다. 그럼으로써 그는 50년대 말에 구조주의적 조류의 심장부에 위치하게 되었다. 그는 경제학의 영역에서 조숙한 구조주의자가 된 셈이다. 모든 인문사회과학에 대해 개방적이었다는 점에서, 또 구조경제학적 인류학을 정립하려고 했다는 점에서 그는 상당히 비전형적인 경우였던 것이다.

계량경제학

이 중간 단계를 발전시키는 데 가장 기여한 사람들은 바로 경제학자들로, 이들에 의해 매우 정밀한 수식화가 이루어졌다. 그리고 경제학은 계량경제학이 됨으로써 전적으로 수식화된 언어로 표현되게 된다. 『수학적 모델의 구성이 경제학의 가장 각광받는 한 분야 중의 하나가 되었는데, 이는 경제학을 위하여 아주 잘 된 일인 동시에 아주 불행한 일이기도 했다.』[18]

국제계량경제학회는 1930년에 창립되지만, 계량경제학적 모델은 주로 1945년 이후에 개발되었다. 그리고 이 모델들은 〈서베를린을 위한 공중 수송〉[19]과 같은 몇몇 역사적 사건들 덕에 완성되어 나갔다. 1948년 스탈린의 서베를린 봉쇄로 항공로를 제외한 모든 통로가 막혔기 때문에, 서베를린에 물자를 공수할 비행기들의 연속적인 운항 계획을 위한 계량경제학적 모델이 필요했던 것이다. 그래서 이런 유형의 실제적 연구가 일반화되는 바람에 수학, 특히 응용통계학을 경제학적 모델에 사용하는 경향이 폭넓게 확산되었다. 더구나 통계 자료의 수집에서 실현된 진보는, 계량경제학적 모델의 성공적인 응용에 크게 기여했다. 이처럼 실질적인 효용성 그리고 순수하게 수식화된 언어로 실재를 설명할 수 있는 능력이 레비 스트로스를 매료시켰다. 따라서 50년대 경제학자들의 구조주의 패러다임 참여는 주로 이 모델화라는 중간 단계에서 이루어졌다. 특히 그들이 구조라는 실재를 언급할 때 그것은 본질적으로 영속성을 설명하기 위한 것에 불과하다. 따라서 이런 방식의 여러 난점이 가장 잘 드러나는 것도 바로 계량경제학에서인데, 이는 인문사회과학의 영역에서 형식주의의 일반적인 한계이기도 하다. 『수학화는 실제 현실에서 벗어나게 한다. 또한 분석만을 중요시하는 연역적 방법에

도취하게 함으로써 사실에 대한 끈기 있는 관찰을 경멸하도록 부추긴다. 뿐만 아니라 수학화는 지적 작업에 아주 엄격한 통사론적 한계를 강요하게 된다.』[20]

계량경제학적 방식을 채택한 상당수의 경제학자들은, 이러한 지식의 도구에 의해서 실재 자체를 복원할 수 있다고 믿기까지 했다. 그래서 그들은 측량할 수 없는 모든 것을 무의미한 것이라고 방기해 버렸다. 여기서도 구조주의 패러다임에 고유한 역사성의 배제를 엿볼 수 있다. 왜냐하면 이런 도식에서 예측이란 것은, 양적인 몇 가지 변형을 제외하고는, 모델이 동일하게 재생산될 때만 가능하기 때문이다. 따라서 동일자의 단순 재생산을 분석하는 장치를 구성하고, 원래의 도식을 벗어나는 모든 인간적 실천과 이 실천행위의 역사성을 무의미한 것으로 치부해 버리는 완전한 자기 조절적 기계론에 빠질 우려가 있다. 질 가스통 그랑제는 일찍이 이런 위험을 간파했었다. 그것은 형식주의에서 비롯되는 환상의 결과로서『명제들에게 존재론적 특권을 부여하려고 했기 때문에 야기되었다. 즉, 이 명제들이 공리화라는 추상적 조작을 통해 산출됨에도 불구하고 이 명제들을 이러한 공리화 과정보다 우선하는 특권적인 것으로 간주하려고 한 데서 문제가 발생하였다는 것이다.』[21]

21

구조는 아름다워라!

50년대 말은 구조주의라는 용어가 아직 사용되기 이전이었다. 그러나 이 시기에 이르러 인문사회과학의 전 분야에서 구조에 대한 언급이 빈번해졌으며, 이와 함께 구조의 개념을 정립할 필요성이 생겨났다. 그리하여 처음으로 범학문적 차원에서 구조에 대한 논의가 이루어지게 되었는데, 이는 많은 연구자들에게 있어 이미 학문 사이의 경계가 의미를 잃어가고 있던 현상을 반영하는 것이기도 했다. 인간이라는 공통된 지향점을 지니고 있는 이들 학문 분야는 인문사회과학의 모든 지식의 장에 공통된 하나의 프로그램을 실현하게 될 것이다. 개념적 접근을 통해서 실현되는 이 프로그램에서는 인간의 의도나 의식에 대한 연구는 밀려나고 대신에 계열체적 단위가 연구 대상으로 자리잡는다.

1959년에는 두 개의 중요한 콜로키움이 개최되었다. 1월에 로제 바스티드의 주관하에 구조의 개념에 관한 콜로키움이 있었으며,[1] 또 한번은 모리스 드 강디약·뤼시앵 골드만·장 피아제의 주도로 스리지에서 발생과 구조의 문제를 주제로 한 콜로키움이 열렸다.[2] 이즈음 그때까지 간헐적으로 논의되어 오던 구조적 이원주의는 인류 박물관이나 고등연구원의 제5분과, 콜레주 드 프랑스의 몇몇 강좌 등 선도적 역할을 담당하던 곳에서는 연구자라면 반드시 언급하고 넘어가야 할 필수 코스가 되어 있었다. 모두들 의미소(sémèmes)·

신화소(mythèmes) 등 ⟨-소⟩(-èmes)자가 붙은 단어들을 찾고 있던 시기였다.

　로제 바스티드가 주관한 콜로키움에서는 여러 학문 분야들 사이에서 구조라는 개념이 어떻게 사용되고 있는지에 대한 광범위한 논의가 이루어졌다. 에티엔 볼프는 구조라는 개념이 생물학에 있어서는 이미 전제된 것이라고 본다.『생명체는 여러 층위의 구조를 지니고 있다』[3] 그는 하나하나의 세포가 모여 세포조직을 구성하고, 또한 이 세포조직들이 모여 생물체의 여러 기관을 구성하는 생물학적 구조의 여러 층위를 정의하였다. 이때 전자현미경 덕택에 관찰이 가능해진 세포 내의 여러 미세 구조는 이 층위의 최하단을 차지한다. 따라서 관찰의 층위를 정의하는 것은 생물학적 구조의 규명에 매우 중요하다. 그러나 에티엔 볼프의 연구에서는 하나의 구조에서 다른 구조로의 이행문제가 여전한 신비로 남겨져 사변적 이론에 머물고 있다. 언어학 분야에서는 에밀 벤베니스트가 발표하였는데, 이 발표에서 우리는 언어학이 구조주의의 패러다임을 확산시키는 데 선도적인 역할을 하였음을 확실히 알 수 있다. 즉, 이제 언어학에서 문제가 되는 것은 단순히 구조라는 말이 아니라 구조적이라는 형용사이며, 이것은 구조주의로 넘어가기 위한 바로 전 단계인 것이다. 벤베니스트는 소쉬르·메예·프라하 학파·야콥슨·카르세프스키·트루베츠코이 등을 구조주의 프로그램의 선구자로 꼽았는데, 이들 중 트루베츠코이는 이미 1933년에 음운론을 다음과 같이 정의한 적이 있다.『현대음운론은 무엇보다도 구조주의와 체계적 보편주의를 특징으로 한다』[4]

　레비 스트로스는 사회체 속에서 구조를 발견하게 된 것이 인류학의 공로라고 보았다. 또한 구조 연구와 과정 연구의 병행 가능성을 부정하면서 조지 피터 머독의 견해를 반박했다. 그에 따르면 이러한 생각은『적어도 인류학에 있어서는 순진한 생각일 뿐』[5]이다.

다니엘 라가슈는 심리학에 있어서 구조주의가 원자주의에 대한 반동으로 생겼으며 형태주의 심리학, 즉 게슈탈트 심리학(Gestalt Psychologie)에 근접해 있음을 밝혔다. 『이렇게 볼 때 구조주의는 현대심리학의 큰 특징이 되었다』[6]

　　로베르 파제스는 구조 개념이 사회심리학에서 다의적으로 사용됨을 언급하고, 또한 그것을 자콥 레비 모르노가 소시오메트리 분야에서 빈번하게 쓰고 있다는 점을 지적했다. 마르크스의 구조 개념 사용에 대해 발표한 앙리 르페브르는 마르크스의 《정치경제학 비판》(1859)의 서문을 인용하면서 그를 현재 진행되는 구조주의 혁명의 위대한 선구자로 주목했다. 심지어 레몽 아롱까지 이 콜로키움에 참여했는데, 그는 정치학이 구조의 개념을 활용함으로써 한층 높은 차원의 개념적 추상에 도달하기를 희망하였다. 또한 그는 사람들이 말하는 구조들이 여전히 구체적 정치 현실에 종속되어 있음을 유감스러워하며 『앞으로 개념적 추상화 작업이 진척되어 모든 정치적 질서에 공통되는 몇몇 본질적 기능들을 발견할 수 있기를』[7] 기원했다. 역사학에서 피에르 빌라르, 사상사에서 뤼시앵 골드만, 경제학에서 프랑수아 페루·앙드레 마르샬 등 콜로키움의 다른 참가자들도 각자 자기들 분야에서 구조적 접근의 효용성을 주장했다.

스리지의 제전 : 발생론적 구조주의

　　1959년 16세기의 고성 스리지라살에서 열린 두번째 대회합에서의 주안점은 구조의 개념이 어떤 분야에서 어떻게 사용되고 있는지를 밝히는 것이 아니라, 이것을 발생이라는 개념과 대조해서 규명하는 것이었다. 콜로키움 주최자들은 그들의 작업을 구조주의적 단절이라는 틀 속에 놓았다. 그러나 그들은 사회를 정체된 것으로 바라보기를 거부하고 역동성과 항구성, 즉 역사와 구조적 일관성을 양립시키려 했다. 이들이 바로 발생론적 구조주의자들인데, 이들에 의하면『발생론적 구조주의의 기본 개념은 헤겔·마르크스의 철학에서 처음으로 등장했다』[8] 뤼시앵 골드만은 이 새로운 방법론의 제2의 기원을 현상학, 그리고 형태심리학의 발달에서 찾고 있다.

이보다 조금 앞서 뤼시앵 골드만은 파스칼의《팡세》와 라신의 극작품을 장세니즘과 관련지어 연구하면서 발생론적 구조주의를 적용했다.[9] 그는 이 작품들을 장세니즘의 다양한 흐름 및 당대 사회 내의 여러 사회적 대립 관계와 같은 더 넓은 의미 구조와 연관시켰다. 즉, 뤼시앵 골드만은 레비 스트로스와는 달리 구조와 발생이 양립 불가능하다고 보지 않았다. 그리하여 그는 구조주의의 또 하나의 길을 여는데, 이것은 역사에 대해 보다 개방적인 입장을 취하고 있다. 발생론적 구조주의의 또 다른 지지자이며 콜로키움 주최자의 일원인 장 피아제는 모든 구조를 배제하는 라마르크적 진화론과 일체의 변화를 부정하는 정태적인 형태주의 심리학을 동시에 비판하면서 아동심리에 대한 자신의 연구에 기반하여 발생과 구조 개념의 불가분성을 주장했다.『선천적 구조는 없다. 즉, 모든 구조는 만들어지는 것이다』[10]

콜로키움의 또 다른 주도자인 모리스 드 강디약은 장 피에르 베르낭이 발표한 헤시오도스 인종 신화 연구에 대해 발생론적 관점에서 몇 가지를 비판했다. 그에 의하면 장 피에르 베르낭은 역사성을 희생시키면서까지 헤시오도스 인종 신화에 내재된 구조에 너무 많은 무게를 부여했다는 것이다.『인종 신화의 해석에 있어서 그 누가 당신만큼 철저히 시간성을 배제할 수 있겠는가』[11] 장 피에르 베르낭 역시 역사와 구조를 양립시키려 하고 있었던 만큼 이러한 비판에 대해, 헤시오도스에게도 시간성이 있었으나 그것은 선조적이고 불가역적인 우리 현대의 시간성과는 다르다고 답한다.

구조인류학의 패권 야망

구조와 발생 개념을 검토한 자리인 스리지 콜로키움에서는 구조적 패러다임과 역사의 관계에 관한 주요 논쟁 주제들이 일찍부터 분명하게 드러났다. 구조주의/역사 논쟁은 본질적인 것으로, 그것은 역사학의 위상에 이의를 제기하고 지금까지 서양에서 이해되어 온 바의 역사성이란 무엇인가라는 문제를 재검토하게 했다. 이런 점에서 구조주의는 역사학자들에게 이중의 도전으로 보였다.

레비 스트로스는 1958년 선언격인 논문모음집 《구조인류학》을 출간하면서, 그 첫머리에 민족학과 역사의 관계를 정의한 1949년의 논문[12]을 수록했다. 여기서 그는 자신을 1903년 프랑수아 시미앙이 표명한 바와 같은, 역사학에 도전한 뒤르켐 사회학의 계보에 놓았다. 즉, 시미앙이 예언한 대로 역사는 그 이후 더 이상의 혁신을 이루지 못했지만, 사회학은 민족학적 연구에서의 눈부신 진척과 함께 큰 변화를 이룩하였다는 것이다.

레비 스트로스는 그 과정을 설명하면서 1929년의 아날 학파가 이룩한 성과를 빠뜨렸는데, 이것은 확실히 고의적인 것으로 보인다. 즉, 레비 스트로스는 역사학을 한정되고 특수한 문제밖에 다룰 수 없는 분야라고 간주하여 이 학문의 권위를 실추시키려는 논쟁적 목적을 가지고 있었던 것이다. 또한 그는 구조인류학은 생물학과의 관계에서만 보더라도 진화론과는 전혀 다른 새로운 학문임을 주장하였다. 즉, 구조인류학은 자연과 문화 사이에 근본적인 불연속성이 있다는 전제하에서 생물학적 모델과 결별한 까닭에 진화론과는 근본적으로 다르다는 것이다. 분명 레비 스트로스는 역사의 유효성을 부인하지 않았으며, 이러한 관점에서 그는 기능주의 학파, 특히 말리노프스키가 기능을 강조하기 위해 너무 쉽게 역사적 사실들을 버린 것에 대해 비난했다. 『하나의 사회가 기능한다고 말하는 것은 옳다. 그러나 하나의 사회에서 모든 것이 기능한다고 말하는 것은 어리석다』[13] 전파주의적 방법론의 역사 남용과 기능주의자들의 역사 부정에 맞닥뜨린 레비 스트로스는 구조인류학의 옳은 방법으로 제3의 길을 제안한다.

그는 민족지와 역사학이 여러 면에서 서로 가깝다고 말한다. 즉, 연구 대상(공간과 시간상의 타자)·목적(개별성에서 보편성으로의 이행)·방법론적 측면(자료에 대한 비판적 태도)이 서로 같으므로, 이 두 학문은 결국 유사 학문이라는 것이다. 따라서 민족학자와 역사학자는 서로 협력해서 작업해야 한다. 그러나 실제에 있어 역사학과 대응되는 학문은 민족지라기보다 민족학이다. 민족학과 역사는 진정으로 상호 보완적일 수 있다. 왜냐하면 『역사는 사회적 삶의 의식적 표현과 관련하여 자료를 다루고, 민족학은 사회적 삶의 무의식적 조건과 관련하여 자료를 다룬』[14]기 때문이다. 민족학으로 하여금 무의식에 접근할 수 있게 한 것은 이미 본 바와 같이 언어학적 모델, 특히 음운론이다.

레비 스트로스는 역사와 민족학 중에서 오직 민족학만이 과학성과 모델화에 도달할 수 있다고 보았다. 왜냐하면 이러한 과학성 및 모델화란 특수한 것에서 일반적인 것으로 옮겨갔을 때, 즉 의식의 차원에서 무의식의 차원으로 내려갔을 때만 가능하기 때문이다. 그러므로 민족학자는 민족지적 조사를 통해 자양분을 섭취하는 것과 마찬가지로 역사적 자료 또한 자신의 것으로 만들어야 한다. 그리고 민족학자만이 『무의식적 가능성들의 목록』[15](그런데 그것은 무한한 것은 아니다)에 접근할 수 있다. 역사와 민족학을 구분하는 전통적 잣대는 연구 자료의 성격이었다. 즉, 문자문화 사회에 대한 연구인가, 아니면 문자가 없는 사회에 대한 연구인가에 따라 학문 분야가 결정되었던 것이다. 그런데 레비 스트로스는 이 구별을 부차적인 것으로 보았다. 그에 의하면 본질적 차이는 연구의 대상이 아니라 연구의 과학성에 있다. 그런데 레비 스트로스는 민족학조차도 원시인으로부터 현대인에 이르기까지 인간에 대한 전체적 이해를 겨냥하는 사회인류학 혹은 문화인류학이 실현할 최종적 종합을 향한 최하위 단계일 뿐이라고 생각한다. 그러니 역사학이야 말해 무엇하겠는가. 여기서 우리는 레비 스트로스가 역사학자들에게 던지는 도전의 강도를 짐작할 수 있다. 게다가 이 저서는 사회과학 내에서의 인류학의 위상, 언어와 친족성의 관계, 아시아와 아메리카 예술 및 마술과 종교를 다룬 논문들을 묶어 하나의 일관된 전체를 구성하는데, 이러한 다양한 소재들이 모여 레비 스트로스가 『코페르니쿠스적 혁명이라고 규정한 것이 시작된다. 그것은 커뮤니케이션 이론과의 관련하에 사회를 전체 속에서 해석함으로써 실현된다.』[16]

여기서 우리는 인간을 다루는 학문들 중에서 주도권을 차지하려는 구조인류학의 야망을 읽을 수 있는데, 레비 스트로스는 그 야망을 이렇게 정의한다. 『관계들의 일반적 이론인 인류학으로 향한 길이 활짝 열렸다』[17] 그 야망이란 사회적 현실의 모든 층위를 포괄할 수 있을 만큼 광범위한 것이다. 또한 인류학은 관계의 일반 이론인 까닭에 그 분석 모델을 최고의 형식언어인 수학으로부터 끌어올 수 있었다. 구조주의적 프로그램은 한 현상에 관한 모든 이형(異形)들을 순열 집합형태로 정렬함으로써 연구 대상 집단의 법칙 자체를 발견하려 했다. 이러한 분석도식에서 집단의 구조는 반복 과정을 통해 포착된다. 즉, 여러 가지 이형에 공통적으로 나타남으로써 신화의 구조를 노출시키는 기능을 지닌 반복적인 요소, 즉 불변요소를 통해서 포착되는 것이다. 역사와 민족학은 모형화하는 능력에 있어 대조적이다. 구조적 민족학은 기계적 모형화를 이룩했다고 자부할 수 있다. 『민족학자는 가역적이고 누가적이지 않은 시간, 즉 기계적 시간에 호소하는』[18] 반면 역사는 반복할 수 없는 시간을 다룬다. 그것은 우연적이고 통계에 의해서만 포착 가능한 시간이다. 『역사의 시간은 통계학적이다.』[19]

차가운 사회는, 예를 들어 괘종시계처럼 출발점에서 만든 에너지를 그대로 무한히 사용하는 기계장치와 같다. 뜨거운 사회는 온도 차이로 작동하는 증기기관 같은 열역학 기구와 유사하다. 뜨거운 사회는 더 많은 활동을 만들어 내지만, 에너지를 더 많이 쓰기 때문에 에너지는 점진적으로 고갈된다. 이 사회는 전진에 필요한 새로운 에너지원을 얻기 위해 언제나 더욱 크고 많은 차동(差動)요소들을 찾아나선다. 차가운 사회의 제도는 시간적 연속에 거의 영향받지 않는다. 레비 스트로스가 역사가들에게 던진 도전은 뿌리를 뒤흔드는 매우 급진적인 것이었다. 왜냐하면 구조인류학은 인문사회과학의 가장 현대적이고 효율적인 첨단 이론으로 무장하고 있었기 때문이다. 레비 스트로스는 인류학을 문화의 영역에 속하는 학문으로 정립시킴으로써 역사가들에 대해 이론적 차원에서 우위를 누리게 된다. 그는 이론을 통하여 앞으로 인간의 뇌의 구조까지도 해독할 수 있으리라고 생각했다. 이런 점에서 그는 일종의 구조주의적 유물론자이다. 물론 그가 항상 구조를 물질로부터 직접 파생하는 것으로 본 것은 아니다. 때때로 그는 구조를 하나의 분석틀로만 생각하기도 하였다. 그러나 그럼에도 불구하고 『클로드 레비 스트로스는 유물론자이다. 그는 항상 자신이 그렇다고 말했다.』[20]

레비 스트로스에 의하면 구조인류학은 국경을 초월하여 개화할 수 있고, 자연/문화 사이의 전통적 간극을 뛰어넘을 수 있으며, 인류 전체에 대한 성찰로 발전할 수 있다. 그러므로 1958년의 구조주의 선언은 역사와 철학에 대한 이중적 도전이다. 인간의 정신 기능을 성찰하고 이해하는 것을 최우선 과제로 삼고 있던 철학은 인류학이 정신의 본체와 그 내적 구조를 언젠가는 밝혀낼 수 있다고 주장하면서 자신의 탐구 대상을 가로채 가는 것을 보았다. 인류학은 이에 대한 명분으로 과학적 방법론을 내세웠다. 인류학의 발전에 있어서 레비 스트로스가 가져온 가장 큰 진전은 『관계의 탐구를 우선한다는 점일 것이다. 구조주의는 이러한 관계의 연구가 풍요한 결실을 맺는다는 점을 보여 주었다. 인류학은 대상보다 관계를 탐구함으로써 유형학, 즉 유형학적 분류라는 오랫동안 넘지 못했던 장애를 극복할 수 있었다.』[21]

구조의 존재론화

1959년 클로드 루아는 레비 스트로스의 탐구를 『지성의 아르고 나우타이, 혹은 정신의 연금술사들이 오래 전부터 지칠 줄 모르고 찾아나선 성배의 모험, 즉 원초적 교감, 최초의 실마리에 대한 추구』[22]의 현대적 재현으로 보았다. 연금술사들이 화금석을 찾아 거슬러 올라가는 이 탐구의 근저에는 악몽이 되어 버린 역사 앞에서 느끼는 쓰라림·환멸 때문에 현재로부터 달아나고 싶은 욕망이 있었다. 한편 장 뒤비노드는 클로드 레비 스트로스를 〈열대의 보좌신부〉[23]라고 불렀는데, 이것은 레비 스트로스가 사부아 보좌신부[1]가 꿈꾸었던 최초의 인간이 지닌 원초적 순수함에 대한 향수를 간직하고 있음을 강조하는 것이다.

장 뒤비노드는 1958년 구조주의적 방법론을 비판하면서 그 대안

---

1) Jean-Jacques Rousseau의 종교적 이상을 대변하는 인물. *Emile* 속에 포함된 〈Profession de Foi du Vicaire Savoyard〉 참조.

으로 사회에 대한 다원적 접근을 주장했다. 이에 대해 레비 스트로스는 서신으로 응답했는데, 거기서 자신의 관점을 옹호하고 강화하기까지 한다.『나는 일반적인 인간 사회에 대해서는 잘 모른다. 내가 관심을 두고 있는 것은 개별 인간 사회들이 지닌 몇몇 항구적이고 보편적인 양식들, 즉 하나씩 따로 분리하여 분석할 수 있는 몇몇 요소들이다.』[24] 인류학 연구에 있어서 자유와 집단 역학의 위상 문제를 제기한 장 뒤비노드의 비판에 대해 레비 스트로스는 이렇게 말한다.『그 질문은 적절치 않다. 나의 연구 분야에 있어서 자유의 문제는 유기화학 차원에서 인간을 연구하는 사람에게 있어서만큼이나 별 의미를 지니지 못한다.』[25]

따라서 이 주제는 자연과학을 인식론적 모델로 삼은 레비 스트로스가 보기에는 구조인류학 밖으로 추방된 것이었다. 물론 인간은 자신이 몸담고 있는 사회의 여러 메커니즘을 이해는 할 수 있을 것이다. 그러나 그는 결코 그 메커니즘에 아무런 영향도 미치지 못한다. 다만 자신의 무력함·무용성만을 절감할 뿐. 이렇게 볼 때 레비 스트로스는 이론물리학을 과학성의 표본으로 삼은 실증주의자들에게서 보는 바와 같은 과학적 환상에 빠져 있다고 말할 수 있다. 이와 같이 구조인류학은 음운론을 모델로 삼고, 모든 형태의 실체론과 사회적 인과론을 배제한 채 임의성이란 개념만 중시한다. 그것이 목표로 삼은 것은 차라리 복잡한 신경세포 조직이었다고 해야 하리라. 왜냐하면 이것이야말로 구조 중의 진정한 구조이며, 또한 구조성의 최종 버팀대로서 존재론적 실마리를 쥐고 있는 듯이 보였기 때문이다.

레비 스트로스의 언어학적 기반 : 전략적 가치

조르주 무냉은 레비 스트로스의 《구조인류학》을 연구 대상으로 삼아, 1944년에서 1956년 사이의 레비 스트로스와 언어학의 관계를 살펴보았다. 이 연구에서 조르주 무냉은 레비 스트로스가 사용한 언어학적 개념의 타당성에 의문을 제기한다. 그에 의하면 이 책의 내용 중 음운론에서 빌려온 것들은 구조와 대립의 개념이지만, 그러나 실제로 이 개념들은 『언어학 특유의 개념은 아니다.』[26] 기능주의를 거부하던 레비 스트로스로서는 이 개념들을 기능의 개념에 연결시킬 수는 없었을 것이다. 그런데 기능이라는 개념은 음운론에서는 중심적인 것이다. 음소들을 의미요소와 동일하게 취급하는 것은 언어학적으로 옳지 않다.『음소는 기호소의 기의와는 관계가 없고, 다만 기표와만 관계가 있을 뿐이다.』[27] 또한 레비 스트로스가 비록 『친족의 구조는 언어이다.』[28]라고 말할 만큼 친족 구조와 언어 구조의 유사성을 강조하긴 했어도, 인류학자로서 지나친 언어학적 환원에 대해 경계를 게을리하지 않았다. 그래서 그는 1945년 『성급하게 언어학자의 분석방법을 차용하지.』[29] 말라고 충고하였으며, 1956년에는 그가 『사회 혹은 문화를 언어체로 환원시키려 한다는』[30] 사람들의 비판에 대해 스스로를 변호하기도 했다.

조르주 무냉은 레비 스트로스가 언어학에서 빌려온 것이 매우 혼동스럽고 어설프며, 수정 흔적으로 얼룩져 있다고 말한다. 그러나 사실 레비 스트로스의 방법은 아주 능숙한 것이었다. 왜냐하면 그의 의도는 언어학자가 되려는 것이 아니라, 언어학보다 더 폭이 넓은 학문인 구조인류학의 발전을 위하여 언어학적 엄밀성을 이용하는 데 있었기 때문이다. 이러한 의도를, 그 효용과 위험까지 잘 이해한 사람이 다른 분야에서 나타났는데, 그가 바로 페르낭 브로델이다. 사회과학 분야의 주도권을 역사가들이 계속 쥐고 있기 위해 노력하던 그는 레비 스트로스가 던져온 도전의 힘을 잘 인식했다. 그의 도전은 1956년 뤼시앵 페브르의 사망 이후로 자신이 맡아오던 고등연구원의 제6분과에서 프랑스 아날 역사학파가 차지하고 있던 중심 지위를 위협하는 것이었다. 페르낭 브로델은 1958년 말, 《아날》지에 실린 선언적 논문 〈경제·사회·문명〉을 통해 레비 스트로스에게 응답한다. 그는 이 논문 속에서 장기적 지속성을 모든 사회과학 분야에 공통된 언어로 삼자고 제안한다.[31] 역사가들로부터 나온 이와 같은 반박 혹은 방어는 역사학 담론의 방향을 구조주의 쪽으로 선회시키는 데 크게 기여했다.

역사학의 구조주의적 전환

역사가들은 구조주의의 도전이 있기 전부터 이미 그들의 관심 분야를 바꾸고 있었다. 마르크 블로크와 뤼시앵 페브르가 1929년 《경제사회사연감》(《아날》)지를 창간했을 때 그들의 의도는 뒤르켐의 이론을 자신들의 방식으로 수용하는 것이었다. 그 결과로 그들은 보다 장기적인 것에 눈을 돌리게 되었으며 심층에 숨어 있는 현상들, 즉 정치군사적 역사 위주의 단기적 역사에 치중하는 실증주의 학파들이 간과해 버린 숨겨진 큰 초석들에 관심을 기울이게 되었다. 구조의 유행은 역사학 담론의 이러한 전환을 가속시켰고, 변화를 중요시하던 경향에서 벗어나 시간이 흘러도 변하지 않는 부분에 관심을 기울이게 했다. 페르낭 브로델은 1947년에 발표한 학위 논문 〈펠리페 2세 시대의 지중해와 주변 세계〉에서부터 펠리페 2세 같은 시대적 영웅을 뒷전으로 밀어내고, 그 대신 움직이지 않는 기층 부분, 즉 지중해 세계의 고정된 지리사적 틀에 주목하였던 것이다.

뒤르켐 학파의 프랑수아 시미앙 계보에 속한 에르네스트 라브루스 역시 1943년의 문학학위 논문 〈앙시앵레짐 말기의 프랑스 경제의 위기〉에서 1789년 대혁명의 위기를 장기간에 걸친 움직임과 그 속에 포함된 주기적 변화, 그리고 거기에 얽혀 있는 계절적 변동이라는 세 겹의 시간성 속에서 고찰했다. 그러한 연구 결과로 그는 프랑수아 시미앙의 경제적 상황론에 구조적 상황론을 덧붙였다. 즉, 『경제사가는 빈번한 반복에 놀란다』[32] 이러한 연구방식은 사건을 전적으로 배제하는 것은 아니다. 그러나 사건은 그 자체로서가 아니라 다만 통계적 곡선들이 설명해야 할 도착점으로만 고려될 뿐이다. 『우리의 역사학은 사회학적인 동시에 전통적이다』[33] 에르네스트 라브루스는 50년대에 소르본에서 중심적 지위를 차지하고 있었으며, 역사 연구에 있어서 구조를 중요시하는 경제사회사적 연구를 적극적으로 지원했다.

피에르 빌라르의 카탈로니아 지방에 대한 연구 역시 상황과 구조의 변증법이라는 관점에서 이루어졌다. 이미 1925년에 고등사범학교에 재학중이었던 그는 1962년 자신의 논문을 출간했으며,[34] 라브루스의 뒤를 이어 소르본에서 구조의 개념에 대한 세미나를 이끌었다. 『모든 역사적 문제는 구조적인 것과 상황적인 것을 결합하는 것이다. 그래서 나는 구조에 관심이 많다. 클로드 레비 스트로스는 나의 흥미를 끌었다. 왜냐하면 그의 연구 대상은 구조적으로 논리적인 것들이었기 때문이다』[35] 역사학자가 인류학으로부터 논리적 · 추상적 차원을 빌려온다 해도 아무튼 그는 구체적이고 관찰 가능한 내용을 가지고 작업하며, 또한 구조적 요인들이 응집되어 폭발하는 현상인 위기 현상들을 중시하게 됨은 틀림없다. 그런데 50년대에 있어 엄밀하고 통계적이며 모든 것을 포괄하고자 하는 이러한 연구 경향을 대표하는 사람이 에르네스트 라브루스였다.

『모리스 아귈롱 · 알랭 브장송 · 프랑수아 드레퓌스 · 피에르 데용 · 장 자카르 · 아니 크리젤 · 에마뉘엘 르 루아 라뒤리 · 클로드 메슬리앙 · 자크 오주프 · 앙드레 튀데스크 등 많은 사람들이 그에게 학위 논문 주제에 대해 조언을 구하려고 몰려들었다』라고 미셸 페로는 회상하고 있다.[36) 그녀가 보기에 라브루스는 현대성을 구현하고 있었다. 그래서 그녀 또한 1949년 봄, 페미니즘에 대한 연구 주제를 가지고 자문을 구했는데, 이때 라브루스는 이 주제를 웃어넘기며 차라리 19세기 전반기의 노동운동에 대해 연구하라고 충고했다.

　미셸 페로에게 있어 에르네스트 라브루스는 엄정성의 화신이었고, 역사학에서 관습화된 인상주의를 뛰어넘으려는 노력을 구현하는 사람이었다. 『라브루스에게는 인과성 및 법칙을 찾아내려는 욕망이 있었는데, 이는 실증주의와 마르크스주의를 계승하는 것이었다.』[37) 그러므로 라브루스 계열 역사학자들은 50년대 말의 구조주의적 현상과 인류학의 도전에 대하여 매우 수용적 태도를 취하였다. 레비 스트로스의 책은 그들에게 익숙한 주제를 다루고 있었으며, 비록 연구 대상의 속성은 다르지만 그들 역시 불변적 요소에 대한 유사한 연구를 하고 있었던 것이다. 『나는 클로드 레비 스트로스의 한구절을 내 학위 논문 〈파업 노동자와 프랑스(1871-1890)〉 중 〈구조들〉이라고 제목 붙인 장의 앞부분에서 인용했다. 그것은 어딘가에 법칙이 있다면 도처에 법칙이 있기 마련이라는 요지였는데, 이는 인문사회과학에 있어서 본질적인 진술이다.』[38)

역사적 인류학 : 장 피에르 베르낭

　1959년 스리지의 콜로키움에서 장 피에르 베르낭이 발표한 논문은 구조주의적 방식을 더욱 직접적으로 확장하는 것이었다. 철학을 공부한 장 피에르 베르낭은 1937년 철학 과목에서 교수 자격을 얻어 사실상 좀 늦은 나이인 1948년에 그리스로 갔다. 그는 그곳에 계속 머물며 그리스 연구자가 되었다. 장 피에르 베르낭은 에밀 벤베니스트·조르주 뒤메질·클로드 레비 스트로스 세 사람 역시 루이 제르네와 디그나스 메이에르송과 마찬가지로 자신의 스승임을 인정했다. 그의 연구는 역사심리학적 관점에서 출발하고 있다. 즉, 그는 스스로 〈내면의 인간〉이라고 이름 붙인 정신적 형태에 관심을 가지고 고대 그리스와 그리스 고전기의 상상 세계와 회화 등에 나타난 노동의 개념, 기술적 사고, 공간과 시간 범주에 대한 인식을 탐구하였던 것이다.『인간은 상징적 세계에 속해 있다. 사회생활이란 상징 체계들을 통해서만 기능한다. 이런 의미에서 나는 근본적으로 구조주의자이다.』[39]

《구조인류학》이 나온 직후 장 피에르 베르낭은 스리지에서 헤시오도스 인종 신화 속에 나타난 구조를 연구해서 발표했고, 이 연구 논문은 곧 출판되었다.[40] 이 논문은 제목에서부터 연구 목적이 구조적 분석에 있음을 명시하고 있었으며, 또한 장 피에르 베르낭이 조르주 뒤메질과 기능적 삼분법(trifonctionnalité)에 대해 벌였던 토론과 레비 스트로스가 아메리카인디언 신화 연구에서 사용한 혁명적 방법을 담아 내용도 매우 풍요했다.

그는 자신의 분석틀을 그리스 신화에 적용하면서 방법론적 혁신을 보여 주었다. 이어서 그를 추종하는 일군의 학자들이 모여 하나의 학파를 형성함으로써 그는 고대 그리스 역사인류학의 기초를 놓게 된다. 장 피에르 베르낭은 작품 해석에 있어서 전통적인 그리스 연구자들처럼 어떤 특정한 전승 내용의 연대를 찾는 대신, 연구해야 할 신화를 둘러싼 근본적 관계들과 약호를 이해하는 데 몰두했다. 이 인종 신화는 헤시오도스의 시 〈노동과 나날〉의 서두로, 제우스가 왕국을 장악하여 불변의 질서를 세우기까지의 고대 그리스의 역사를 여러 대에 걸친 신들의 전쟁을 통해 설명하고 있는, 〈신통기〉(神統記)라고도 불리는 부분이다. 헤시오도스의 이야기는 연대기적 형태를 취하는데, 처음에 황금인종이 등장하고 이어서 은인종·청동인종·철인종이 등장하며, 마지막으로 영웅의 인종이 등장한다.

장 피에르 베르낭은 이 신화를 골격만 남겨놓는 정도로 단순화시킨 다음 지금까지와는 전혀 새로운 해석을 시도하였다. 그는 신화 속의 다섯 시대가 사실은 기능적 삼분법에 일치한다고 생각했는데,『조르주 뒤메질은 이 기능적 삼분법이 인도-유럽족의 종교 사상을 지배하고 있음을 보여 준 바 있다』[41] 즉, 삼분법적 사고는 헤시오도스 신화의 틀이 되고 있는 것이다. 또한 장 피에르 베르낭은 레비 스트로스의 이항대립 구조를 사용하여 헤시오도스 인종 신화에 나타난 시간이 연대기적 연속에 의해 진행되는 것이 아니라 〈모순 체계〉[42]에 의해 진행됨을 입증하였다. 각각의 시대마다 디케(diké; 정의)와 유브리스(hubris; 부당)의 이항대립 구조가 반복된다. 이러한 구조를 통해서 헤시오도스의 이야기는 동생인 농부 페르세스에게 교훈을 주고자 한다. 그가 동생에게 설교하는 내용은 노동을 운명으로 생각하여 열심히 일하고 디케를 존중하라는 것으로, 이는 당시 그리스 사회에서 농부뿐만 아니라 모든 사회적 계층에게 공통적으로 해당되는 교훈이기도 했다.

장 피에르 베르낭은 신화적 소재를 재조직함으로써 헤시오도스의 신화적 담론에 담긴 주요 원칙들을 명백히 드러내 보였다.『디케와 유브리스의 대립은 뒤메질 유형의 기능적 삼분법을 통해 일종의 선율·음악 같은 것으로 자리잡는다』[43] 그는 헤시오도스의 이 창건 신화가 당시의 과도적 상황을 반영한다고 보았다. 즉, 예전에 통용되던 디케가 이때에 이르러 더 이상 당연하게 받아들여지지 않자 그리스인들은 정의의 개념을 재정립할 필요를 느꼈으며,

헤시오도스 신화는 당시 요구되던 새로운 정의의 개념을 확립하는 데 기여했다는 것이다.

그러므로 우리는 그가 순수히 형식적인 혹은 탈연대기적인 방법만을 쓰고 있다고 말할 수는 없다. 그의 분석에는 구체적인 정치지정학적 상황에 대한 고찰이 담겨 있기 때문이다. 그는 이 신화가 『장차 다가올 새로운 세계, 다시 말하면 폴리스의 법, 즉 정치적 규범(nomos)을 바탕으로 움직이게 될 어떤 사회를 예고』[44]한다고 보았다. 이러한 연구를 통해 그는 신화적 담론의 분석과 그 담론을 생산한 사회사적 맥락 사이의 상관 관계를 수립하는 데 성공했고, 그리하여 발생과 구조를 양립시켰다. 그렇지만 그는 나중에 자신의 이론에 대한 비판을 받아들여 신화의 내적 구조를 형성하는 기능적 삼분법의 이론을 철회하게 된다.『기능적 삼분법이라는 말을 더 이상 쓰지 않겠다. 왜냐하면 기능적 삼분법이 통치권을 표상하는 처음 두 시대(금의 시대·은의 시대)와 전쟁을 표상하는 청동인종과 영웅인종의 시대에는 적용된다 해도, 생산이라는 제3의 기능보다 더 복잡한 기능을 지닌 철의 인종에 대해서는 해당되지 않기 때문이다. 그런데 철의 인종 시대가 바로 헤시오도스의 시대이며, 따라서 삼분법은 적절하지 않다』[45] 장 피에르 베르낭은 다섯번째 시대를 다른 네 시대의 연대기적 연속으로 봄으로써 인종에 대한 헤시오도스 이야기의 분석에 역사성을 재도입하지 않을 수 없었다. 그는 자신이 행한 역사적 관점의 구조화 작업이 지나쳤었음을 고백한 것이다. 그러나 그가 헤시오도스의 이야기를 재구성한 덕분으로, 고대 그리스인들의 사고범주를 분석하는 데 있어서 본질적인 디케/유브리스, 정의/부당의 양분법의 변증법적 이해가 가능하게 된 것은 부인할 수 없는 사실이다.

레비 스트로스에 대한 공식적 인정

1960년 1월 5일, 레비 스트로스는 콜레주 드 프랑스에서 취임 강연을 했다. 이제 구조주의의 영웅적 투쟁기가 끝나고 바야흐로 구조주의 패러다임이 넓은 분야로 확산되는 승리의 시기를 맞이한 것이다. 구조주의가 지닌 과학적 엄밀성의 구현자가 콜레주 드 프랑스에 들어갔다는 사실은 그의 승리인 동시에 당시 지성계에 신선한 자극을 몰고 온 구조주의에 대한 공인이었다. 60년대의 문이 열리면서 구조주의는 이처럼 완전히 인정받은 것이다.

콜레주 드 프랑스에 최초로 사회인류학 강의가 개설된 것도 바로 이때였다. 물론 그 이전에도 이미 인류학자인 마르셀 모스의 강의가 개설된 적이 있기는 하였다. 그러나 이 강의에서 그가 실제로 가르친 것은 인류학이 아니라 사회학이었다.

취임 강연에서 레비 스트로스는 자신의 학문이 페르디낭 드 소쉬르가 창시한 기호학의 계보에 속한다고 말했다. 사회인류학의 연구 대상은 사회 내에서의 기호의 삶이라는 광범위한 영역이다. 그는 자신이 구조언어학에 많은 빚을 졌다는 사실을 분명히 인정한다. 구조언어학은 그의 연구 속에서 과학성을 보증하는 확고한 초석이 되어 주었다. 특히 그는 자신이 다루는 연구 대상의 상징적 성격을 보존하면서도 그로 인해 사회나 현실과 단절되지 않으려고 노력했는데, 이러한 염려 덕분에 그의 학문은 보편성을 지닐 수 있었다. 『사회인류학은……물질적 문화와 정신적 문화를 분리하지 않는다.』[46] 게다가 그는 상징 세계를 이해하도록 해줄 실마리가 신경세포의 영역에 숨어 있음을 인식했다. 『문화의 출현은 그것이 생물학적 차원에서 두뇌의 구조와 기능의 변형을 명확히 밝히지 못하는 한, 인간에게 있어 신비로 남을 것이다.』[47]

그의 취임 강연은 이러한 과학적 목표를 표명하는 한편으로 당시 프랑스 사회의 역사 의식, 즉 피에르 노라가 『서구인들의 양심의 가책』이라고 부른 새로운 감수성에 참여하고 있음을 보여 준다. 『클로드 레비 스트로스는 제3세계적 감상주의라는 대주제에 화려하게 동참할 것이다. 그리고 구조주의라는 작은 배는 제3세계의 바람을 받아 돛을 한껏 부풀릴 것이다』[48] 이러한 점은 그의 취임 강연 마지막 부분에서 확인할 수 있다. 그는 지적으로 예민한, 제한된 청중들만이 참석한 이 강연에서 이렇게 선언했던 것이다. 『친애하는 여러분, 이 강연의 서두에서 사회인류학의 스승들에게 경의를 표했으니, 이제 마지막으로 이 야만인들에 대해 언급하고자 합니다. 그들이 묵묵히 자신들의 생활을 지켜온 덕분에 오늘날 우리는 인간 사회의 여러 현실들을 이해할 방법을 얻을 수 있었습니다. 내가 말하는 이 순간에도 여기서 멀리 떨어진 어떤 곳에서는, 화전이 잠식해 들어간 어느 대초원이나 비가 쏟아지는 삼림 속에서 남자와 여자들이 빈약한 음식을 나누기 위해, 또 그들의 신에게 함께 기도하기 위해 움막으로 돌아오고 있습니다』[49] 레비 스트로스는 자신의 이방 경험을 아름답게 회상한 데 이어, 최후의 모히칸들처럼 우리의 문명에 의해 소멸될 운명을 맞은 이 열대 인디언들의 증인으로서, 그리고 그들에 대해 배우려는 학생으로서 콜레주 드 프랑스에 남고 싶다는 소망으로 강연을 끝맺고 있다.

콜레주 드 프랑스의 교수직이 클로드 레비 스트로스를 위한 최고의 공인이었다고 여긴다면, 그것은 착각일 것이다. 왜냐하면 진짜 연구자 모임은 대학 내에 있고, 콜레주의 교수직만으로는 학파를 결성할 힘이 없기 때문이다. 그러나 레비 스트로스는 곧 국립과학연구소·콜레주 드 프랑스·고등연구원과 연계하여 사회인류학 연구실을 세운다. 연구자들이 그의 주위에 모였고, 그는 이들에게 콜레주 드 프랑스의 권위에서 나오는 혜택을 베풀었다. 야심적인 프로그램의 실현을 위해서는 확고한 제도적 기반을 마련해야 한다는 점을 그는 충분히 인식하고 있었던 것이다.

또한 레비 스트로스는 영국의 《맨》지나 미국의 《미국 인류학》지와 견줄 만한 인류학 전문지를 프랑스에서 내기 위해, 1961년 새로운 잡지 《롬》을 창간했다. 레비 스트로스가 선택한 부편집자들을 보면 구조인류학이 얼마나 과학성을 중시하며, 또 그것을 실현하기 위해 어떤 구상을 하고 있었는지를 분명히 알 수 있다. 두 명의 콜레주 드 프랑스 교수가 《롬》지의 창간작업에 협력했는데, 그 중 한 명인 에밀 벤베니스트는 레비 스트로스가 과학성의 모델로 삼고 있는 구조언어학을 대표하며, 또한 열대지리학자인 피에르 구루는 비달의 전통을 계승한 프랑스 지리학파를 대표한다. 이와 함께 레비 스트로스는 당시 자신들의 연구 영역을 아날 학파 역사학자들에게 빼앗기고 침체해 있던 지리학파에 대해 일종의 주식 공개 매입을——20세기 초 뒤르켐주의자들이 이미 시도한 적이 있다——재개함으로써 그들을 흡수한다. 이 연구 모임이 지나치게 〈콜레주 드 프랑스 클럽〉처럼 되었다고 생각한 레비 스트로스는 앙드레 르루아 구랑·조르주 앙리 리비에르·앙드레 조르주 오드리쿠르를 불러들임으로써 잡지의 방향을 확대해 갔다. 역사학은 《아날》지가 생긴 이래로 인류학에 근접해 있었음에도 불구하고 이 모임 속에 역사학자가 빠진 것은 시사하는 바가 큰데, 다음과 같은 레비 스트로스의 대답은 두 학문 분야의 반목이 사실은 주도권 다툼이었음을 보여 준다. 『1960년, 매우 근접해 있던 역사학과 인류학은 말하자면 대중의 관심을 잡으려고 경쟁하고 있었다.』[50]

같은 해 조르주 샤르보니에와의 대담에서 그는 자신의 학문적 구상이 지향하는 것과 일반 인문사회과학에 바라는 것을 분명히 밝힌다. 그에 의하면 인문사회과학은 자연과학과 동일한 위치에 올라서는 것을 목표로 삼아 자연과학의 방법론을 빌려와야 한다. 『민족학은 자연과학이라고 말할 수 있다. 그렇게까지 말할 수 없다면 적어도 이 학문이 자연과학들을 본보기로 삼고 있다고는 말할 수 있다.」[51]

　루비콘 강을 건너 자연과학의 영역에 자리잡는 일은 진보·역사, 그리고 인간과의 관계를 전적으로 다시 설정할 것을 전제로 한다. 이렇게 재설정된 관계 속에서는 모든 것이 기계적인 모델을 통해 설명되며, 인간은 역사와 진보를 시간성이 제거된 틀 안에 가두어 버림으로써 그 자신의 입지도 스스로 축소시킨다. 이때 시간은 더이상 개인이 체험하는 시간이 아니고 논리적인 시간일 뿐이며, 의미 또한 개인과는 관계 없이 구조에 의해 결정되는 것이다. 인문사회과학에 던져진 이 구조주의적 도전은 분명 큰 포부를 지니고 있다. 50년대에 이것은 여러 타자들을 자신의 체계 속으로 포섭하면서 그 학문적 효용성을 입증했다. 이제 구조주의는 자신의 구상을 원동력으로 60년대에 개화하게 될 것이다.

원 주

1 스타의 퇴조 : 사르트르

1) P. Ory, J.-F. Sirinelli, *Les Intellectuels en France, de l'affaire Dreyfusànos jours*, Armand Colin, 1986, p. 166.
2) *Les Temps modernes*, n° 89, 1953년 4월, 〈Le marxisme de Sartre〉, par Cl. Lefort; 〈Réponse à ClaudeàLefort〉, par J.-P. Sartre.
3) A. Cohen-Solal, *Sartre*, Gallimard, 1985, p. 447.
4) R. Debray, *Le Nouvel Observateur*, 1980년 4월 21일.
5) Jean Pouillon, 필자와의 대담.
6) J. Pouillon, 〈L'œuvre de Claude Lévi-Strauss〉, *Les Temps modernes*, n° 126, 1956년 7월. 이 글은 1975년에 마스페로 출판사에서 출판된 *Fétiches sans fétichisme*에 재수록된다.
7) J. Pouillon, *Fétiches sans fétichisme*, 앞의 책, p. 301.
8) 같은 책, p. 307.
9) 같은 책, p. 312.
10) J. Pouillon, *Séminaire de Michel Izard*, Laboratoire d'anthropologie sociale, 1988년 11월 24일.
11) Jean Pouillon, 필자와의 대담.
12) A. Cohen-Solal, 앞의 책, p. 502에서 인용된 푸이용의 말.
13) J. Pouillon, *Séminaire de Michel Izard*, Laboratoire d'anthropologie sociale, 1989년 2월 9일.
14) 같은 책.
15) Georges Balandier, 필자와의 대담.
16) G. Dumézil, *Entretiens avec D. Éribon*, Gallimard, 1987, p. 204.
17) 같은 책, p. 208.
18) Cl. Lévi-Strauss, *De près et de loin*, Odile Jacob, 1988, p. 219.

2 영웅의 탄생 : 클로드 레비 스트로스

1) Cl. Lévi-Strauss, *De près et de loin*, 앞의 책, p. 15.
2) 같은 책, p. 19.
3) Cl. Lévi-Strauss, *Le Monde*, J.-M. Benoist와의 대담, 1979년 1월 21일.
4) Cl. Lévi-Strauss, *Tristes Tropiques*, 1955, p. 3.
5) Cl. Lévi-Strauss, *De près et de loin*, 앞의 책, p. 47.
6) 같은 책, p. 64.
7) Cl. Lévi-Strauss, *De près et de loin*, 앞의 책, p. 81.
8) Francine Le Bret, 필자와의 대담.
9) Raymond Boudon, 필자와의 대담.
10) 같은 대담.
11) Cl. Lévi-Strauss, *Le Regard éloigné*, 1983, p. 145.
12) É. Durkheim, 〈la prohibition de l'inceste〉, *L'Année sociologique*, 제 1권 1898년에 수록.
13) Cl. Lévi-Strauss, *Tristes Tropiques*, 앞의 책, p. 44.
14) 같은 책, p. 49.
15) Cl. Lévi-Strauss, *La Pensée sauvage*, Plon, 1962, p. 155.
16) Philippe Descola, 필자와의 대담.
17) Cl. Lévi-Strauss, *Anthropologie structurale*, Plon, 1958, p. 19.
18) A. R. Radcliffe-Brown, 〈The Study of Kinship Systems〉, *Journal of the Royal Anthropology Institute*, 1941, p. 17.
19) Cl. Lévi-Strauss, *Tristes Tropiques*, 앞의 책, p. 52.
20) R. H. Lowie, 〈Exogamy and the Classificatory Systems of Relationship〉, *American Anthropologist*, vol. 17.
21) Cl. Lévi-Strauss, *De près et de loin*, 앞의 책, p. 58.
22) Jean Jamin, 필자와의 대담.
23) Cl. Lévi-Strauss, 〈L'analyse structurale en linguistique et en anthropologie〉, *Word*, vol. 1, n° 2, 1945, p. 1-21, *Anthropologie structurale*, 앞의 책에 재수록; Cl. Lévi-Strauss, 〈Linguistique et anthropologie〉, *Supplement to International Journal of American Linguistics*, vol. 19, n° 2, 1953년 4월, *Anthropologie structurale*, 앞의 책에 재수록.

3 자연과 문화의 집합점에서 : 근친결혼

1) Cl. Lévi-Strauss, *La Vie familiale et sociale des Indiens*

Nambikwara, Société des américanistes, Paris, 1948; *Les Structures élémentaires de la parenté*, PUF, 1949.

2) Marc Augé, 필자와의 대담.

3) Olivier Revault d'Allonnes, 필자와의 대담.

4) Emmanuel Terray, 필자와의 대담.

5) Cl. Lévi-Strauss, *Les Structures élémentaires de la parenté*, Mouton, 1967(1949), 초판 서문, p. IX.

6) D. Sperber, *Qu'est-ce que le structuralisme? Le structuralisme en anthropologie*, Points-Seuil, 1968, p. 26.

7) Cl. Lévi-Strauss, *Les Structures élémentaires de la parenté*, 앞의 책, p. 36.

8) 같은 책, 1967, p. 14.

9) J. -M. Benoist, *La Révolution structurale*, Denoël, 1980, p. 112.

10) Cl. Lévi-Strauss, *Anthropologie structurale*, 앞의 책, p. 39.

11) Cl. Lévi-Strauss, *De près et de loin*, 앞의 책, p. 63.

12) Cl. Lévi-Strauss, *Anthropologie structurale*, 앞의 책, p. 40-41.

13) R. Jakobson, *Six leçons sur le son et le sens*, Minuit, 1976, Cl. Lévi-Strauss의 서문, *Le Regard éloigné*, 〈Les leçons de la linguistique〉, Plon, 1983에 재수록.

14) N. Troubetzkoy, 〈La phonologie actuelle〉, *Psychologie du langage.*, 1933, p. 243, 레비 스트로스의 *Anthropologie structurale*, 앞의 책, p. 40에 인용됨.

15) Y. Simonis, *Lévi-Strauss ou la passion de l'inceste*, Champs-Flammarion, 1980(1968), p. 19.

16) Cl. Lévi-Strauss, *Anthropologie structurale*, 앞의 책, p. 79.

17) 같은 책, p. 95.

18) 같은 책, (1945), p. 58.

19) 같은 책, (1951), p. 71.

20) Jean Pouillon, 필자와의 대담.

21) Raymond Boudon, 필자와의 대담.

22) Jean Pouillon, 필자와의 대담.

23) S. de Beauvoir, *Les Temps modernes*, 1949년 11월, p. 943.

24) 같은 책, p. 949.

25) Cl. Lefort, 〈L'échange et la lutte des hommes〉, *Les Temps modernes*, 1951년 2월.

26) J. Pouillon, 〈L'œuvre de Claude Lévi-Strauss〉, *Les Temps modernes*, n° 226, 1956년 7월; *Fétiches sans fétichisme*, Maspero, 1975, p. 310에 재수록.

4 구조주의 프로그램의 모색 : 레비 스트로스의 모스

1) Cl. Lévi-Strauss, *De près et de loin*, 앞의 책, p. 103.
2) Algirdas-Julien Greimas, 필자와의 대담.
3) Jean Jamin, 필자와의 대담.
4) 같은 대담.
5) R. Hertz, *Mélanges de sociologie religieuse et folklore*, 1928.
6) Jean Jamin, 필자와의 대담.
7) Cl. Lévi-Strauss, 〈Introduction à l'œuvre de Marcel Mauss〉, dans *M. Mauss, Sociologie et anthropologie*, 1968(1950), PUF, p. X.
8) 같은 책, p. XVI.
9) Cl. Lévi-Strauss, 〈Le sorcier et sa magie〉, *Les Temps modernes*, 1949년 3월.
10) Cl. Lévi-Strauss, 〈Introduction à l'œuvre de Marcel Mauss〉, 앞의 책, p. XXV.
11) 같은 책, p. XIV.
12) 같은 책, p. XXX.
13) 같은 책, p. XXXI.
14) 같은 책, p. XXXII.
15) V. Descombes, *Le Même et l'autre*, Minuit, 1979, p. 121.
16) Cl. Lévi-Strauss, *Les Structures élémentaires de la parenté*, 앞의 책, p. 64-65.
17) 같은 책, p. 556.
18) 같은 책, p. 552.
19) Vincent Descombes, 필자와의 대담.
20) Cl. Lévi-Strauss, 〈Introduction à l'œuvre de Marcel Mauss〉, 앞의 책, p. L.
21) Cl. Lefort, 〈L'échange et la lutte des hommes〉, *Les Temps modernes*, 1951, *Les Formes de l'histoire*, Gallimard, 1978, p. 17에 재수록.
22) Cl. Lévi-Strauss, 〈Introduction à l'œuvre de Marcel Mauss〉, 앞의 책, p. XXXI.

5 비정규병 : 조르주 뒤메질

1) G. Dumézil, *Mythe et Épopée*, 〈Introduction〉, Gallimard, 1973.
2) Cl. Lévi-Strauss, 〈Dumézil et les sciences humaines〉, France-

Culture, 1978년 10월 2일.

3) G. Dumézil, *Entretiens avec D. Éribon*, Gallimard, 1987, p. 64.
4) F. Bopp, *Système de conjugaison de la langue sanscrite, comparé à celui des langues grecque, latine, persane et germanique*, Francfort-sur-le-Main, 1816.
5) Cl. Lévi-Strauss, ⟨Réponse à Dumézil reçu à l'Académie française⟩, *Le Monde*, 1979년 7월 15일.
6) G. Dumézil, ⟨La préhistoire des flamines majeurs⟩, dans *Revue d'histoire des religions*, CV III, 1938, p. 188-220.
7) G. Dumézil, *Entretiens avec D. Éribon*, 앞의 책, 1987, p. 174.
8) Cl. Hagège, *Le Monde*, 1986년 10월 14일.

⑥ 현상학이라는 가교

1) M. Merleau-Ponty, *Structure du comportement*, PUF, 1942 ; *Phénoménologie de la perception*, Gallimard, 1945.
2) Vincent Descombes, 필자와의 대담.
3) M. Merleau-Ponty, ⟨Sur la phénoménologie du langage⟩, communication au premier colloque international de phénoménologie, Bruxelles, 1951, *Signes*, Gallimard, 1960에 재수록.
4) 같은 책, p. 49.
5) M. Merleau-Ponty, *Cahiers internationaux de sociologie*, X, 1951, p. 55-69, *Signes*, 앞의 책, p. 127에 재수록.
6) Cl. Lévi-Strauss, *De près et de loin*, 앞의 책, p. 88.
7) M. Merleau Ponty, *Signes*, 앞의 책, p. 146-147.
8) Vincent Descombes, 필자와의 대담.
9) M. Merleau Ponty, *Signes*, 앞의 책, p. 154.
10) Vincent Descombes, 필자와의 대담.
11) George W. Stocking, *Histoires de l'anthropologie : XVIᵉ-XIXᵉ siècles*, Klincksieck, 1984, p. 421-431.
12) J. Jamin, *Les Enjeux philosophiques des années cinquante*, Éd. Centre Georges-Pompidou, 1989, p. 103.
13) Alfred Adler, *Séminaire de Michel Izard*, Laboratoire d'anthropologie sociale, 1988년 11월 17일.
14) Michel Arrivé, 필자와의 대담.
15) Algirdas-Julien Greimas, 필자와의 대담.
16) Jean-Marie Benoist, 필자와의 대담.

17) M. Foucault, 〈Structuralism and Post-Structuralism〉, *Telos*, vol. 16, 1983, p. 195-211, Georges Raulet와의 대담.

18) Michel Foucault, *Les Mots et les choses*, Gallimard, 1966, p. 261.

7 소쉬르의 단절

1) V. Descombes, *Le Même et l'autre*, Minuit, 1979, p. 100.

2) F. Gadet, 〈Le signe et le sens〉, *DRLAV, Revue de linguistique*, n° 40, 1989.

3) 같은 책, p. 4.

4) Algirdas-Julien Greimas, 필자와의 대담.

5) F. Gadet, *DRLAV, Revue de linguistique*, 앞의 논문, p. 18.

6) R. Barthes, 〈Saussure, le signe, la démocratie〉, *Le Discours social*, n° 3-4, 1973년 4월, *L'Aventure sémiologique*, Le Seuil, 1985, p. 221 에 재수록.

7) T. Todorov, *Théories du symbole*, Le Seuil, 1977참조.

8) Claudine Normand, 필자와의 대담.

9) 같은 대담.

10) 같은 대담.

11) Jean-Claude Coquet, 필자와의 대담.

12) Sylvain Auroux, 필자와의 대담.

13) André Martinet, 필자와의 대담.

14) 같은 대담.

15) 같은 대담.

16) F. de Saussure, *Cours de linguistique générale*, Payot, 1986(1972), p. 126.

17) 같은 책, p. 43 · 157 · 169.

18) O. Ducrot, T. Todorov, *Dictionnaire encyclopédique du langage*, Le Seuil, 1972, p. 133.

19) L. -J. Calvet, *Pour et contre Saussure*, Payot, 1975, p. 82-83.

20) F. de Saussure, *Cours de linguistique générale*, 앞의 책, p. 33.

21) Sylvain Auroux, 필자와의 대담.

22) L. -J. Calvet, *Pour et contre Saussure*, 앞의 책, 1975.

23) Louis-Jean Calvet, 필자와의 대담.

24) J. Starobinski, *Mercure de France*, février 1964 ; 후에 *Les Mots sous les mots*, 1971로 출판됨.

25) F. de Saussure, *Cours de linguistique générale*, 앞의 책, p. 30.

26) Cl. Hagège, *L'Homme de parole*, Gallimard, coll. 〈Folio〉, 1985, p. 305.

27) Oswald Ducrot, 필자와의 대담.

🎱 만능인 로만 야콥슨

1) R. Jakobson, *Essais de linguistique générale*, Points-Seuil, 1970 (1963, Minuit). 1952년 인디애나 대학에서 개최된 인류학자와 언어학자의 학술대회 폐회사.

2) 같은 책, p. 42.

3) 같은 책, 1957, p. 72.

4) 같은 책, 1957, p. 74.

5) R. Jakobson, T. Todorov와의 대담, *Poétique*, n° 57, 1984년 2월, p. 4.

6) 같은 책, p. 12.

7) R. Jakobson, *Archives du XXe siècle*, J. -J. Marchand. 1972년 2월 10일, 1973년 1월 2일, 1974년 9월 14일에 가진 대담으로, 1990년 9-10월 La Sept에서 재방송됨.

8) 같은 대담, p. 16.

9) R. Jakobson, T. Todorov의 *Théorie de la littérature*, Le Seuil, 1965의 서문, p. 9.

10) Marina Yaguello, 필자와의 대담.

11) Jean-Pierre Faye, 필자와의 대담.

12) 같은 대담.

13) J. Mukarovsky, *Change*, Le Seuil, n° 3, 1971에 재수록.

14) 〈Les thèses de 1929〉, *Change*, Le Seuil, 1969, p. 31.

15) R. Jakobson, *Archives du XXe siècle*, J. -J. Marchand, 앞의 인용 참조.

16) *Word*, n° 1, 1945, 사설.

17) F. Gadet, *DRLAV*, *Revue de linguistique*, n° 40, 1989, p. 8.

18) R. Jakobson, *Essais de linguistique générale*, Le Seuil, 1963, p. 35-36.

19) R. Jakobson, 〈Phonologie et phonétique〉(1956), *Essais de linguistique générale*, 앞의 책, p. 128-129에서 유음성의 12쌍의 자질을 설명하고 있다.

20) R. Jakobson, 〈Deux aspects du langage et deux types d'aphasie〉(1956), in *Essais de linguistique générale*, 앞의 책, p. 50-51.

21) Jean-Claude Chevalier, 필자와의 대담.

⑨ 비행기 없는 조종사 : 프랑스 언어학

1) A. Martinet, J. -C. Chevalier et P. Encrevé와의 대담 (*Langue française*, n° 63, 1984년 9월, p. 61).
2) J. -C. Chevalier et P. Encrevé, 앞의 책에 인용된 R. L. Wagner의 *Introduction à la langue française*(1947)의 서문.
3) B. Quémada, J. -C. Chevalier et P. Encrevé와의 대담, 앞의 책.
4) Michel Arrivé, 필자와의 대담.
5) B. Pottier, J. -C. Chevalier et P. Encrevé와의 대담, 앞의 책.
6) J. -C. Chevalier, P. Encrevé, *Langue française*, n° 63, 1984년 9월.
7) B. Quémada, J. -C. Chevalier et P. Encrevé와의 대담, 앞의 책.
8) Jean-Claude Chevalier, 필자와의 대담.
9) Ph. Hamon, 〈Littérature〉, dans *Les Sciences du langage en France au XXe Siècle*, dirigé par B. Pottier, SELAF, 1980, p. 285.
10) Ph. Hamon, 같은 책, p. 284.
11) Gérard Genette, 필자와의 대담.
12) Jean-Claude Chevalier, 필자와의 대담.
13) André Martinet, 필자와의 대담.
14) A. Martinet, *Eléments de linguistique générale*, Armand Colin, 1960.
15) André-Georges Haudricourt, 필자와의 대담.
16) 같은 대담.
17) 같은 대담.
18) 같은 대담.
19) André-Georges Haudricourt, 필자와의 대담.

⑩ 알렉산드리아의 관문

1) Algirdas-Julien Greimas, 필자와의 대담.
2) 같은 대담.
3) A. -J. Greimas et R. Barthes, L. -J. Calvet, *Roland Barthes*, Flammarion, 1990, p. 124에서 인용됨.
4) Ch. Singevin, L. -J. Calvet, 같은 책, p. 124에서 인용됨.
5) A. -J. Greimas, L. Hjelmslev, *Le Langage*, Minuit, 1966(1963)에 썼던 서문.
6) L. Hjelmslev, *Le Langage*, 앞의 책, p. 129.
7) Thomas Pavel, *Le Mirage linguistique*, Minuit, 1988, p. 92.
8) L. Hjelmslev, *Prolégomènes à une théorie du langage*, Minuit, 1968

(1943), p. 41.

9) Jean-Claude Coquet, 필자와의 대담.

10) 같은 대담.

11) André Martinet, 필자와의 대담.

12) 같은 대담.

13) A. Martinet, *Bulletin de la société de linguistique*, 1946, t. 42, p. 17-42에 게재된 L. Hjelmslev의 *Prolégomènes à une théorie du langage*에 대한 서평.

14) Serge Martin, 필자와의 대담.

15) S. Martin, *Langage musical, sémiotique des systèmes*, Klincksieck, 1978.

11 구조주의의 어머니상

1) R. Barthes, *Le Degré zéro de l'écriture*, Points-Seuil, 1972(1953), p. 10.

2) M. Nadeau, *Les Lettres nouvelles*, 1953년 7월, p. 599.

3) J. -B. Pontalis, *Les Temps modernes*, 1953년 11월, p. 934-938.

4) R. Barthes, *Le Degré zéro de l'écriture*, 앞의 책, p. 24.

5) 같은 책, p. 45.

6) 같은 책, p. 55.

7) 같은 책, p. 65.

8) R. Barthes, J. -M. Benoist와 B. -H. Lévy와의 대담, 1977년 2월, 1988년 12월 1일 재방송됨.

9) R. Barthes, 프랑스의 TV 방송인 FR3의 〈오세아닉〉(Océaniques)이라는 프로그램에서의 인터뷰(1970년 11월 - 1971년 5월), 1988년 1월 27일 재방송됨.

10) Louis-Jean Calvet, 필자와의 대담.

11) R. Barthes, 〈Océaniques〉, FR3(1970-1971), 1988년 1월 27일에 재방송됨.

12) R. Barthes, *Mythologies*, Le Seuil, 1957, p. 109.

13) Louis-Jean Calvet, *Roland Barthes*, 앞의 책, p. 67.

14) 같은 책.

15) R. Barthes, *Mythologies*, 앞의 책, p. 229.

16) R. Barthes, *Mythologies*, 앞의 책, p. 251.

17) André Green, 필자와의 대담.

18) R. Barthes, *Essais critiques*, Points-Seuil, 1971(1964), 〈억척어멈과 그 자식들〉(1955), 〈민중극장〉.

19) Georges-Elia Sarfati, 필자와의 대담.

20) Georges Mounin, *Introduction à la sémiologie*, Minuit, 1970, p. 193.

🔢 인식의 요구

1) A. Koyré, *De la mystique à la science ; cours, conférences et documents. 1922-1962*, Pietro Redondi 편집, Éd. EHESS, 1986, p. 129.

2) J. -L. Fabiani, *Les Enjeux philosophiques des années cinquante*, Éd. Centre Georges-Pompidou, 1989, p. 125.

3) M. Guéroult, *Leçon inaugurale au Collège de France*, 1951년 12월 4일, p. 16-17.

4) 같은 책, p. 34.

5) Gilles Gaston-Granger, 필자와의 대담.

6) Marc Abélès, 필자와의 대담.

7) 같은 대담.

8) Jean-Christophe Goddard, 필자와의 대담.

9) M. Guéroult, *Leçon inaugurale au Collège de France*, 1951년 12월 4일, p. 18.

10) J. Proust, *Bulletin de la société française de philosophie*, 1988년 7-9월, p. 81.

11) M. Guéroult, *Descartes selon l'ordre des raisons*, Aubier, 1953.

12) 같은 책, p. 10.

13) Jean-Christophe Goddard, 필자와의 대담.

14) M. Guéroult, *Philosophie de l'histoire de la philosophie*, Aubier, 1979, p. 243.

15) Jean-Christophe Goddard, 필자와의 대담.

16) J. Piaget, *Psychologie et épistémologie*, PUF, 1970, p. 110(1947, Amsterdam).

17) J. Piaget, *Éléments d'épistémologie génétique*, PUF, 1950.

18) Vincent Descombes, 필자와의 대담.

19) J. Cavaillès, *Sur la logique et la théorie des sciences*, PUF, 1947.

20) Pierre Fougeyrollas, 필자와의 대담.

21) 같은 대담.

22) G. Canguilhem, J. -F. Sirinelli와의 대담, *Génération intellectuelle*, Fayard, 1988. p. 597.

23) 같은 책, p. 598.

24) B. Saint-Sernin, *Revue de métaphysique et de morale*, 1985년 1월, p. 86.

25) G. Canguilhem, *Le Normal et le pathologique*, PUF, 1975(1966), p. 8.

26) Pierre Fougeyrollas, 필자와의 대담.

27) G. Canguilhem, 〈La décadence de l'idée de progrès〉, *Revue de métaphysique et de morale*, n° 4, 1987, p. 450.

28) M. Foucault, *Revue de métaphysique et de morale*, 1985년 1월, p. 3.

29) 같은 책, p. 14.

30) P. Macherey, 〈La philosophie de la science de Canguilhem〉, *La Pensée*, n° 113, 1964년 1월.

31) P. Macherey, 같은 책, p. 74.

32) G. Canguilhem, 〈Qu'est-ce que la psychologie?〉, Jean Wahl의 Collège philosophique에서 1956년 12월 18일 열린 토론회, *Revue de métaphysique et de morale*, 1958, p. 12-25에 실림. 후에 다시 *Cahiers pour l'analyse*, n° 2, 1966년 3월호와 *Études d'histoire et de philosophie des sciences*, Vrin, 1968에 재수록.

33) V. Descombes, *Les Enjeux philosophiques des années cinquante*, 앞의 책, p. 159.

34) M. Serres, *La Traduction*, Minuit, 1974, p. 259.

35) M. Serres, 〈Structure et importation : des mathématiques aux mythes〉(1961년 11월) ; *Hermès I*, 〈La Communication〉, Minuit, 1968에 재수록.

36) 같은 책, p. 26.

37) 같은 책, p. 32.

38) M. Serres, 〈Structure et importation……〉 ; *Hermès I*, 앞의 책, p. 34에 재수록.

13 자크 라캉이라는 반역자

1) É. Roudinesco, *Histoire de la psychanalyse en France*, Le Seuil, 1986, p. 155.

2) 같은 책, p. 154.

3) 같은 책, p. 124.

4) 같은 책, p. 129.

5) Anne Roche의 주관하에 나온 *Boris Souvarine et 〈La Critique sociale〉*, La découverte, 1990을 참조.

6) B. Ogilvie, *Lacan, le sujet*, PUF, 1987, p. 20-21.

7) Jean Allouch, 필자와의 대담.

8) J. Dor, *Introduction à la lecture de Lacan*, Denoël, 1985, p. 100.

9) 같은 책, p. 101.

10) B. Ogilvie, *Lacan, le sujet*, 앞의 책, p. 107.

11) A. Lemaire, *Lacan*, Mardaga, 1977, p. 273.

12) 같은 책, p. 277.

13) Moustafa Safouan, 필자와의 대담.

14) J. Hyppolite, *La Psychanalyse I*, PUF, 1956, p. 29-39. 이 글은 라캉의 반박문과 함께 *Écrits*, Le Seuil, 1966, p. 879-887에 재수록.

15) V. Descombes, *Les Enjeux philosophiques des années cinquante*, 앞의 책, p. 155.

16) Wladimir Granoff, 필자와의 대담.

17) Gennie Lemoine, 필자와의 대담.

18) Jean Laplanche, 필자와의 대담.

19) J. Dor, 필자와의 대담.

20) Wladimir Granoff, 필자와의 대담.

21) 같은 대담.

22) Jean Clavreul, 필자와의 대담.

23) É. Roudinesco, *Histoire de la psychanalyse en France*, 앞의 책, p. 294.

24) Jean Clavreul, 필자와의 대담.

🔢 로마 선언(1953) : 프로이트에게로 돌아감

1) André Green, 필자와의 대담.

2) 같은 대담.

3) Claude Dumézil, 필자와의 대담.

4) 같은 대담.

5) 같은 대담.

6) 같은 대담.

7) É. Roudinesco, 필자와의 대담.

8) Wladimir Granoff, 필자와의 대담.

9) 같은 대담.

10) 같은 대담.

11) G. Mendel, *Enquête par un psychanalyste sur lui-même*, Stock, 1981, p. 165.

12) É. Roudinesco, *Histoire de la psychanalyse en France*, 앞의 책, 2권,

p. 272.

13) J. Lacan, 〈Rapport de Rome〉, 1953, *Écrits I*, 앞의 책, p. 145.

14) 같은 책, p. 123.

15) 같은 책, p. 155.

16) 같은 책, p. 156.

17) 같은 책, p. 165.

18) 같은 책, p. 168.

19) René Major, 필자와의 대담.

20) J. Lacan, 〈Rapport de Rome〉, 1953, *Écrits I*, 앞의 책, p. 181.

21) B. Sichère, *Le Moment lacanien*, Grasset, 1983, p. 59.

22) Charles Melman, 필자와의 대담.

23) J. Lacan, 〈L'instance de la lettre dans l'inconscient〉, *Écrits I*, 앞의 책, p. 251.

24) 같은 책, p. 253.

25) 같은 책, p. 254.

26) 같은 책, p. 260.

27) 같은 책, p. 276-277.

28) Michel Arrivé, 필자와의 대담.

29) J. Dor, *Introduction à la lecture de Lacan*, 앞의 책, p. 55-56.

30) J. Lacan, 〈Séminaire sur la lettre volée〉, *Écrits I*, 앞의 책, p. 35 · 40.

31) J. Dor, *Introduction à la lecture de Lacan*, 앞의 책, p. 59-60.

32) 같은 책, p. 63.

33) J. Lacan, 〈La chose freudienne〉, 1956, *Écrits*, 앞의 책, p. 144.

34) A. Lemaire, *Lacan*, 앞의 책, p. 340.

35) 같은 책, p. 347.

36) G. Mounin, *Introduction à la sémiologie*, Minuit, 1970, p. 184-185.

37) 같은 책, p. 188.

38) A. Lemaire, *Lacan*, 앞의 책, p. 30.

15 무의식 : 상징적 세계

1) Cl. Lévi-Strauss, *Introduction à l'œuvre de Marcel Mauss*, PUF, 1950, p. XX.

2) J. Lacan, 〈Remarques sur le rapport de Daniel Lagache〉, 1958, *Écrits*, 앞의 책, p. 648.

3) Cl. Lévi-Strauss, *De près et de loin*, 앞의 책, p. 107.

4) Cl. Lévi-Strauss, 필자와의 대담.

5) Cl. Lévi-Strauss, 필자와의 대담.

6) Cl. Lévi-Strauss, 〈Le sorcier et sa magie〉, *Les Temps modernes*, n° 41, 1949, p. 3-24 ; 〈L'efficacité symbolique〉, *Revue d'histoire des religions*, n° 1, 1949, p. 5-27 ; *Anthropologie structurale*, 앞의 책에 재 수록.

7) Cl. Lévi-Strauss, 〈Le sorcier et sa magie〉, *Les Temps modernes*, 1949, *Anthropologie structurale*, 앞의 책, p. 201에 재수록.

8) Cl. Lévi-Strauss, 〈L'efficacité symbolique〉, *Revue d'histoire des religions*, n° 1, 1949, *Anthropologie structurale*, 앞의 책, p. 224에 재수록.

9) 같은 책, p. 224.

10) R. Georgin, *De Lévi-Strauss à Lacan*, Cistre, 1983, p. 125.

11) Cl. Lévi-Strauss, *Introduction à l'œuvre de Marcel Mauss*, 앞의 책, p. XXXII.

12) E. R. de Ipola, *Le Structuralisme ou l'histoire en exil*, 1969, 논문, p. 122.

13) 같은 책, p. 126.

14) Cl. Lévi-Strauss, *La Pensée sauvage*, 앞의 책, p. 174.

15) E. R. de Ipola, 앞의 책, p. 244.

16) Claude Lévi-Strauss, R. Bellour과의 대화(1972), Idées-Gallimard, 1979, p. 205.

17) Cl. Lévi-Strauss, *De près et de loin*, 앞의 책, p. 150.

18) Cl. Lévi-Strauss, *La Potière jalouse*, Plon, 1985, p. 243.

19) 같은 책, p. 252.

20) André Green, *Séminaire de M. Izard*, Laboratoire d'anthropologie sociale, 1988년 12월 8일.

21) G. Mendel, *La Chasse structurale*, Payot, 1977, p. 262.

22) Gérard Mendel, 필자와의 대담.

23) F. Roustang, *Lacan*, Minuit, 1986 ; V. Descombes, 〈L'équivoque du symbolique〉, *Confrontations*, n° 3, 1980, p. 77-95.

24) J. Lacan, 〈Situation de la psychanalyse en 1956〉, *Écrits II*, Points-Seuil, 1971, p. 19.

25) 같은 책, p. 19.

26) F. Roustang, *Lacan*, 앞의 책, p. 36-37.

27) J. Lacan, *Le Séminaire, Livre III : Les Psychoses(1955-1956)*, Le Seuil, 1981, p. 208.

28) Joël Dor, 필자와의 대담.

29) Claude Conté, 필자와의 대담.

30) J. Lacan, *Séminaire XX, Encore(1973-1974)*, Le Seuil, 1975, p. 45.

31) Charles Melman, 필자와의 대담.

⓰ RSI: 이단

1) Jean Allouch, 필자와의 대담.
2) 같은 대담.
3) Moustafa Safouan, 필자와의 대담.
4) J. -A. Miller, *Ornicar*, n° 24, 1981.
5) 같은 책.
6) Claude Conté, 필자와의 대담.
7) P. Fougeyrollas, *Contre Claude Lévi-Strauss, Lacan, Althusser,* Lavelli, 1976, p. 99.
8) F. George, *L'Effet yau de poêle*, Hachette, 1979, p. 65.
9) J. Lacan, 〈Rapport de Rome〉, *Écrits I,* (1953), 앞의 책, p. 168.
10) É. Roudinesco, *Histoire de la psychanalyse*, 앞의 책, t. 2, p. 318.
11) M. Merleau-Ponty, VIᵉ Colloque de Bonneval, *L'Inconscient,* Desclée de Brouwer, 1966.
12) S. Leclaire, 〈L'inconscient, une étude psychanalytique〉, dans *L'Inconscient,* Desclée de Brouwer, 1966, p. 95-130, p. 170-177 ; *Psychanalyser*, Points-Seuil, 1968, p. 99에 재수록.
13) 같은 책, p. 116.
14) Serge Leclaire, 필자와의 대담.
15) Jean Laplanche, 필자와의 대담.
16) J. Laplanche, VIᵉ Colloque de Bonneval, 앞의 책, p. 115.
17) 같은 책, p. 121.
18) Jean Laplanche, 필자와의 대담.
19) J. Laplanche, *Psychanalyse à l'Université*, t. 4, n° 15, 1979년 6월, p. 523-528.
20) 같은 책, p. 527.
21) 같은 책.
22) É. Roudinesco, *Histoire de la psychanalyse*, 앞의 책, t. 2, p. 323.
23) A. Lemaire, *Jacques Lacan*, 앞의 책.
24) J. Lacan, 〈Position de l'inconscient〉, *Écrits II,* 앞의 책, p. 196.
25) J. Lacan, 같은 책, p. 211.
26) J. Lacan, *Interview*, RTB, 1966년 12월 14일.

17 열대의 부름

1) Serge Martin, 필자와의 대담.
2) Cl. Lévi-Strauss, 〈Race et histoire〉(1952), *Anthropologie structurale deux*, Plon, 1973, p. 399에 재수록.
3) 같은 책.
4) 같은 책, p. 415.
5) Bertrand Ogilvie, 필자와의 대담.
6) R. Caillois, 〈Illusions à rebours〉, *Nouvelle Revue française*, 1954년 12월 1일, p. 1010-1021 & 1955년 1월 1일, p. 58-70.
7) R. Caillois, 〈La réponse de R. Caillois〉, *Le Monde*, 1974년 6월 28일.
8) Cl. Lévi-Strauss, 〈Diogène couché〉, *Les Temps modernes*, n° 195, 1955, p. 1187-1221.
9) R. Caillois, 〈Illusions à rebours〉, 앞의 논문, p. 1021.
10) 같은 논문, p. 1024.
11) Cl. Lévi-Strauss, 〈Diogène couché〉, 앞의 논문, p. 1187.
12) 같은 논문, p. 1202.
13) 같은 논문, p. 1214.
14) Cl. Lévi-Strauss, Jean-José Marchand과의 대담, *Arts*, 1955년 12월 28일.
15) Cl. Lévi-Strauss, *De près et de loin*, 앞의 책. p. 76.
16) Cl. Lévi-Strauss, *Tristes Tropiques*, 앞의 책, p. 442.
17) 같은 책, p. 424.
18) 같은 책, p. 447.
19) Cl. Lévi-Strauss, 〈Le droit au voyage〉, *L'Express*, 1956년 9월 21일.
20) Cl. Lévi-Strauss, *Tristes Tropiques*, 앞의 책, p. 416.
21) 같은 책, p. 445.
22) 같은 책, p. 421.
23) Cl. Lévi-Strauss, *Anthropologie structurale deux*, 앞의 책, p. 51.
24) 같은 책, p. 46-47.
25) Cl. Lévi-Strauss, 〈Des Indiens et leur ethnographe〉, 《슬픈 열대》의 출간 전 발췌문, *Les Temps modernes*, n° 116, 1955년 8월.
26) R. Aron, *Le Figaro*, 1955년 12월 24일.
27) François Régis-Bastide, *Demain*, 1956년 1월 29일.
28) M. Chapsal, *L'Express*, 1956년 2월 24일.
29) J. Lacroix, *Le Monde*, 1957년 10월 13-14일.
30) P. A. Renaud, *France-Observateur*, 1955년 12월 29일.
31) J. Meyriat, *Revue française de science politique*, vol. 6, n° 2.

32) Cl. Roy, *Libération*, 1955년 11월 16일.

33) G. Bataille, *Critique*, n° 115, 1956년 2월.

34) A. Métraux, *L'Ile de Pâques*, Gallimard, 1941, 2판, 1956.

35) G. Bataille, *Critique*, n° 115, 1956년 2월. p. 101.

36) R. Etiemble, *Évidences*, 1956년 4월. p. 32.

37) 같은 책, p. 36.

38) Cl. Lévi-Strauss, *Tristes Tropiques*, 앞의 책, p. 3 · 27.

39) *Le Figaro*, 1956년 12월 1일.

40) M. Rodinson, *Nouvelle Critique*, n° 66, 1955; n° 69, 1955년 11월; *La Pensée*, 1957년 5-6월.

41) M. Rodinson, 〈Racisme et civilisation〉, *Nouvelle Critique*, n° 66, 1955, p. 130.

42) R. Etiemble, *Évidences*, 1956년 4월, p. 33-34.

43) Cl. Lévi-Strauss, *Anthropologie structurale*, 앞의 책, p. 368.

44) Michel Izard, 필자와의 대담.

45) Michel Izard, *Séminaire*, 사회인류학연구소, 1989년 6월 1일.

46) Michel Izard, 필자와의 대담.

47) 같은 대담.

48) 같은 대담.

49) Michel Izard, *Séminaire*, 사회인류학연구소, 1989년 6월 1일.

50) Françoise Héritier-Augé, 필자와의 대담.

51) Françoise Héritier-Augé, 필자와의 대담.

52) Olivier Herrenschmidt, *Séminaire de Michel Izard*, 사회인류학연구소, 1989년 1월 19일.

53) Louis Dumont, Olivier Herrenschmidt의 책에서 인용, 같은 책.

54) Cl. Lévi-Strauss, *Leroi-Gourhan ou les voies de l'homme* 중에서, Albin Michel, 1988, p. 205-206.

55) Hélène Balfet, *Séminaire de Michel Izard*, 사회인류학연구소, 1989.

▐ 이성이 헛소리하다 : 미셸 푸코의 저서

1) P. Nora, *Les Français d'Algérie*, Julliard, 1961.

2) Jacques Rancière, 필자와의 대담.

3) E. Morin, *L'Esprit du temps*, Grasset, 1962, p. 149.

4) D. Éribon, *Michel Foucault*, Flammarion, 1989, p. 21.

5) Bernard Sichère, 필자와의 대담.

6) Daniel Defert, *France-Culture*, 1988년 7월 7일.

7) 같은 책.

8) *Libération*, 앙케이트, 1984년 6월 30일.

9) M. Foucault, *Ethos*, automne 1983, p. 5.

10) M. Foucault, *Entretien avec André Berten*, Université catholique de Louvain, 1981; diffusion : FR3, 1988년 1월 13일.

11) M. Foucault, 〈Jean Hyppolite, 1907-1968〉, *Revue de métaphysique et de morale*, t. 14, n° 2, 1969년 4-6월, p. 131.

12) M. Foucault, D. Éribon, *Michel Foucault*, 앞의 책, p. 35에서 재인용.

13) *Hommage à Hyppolite*, PUF, 1969.

14) J. Proust, *Libération*, 앙케이트, 1984년 6월 30일.

15) D. Éribon, *Michel Foucault*, Flammarion, 1989, p. 49.

16) Olivier Revault d'Allonnes, 필자와의 대담.

17) M. Pinguet, *Le Débat*, n° 41, 1986년 9-11월, p. 125-126.

18) 같은 책, p. 129-130.

19) D. Éribon, *Michel Foucault*, 앞의 책, p. 79에서 재인용.

20) M. Foucault, M. Pinguet, *Le Débat*, 앞의 논문, p. 126에서 재인용.

21) D. Éribon, *Michel Foucault*, 앞의 책, p. 96에서 재인용.

22) Georges Dumézil, *Entretiens avec Didier Éribon*, 앞의 책, p. 215.

23) M. Foucault, *Folie et déraison*, Plon, 1961, préface, p. X.

24) M. Foucault, *Le Monde*, 1961년 7월 22일.

25) Pierre Macherey, 필자와의 대담.

26) 같은 대담.

27) D. Éribon, *Michel Foucault*, 앞의 책, p. 133에서 재인용.

28) M. Foucault, 〈Vérité et pouvoir〉, M. Fontana와의 대담, *L'Arc*, n° 70, p. 16.

29) M. Foucault, *Politique-Hebdo*, 대담, 1976년 3월 4일.

30) 같은 대담.

31) M. Foucault, *Folie et déraison*, 앞의 책, p. I-V.

32) 같은 책.

33) V. Descombes, *Le Même et l'autre*, 앞의 책, p. 138.

34) Pascal, *Pensées*, Éd. Brunschwicg, n° 414, M. Foucault, *Histoire de la folie*, Gallimard, 1972(1961), p. 47에서 재인용.

35) M. Foucault, *Histoire de la folie*, 앞의 책, p. 87.

36) 같은 책, p. 147.

37) M. Foucault, *Histoire de la folie*, 앞의 책, p. 415.

38) 같은 책, p. 523.

39) D. Éribon, *Michel Foucault*, 앞의 책, p. 131.

40) Ph. Ariès, *Un historien du dimanche*, Le Seuil, 1982, p. 145.

41) R. Barthes, 〈De part et d'autre〉, *Critique*, n° 17, p. 915-922, 1961, *Essais critiques*, Le Seuil, 1971, p. 171에 재수록.

42) 같은 책, p. 168.

43) M. Blanchot, 〈L'oubli, la déraison〉, *Nouvelle Revue française*, 1961년 10월, p. 676-686, *L'Entretien infini*, Gallimard, 1969, p. 292에 재수록.

44) R. Mandrou, 〈Trois clés pour comprendre l'histoire de la folie à l'époque classique〉, *Annales*, n° 4, 1962년 7-8월, p. 761-771.

45) M. Serres, 〈Géométrie de la folie〉, *Mercure de France*, n° 1188, 1962년 8월, p. 683-696과 n° 1189, 1962년 9월, p. 63-81; *Hermès ou la communication*, Minuit, 1968에 재수록.

46) D. Éribon, *Michel Foucault*, 앞의 책, p. 147.

47) R. Castel, 〈Les aventures de la pratique〉, *Le Débat*, n° 41, 1986년 9-11월, p. 43.

48) M. Gauchet, Gl. Swain, *La Pratique de l'esprit humain. L'institution asilaire et la révolution démocratique*, Gallimard, 1980.

49) L. Ferry, A. Renaut, *La Pensée 68*, Gallimard, 1985, p. 131.

50) 같은 책, p. 132.

█ 마르크스주의의 위기 : 해빙인가, 재결빙인가?

1) Marcel Gauchet, 필자와의 대담.

2) Alain Renaut, 필자와의 대담.

3) Georges Balandier, 필자와의 대담.

4) René Lourau, 필자와의 대담.

5) P. Ory와 J. -F. Sirinelli, *Les Intellectuels en France, de l'affaire Dreyfus à nos jours*, 앞의 책, p. 188에 재인용.

6) M. Foucault, 〈Océaniques〉, FR3, 1988년 1월 13일(1977, à Vézelay chez Maurice Clavel).

7) Pierre Fougeyrollas, 필자와의 대담.

8) Gérard Genette, 필자와의 대담.

9) Olivier Revault d'Allonnes, 필자와의 대담.

10) Jean-Pierre Faye, 필자와의 대담.

11) Alfred Adler, 필자와의 대담.

12) Alfred Adler, *Séminaire de Michel Izard*, Laboratoire d'anthropologie sociale, 1988년 11월 17일.

13) 같은 책.

14) 같은 책.

15) 같은 책.

16) 같은 책.

17) 같은 책.

18) C. Castoriadis, 〈Les divertisseurs〉, *Le Nouvel Observateur*, 1977년 6월 20일, *La Société française*, 10/18, 1979, p. 226에 재수록.

19) E. Morin, *Le Vif du sujet*, Le Seuil, 1969.

20) E. Morin, 〈Arguments, trente ans après〉, 대담, *La Revue des revues*, n° 4, 1987년 가을, p. 12.

21) K. Axelos, 같은 책, p. 18.

22) K. Axelos, 〈Le jeu de l'autocritique〉, *Arguments*, n°ˢ 27-28, 1962.

23) E. Morin, 〈Arguments, trente ans après〉, 앞의 논문, p. 19.

24) Daniel Becquemont, 필자와의 대담.

25) 같은 대담.

2부 프랑스 경제학파의 구조주의적 도정

1) André Nicolaï, 필자와의 대담.

2) Michel Aglietta, 필자와의 대담.

3) 같은 대담.

4) André Nicolaï, 필자와의 대담.

5) M. Dehove, in *L'État des sciences sociales en France*, La Découverte, 1986. p. 252.

6) R. Boyer, 〈La croissance française de l'après-guerre et les modèles macro-économiques〉, *Revue économique*, n° 5, vol. XXVII, 1976.

7) F. Perroux, dans *Sens et usage du terme de structure*, ouvrage dirigé par Roger Bastide, Mouton, 1972(1962), p. 61.

8) H. Bartoli, *Économie et création collective*, Économica, 1977, p. 315.

9) K. Marx, *Le Capital*, Éditions sociales, 1960, livre II, t. 3, p. 208.

10) R. Clemens, 〈Prolégomènes d'une théorie de la structure〉, *Revue d'économie politique*, 1952, n° 6, p. 997.

11) E. Wagemann, *Introduction à la théorie du mouvement des affaires*, Payot, 1932, p. 372 et sq.; et *La Stratégie économique*, Payot, 1938, p. 69-70.

12) F. Perroux, *Comptes de la nation*, PUF, 1949, p. 126.

13) A. Marchal, *Sens et usages du terme de structure*, Mouton, 1972(1962), p. 65 · 66.

14) A. Marchal, *Méthode scientifique et science économique*, Éd. de Médicis, 1955.

15) A. Marchal, *Systèmes et structures*, PUF, 1959.

16) A. Nicolaï, *Comportement économique et structures sociales*, PUF, 1960.

17) André Nicolaï, 필자와의 대담.

18) H. Bartoli, *Économie et création collective*, 앞의 책, p. 344.

19) Henri Bartoli, 필자와의 대담.

20) H. Bartoli, *Économie et création collective*, 앞의 책, p. 345.

21) G. Gaston-Granger, *Pensée formelle et science de l'homme*, Aubier, 1960, p. 53.

라 구조는 아름다워라!

1) R. Bastide, *Sens et usages du terme de structure*, 1959년의 콜로키움(1월 10-12일), Mouton, 1962.

2) *Entretiens sur les notions de genèse et de structure*, Cerisy의 콜로키움(1959년 7-8월), Mouton, 1965. 이보다 앞서 1957년에는 le Centre international de synthèse에서 주관한 콜로키움이 있었다. *Notion de structure et structure de la connaissance*, Albin Michel, 1957.

3) É. Wolff, R. Bastide의 *Sens et usages du terme de structure*에서 인용, 앞의 책, p. 23.

4) N. Troubetzkoy, 〈La phonologie actuelle〉, *Psychologie du langage*, Paris, 1933, p. 245.

5) Cl. Lévi-Strauss, R. Bastide의 *Sens et usages du terme de structure*에서 인용, 앞의 책, p. 44.

6) D. Lagache. 같은 책, p. 81.

7) R. Aron, 같은 책, p. 113.

8) L. Goldmann, *Entretiens sur la notion de genèse et de structure*, 스리지 콜로키움, Mouton, 1965(1959), p. 10.

9) L. Goldmann, *Le Dieu caché*, Gallimard, 1956.

10) J. Piaget, *Entretiens sur la notion de genèse et de structure*에서 인용, 앞의 책, p. 42.

11) M. de Gandillac, 같은 책, p. 120.

12) Cl. Lévi-Strauss, *Anthropologie structurale*, 앞의 책, p. 3-33, 〈Histoire et ethnologie〉에 재수록, *Revue de métaphysique et de morale*, n°s 3-4, 1949, p. 363-391.

13) 같은 책, p. 17.

14) 같은 책, p. 25.

15) Cl. Lévi-Strauss, *Anthropologie structurale*, 앞의 책, p. 30.

16) 같은 책, 〈Langage et parenté〉, p. 95.

17) 같은 책, p. 110.

18) 같은 책, 〈La notion de structure en ethnologie〉, p. 314.

19) 같은 책, p. 314.

20) Maurice Godelier, 필자와의 대담.

21) Philippe Descola, 필자와의 대담.

22) Cl. Roy, 〈Claude Lévi-Strauss ou l'homme en question〉, *La Nef*, n°
28, 1959, p. 70.

23) J. Duvignaud, in *Les Lettres nouvelles*, n° 62, 1958.

24) 장 뒤비뇨가 인용한 레비 스트로스의 편지, *Le Langage perdu*, PUF,
1973, p. 234.

25) 같은 책, p. 251.

26) G. Mounin, *Introduction à la sémiologie*, Minuit, 1970, p. 202.

27) 같은 책, p. 204.

28) Cl. Lévi-Strauss, *Anthropologie structurale*, 앞의 책, p. 58.

29) 같은 책, p. 43.

30) 같은 책, p. 95.

31) F. Dosse, *L'Histoire en miettes*, La Découverte, 1987.

32) E. Labrousse, *La Crise de l'économie française à la fin de l'Ancien
Régime et au début de la crise révolutionnaire*, 1944, p. 170.

33) E. Labrousse, *Actes du congrès historique du centenaire de la
révolution de 1848*, PUF, 1948, p. 20.

34) P. Vilar, *La Catalogne dans l'Espagne moderne. Recherches sur les
fondements économiques des structures nationales*, SEVPEN, 1962.

35) Pierre Vilar, 필자와의 대담.

36) M. Perrot, *Essais d'ego-histoire*, Gallimard, 1987, p. 277.

37) Michelle Perrot, 필자와의 대담.

38) 같은 대담.

39) Jean-Pierre Vernant, 필자와의 대담.

40) J. -P. Vernant, 〈Le mythe hésiodique des races. Essai d'analyse
structurale〉, *Revue de l'histoire des religions*, 1960, p. 21-54.

41) J. -P. Vernant, *Genèse et structure*, Mouton, 1965(1959).

42) J. -P. Vernant, 〈Le mythe hésiodique des races〉(1960), *Mythe et
pensée chez les Grecs*, Maspero, t.1, 1971, p. 21.

43) Jean-Pierre Vernant, 필자와의 대담.

44) 같은 대담.

45) 같은 대담.

46) Cl. Lévi-Strauss, 〈Leçon inaugurale au Collège de France〉, 1960년 1월 5일, *Anthropologie structurale deux*, 앞의 책, p. 20에 재수록.

47) Cl. Lévi-Strauss, 〈Leçon inaugurale au Collège de France〉, 1960년 1월 5일, *Anthropologie structurale deux*, 앞의 책, p. 24에 재수록.

48) Pierre Nora, 필자와의 대담.

49) Cl. Lévi-Strauss, 〈Leçon inaugurale au Collège de France〉, 앞의 책, p. 44.

50) Cl. Lévi-Strauss, *De près et de loin*, 앞의 책, p. 96.

51) Cl. Lévi-Strauss, dans G. Charbonnier, *Entretiens avec Claude Lévi-Strauss*, 10/18, 1969(1961), p. 181.

대담자 명단

Marc Abélès 인류학자. 고등사회과학원 인류학연구소 연구원.

Alfred Adler 인류학자. 고등사회과학원 인류학연구소 연구원.

Michel Aglietta 경제학자. 파리 10대학 경제학 교수.

Jean Allouch 정신분석가. 《리토랄》지 국장.

Pierre Ansart 사회학자. 파리 7대학 교수.

Michel Arrivé 언어학자. 파리 10대학 교수.

Marc Augé 인류학자. 고등사회과학원 교수부장·고등사회과학원 원장.

Sylvain Auroux 철학자·언어학자. 국립과학연구소 연구부장.

Kostas Axelos 철학자. 《아르귀망》지 편집장 역임. 소르본에서 강의.

Georges Balandier 인류학자. 소르본 교수·고등사회과학원 교수부장.

Étienne Balibar 철학자. 파리 1대학 전임강사.

Henri Bartoli 경제학자. 파리 1대학 교수.

Michel Beaud 경제학자. 파리 7대학 교수.

Daniel Becquemont 영어학자·인류학자. 릴 대학 교수.

Jean-Marie Benoist 철학자. 콜레주 드 프랑스 현대문명사 강좌 부부장. 1990년 사망.

Alain Boissinot 문학 교수. 루이 르 그랑 고등학교 대학 입시준비반 교수.

Raymond Boudon 사회학자. 파리 4대학 교수·사회학 분석방법 연구 그룹 부장.

Jacques Bouveresse 철학자. 파리 1대학 교수.

Claude Brémond 언어학자. 고등사회과학원 교수부장.

Hubert Brochier 경제학자. 파리 1대학 교수.

Louis-Jean Calvet 언어학자. 소르본 교수.

Jean-Claude Chevalier 언어학자. 파리 7대학 교수·《랑그 프랑세즈》지 총무.

Jean Clavreul 정신분석가.

Claude Conté 정신분석가. 파리 의과대학 병원장 역임.

Jean-Claude Coquet 언어학자. 파리 8대학 교수.

Maria Daraki 역사학자. 파리 8대학 교수.

Jean-Toussaint Desanti 철학자. 생클루 고등사범학교 및 파리 1대학에서 강의.

Philippe DESCOLA 인류학자. 사회인류학연구소 부부장.

Vincent DESCOMBES 철학자. 존스홉킨스 대학 교수.

Jean-Marie DOMENACH 철학자. 《에스프리》지 편집장 역임.

Joël DOR 정신분석가. 《정신분석개요》지 편집장 · 파리 7대학 교수.

Daniel DORY 지리학자. 국립과학연구소 연구원 · 파리 1대학 교수.

Roger-Pol DROIT 철학자. 《르몽드》지 논설위원.

Jean DUBOIS 언어학자. 파리 10대학 교수 · 《랑가주》지 편집장.

Georges DUBY 역사학자. 콜레주 드 프랑스 교수.

Oswald DUCROT 언어학자. 고등사회과학원 교수부장.

Claude DUMÉZIL 정신분석가.

Jean DUVIGNAUD 사회학자. 파리 8대학 교수.

Roger ESTABLET 사회학자. 고등사회과학원 CERCOM 회원 · 엑스마르세유 대학 전임강사.

François EWALD 철학자. 미셸 푸코 센터 협회 회장.

Arlette FARGE 역사학자. 고등사회과학원 연구부장.

Jean-Pierre FAYE 철학자 · 언어학자. 유럽 철학대학 교수.

Pierre FOUGEYROLLAS 사회학자. 파리 7대학 교수.

Françoise GADET 언어학자. 파리 10대학 교수.

Marcel GAUCHET 역사학자. 《데바》지 편집장.

Gérard GENETTE 언어학자 · 기호학자. 고등사회과학원 교수부장.

Jean-Christophe GODDARD 철학자. HEC 대학 입학준비반 교수.

Maurcie GODELIER 인류학자. 국립과학연구소 학술부장 · 고등사회과학원 교수부장.

Gilles GASTON-GRANGER 철학자. 콜레주 드 프랑스 교수.

Wladimir GRANOFF 정신분석가. 낭테르 심리의학 센터 의사부장.

André GREEN 정신분석가. 파리 정신분석연구소 소장 역임.

Algirdas-Julien GREIMAS 언어학자. 고등사회과학원 명예 교수부장.

Marc GUILLAUME 경제학자. 파리 도팽대학 교수 · 에콜폴리테크니크 전임강사 · IRIS 연구원장.

Claude HAGÈGE 언어학자. 콜레주 드 프랑스 교수.

Philippe HAMON 언어학자. 파리 3대학 교수.

André-Georges HAUDRICOURT 인류학자 · 언어학자.

Louis HAY 문학 교수. ITEM 창설자.

Paul HENRY 언어학자. 국립과학연구소 연구원.

Françoise HÉRITIER-AUGÉ 인류학자. 콜레주 드 프랑스 교수 · 사회인류학연구소 소장.

Jacques HOARAU 철학자. 몽리뇽 교원교육 센터 교수.

Michel IZARD 인류학자. 국립과학연구소 연구부장 · 《그라디바》지 공동 편집장.

Jean-Luc JAMARD 인류학자. 국립과학연구소 연구원.

Jean JAMIN 인류학자. 인류박물관 민족학연구소 연구원·《그라디바》지 공동 편집장.

Julia KRISTÉVA 언어학자. 파리 7대학 교수.

Bernard LAKS 언어학자. 국립과학연구소 연구원.

Jérôme LALLEMENT 경제학자. 파리 1대학 전임강사.

Jean LAPLANCHE 정신분석가. 파리 7대학 교수·《대학에서의 정신분석》편 집장.

Francine LE BRET 철학자. 불로뉴 비앙쿠르의 자크 프레베르 고등학교 교수.

Serge LECLAIRE 정신분석가.

Dominique LECOURT 철학자. 파리 7대학 교수.

Henri LEFEBVRE 철학자. 스트라스부르·낭테르·파리 8대학·캘리포니아대 학 교수 역임.

Pierre LEGENDRE 철학자. 파리 1대학 교수.

Gennie LEMOINE 정신분석가.

Claude LÉVI-STRAUSS 인류학자. 콜레주 드 프랑스 교수.

Jacques LÉVY 지리학자. 국립과학연구소 연구원·《에스파스 탕》지 공동 편 집자.

Alain LIPIETZ 경제학자. 국립과학연구소 및 CEPREMAP 책임연구원.

René LOURAU 사회학자. 파리 8대학 교수.

Pierre MACHEREY 철학자. 파리 1대학 전임강사.

René MAJOR 정신분석가. 국제철학대학에서 강의 및 《카이에 콩프롱타시 옹》지 편집장.

Serge MARTIN 철학자. 퐁투아즈 고등학교 교수.

André MARTINET 언어학자. 르네 데카르트 대학 및 고등연구원 제4분과 교수.

Claude MEILLASSOUX 인류학자. 국립과학연구소 연구부장.

Charles MELMAN 정신분석가. 《정신분석 담론》지 편집장.

Gérard MENDEL 정신분석가. 센 정신병원 인턴 역임.

Henri MITTREAND 언어학자. 파리 3대학 교수.

Juan-David NASIO 정신분석가. 파리 정신분석 세미나 지도.

André NICOLAÏ 경제학자. 파리 10대학 교수.

Pierre NORA 역사학자. 고등사회과학원 교수부장·《데바》지 편집장·갈리마 르 출판사 편집인.

Claudine NORMAND 언어학자. 파리 10대학 교수.

Bertrand OGILVIE 철학자. 세르지퐁투아즈 사범대학 교수.

Michelle PERROT 역사학자. 파리 7대학 교수.
Marcelin PLEYNET 작가. 《텔켈》지 총무 역임.
Jean POUILLON 철학자·인류학자. 고등사회과학원 사회인류학연구소 연구원.
Joëlle PROUST 철학자. 국립과학연구소·CREA·인지과학 연구 그룹.
Jacques RANCIÈRE 철학자. 파리 8대학에서 강의.
Alain RENAUT 철학자. 캉 대학 교수. 철학대학 창립자.
Olivier REVAULT D'ALLONNES 철학자. 파리 1대학 교수.
Élisabeth ROUDINESCO 작가. 정신분석가.
Nicolas RUWET 언어학자. 파리 8대학 교수.
Moustafa SAFOUAN 정신분석가.
Georges-Elia SARFATI 언어학자. 파리 3대학에서 강의.
Bernard SICHÈRE 철학자. 캉 대학 교수·《텔켈》지 동인.
Dan SPERBER 인류학자. 국립과학연구소 연구원.
Joseph SUMPF 사회학자·언어학자. 파리 8대학 교수.
Emmanuel TERRAY 인류학자. 고등사회과학원 교수부장.
Tzvetan TODOROV 언어학자·기호학자. 국립과학연구소 연구원.
Alain TOURAINE 사회학자. 고등사회과학원 연구부장.
Paul VALADIER 철학자. 《에튀드》지 편집장 역임. 파리 세브르 센터 교수.
Jean-Pierre VERNANT 그리스 학자. 콜레주 드 프랑스 명예교수.
Marc VERNET 영화기호학자. 파리 3대학 교수.
Serge VIDERMAN 정신분석가·의사.
Pierre VILAR 역사학자. 소르본 명예교수.
François WAHL 철학자. 쇠유 출판사 편집인.
Marina YAGUELLO 언어학자. 파리 7대학 교수.

역자 후기

　80년대　중반 이래 포스트 모더니즘의 유행이 불어닥치면서 한국의
지성계는 포스트 모더니즘의 이론적 기반을 제공한 포스트 구조주의
라는 용어를 〈후기 구조주의〉와 〈탈구조주의〉의 둘로 번역해 왔다. 전
자는 구조주의와의 연속성을 강조한 것이고, 후자는 그것과의 단절을
강조한 것이다. 그런데 파리 10대학 교수이자 파리 정치연구원에서
인간 및 사회과학의 역사를 담당하고 있는 프랑수아 도스는 《구조주
의의 역사》라는 1천여 쪽에 이르는 저작을 통하여 구조주의의 제1세
대라고 할 수 있는 레비 스트로스·로만 야콥슨·롤랑 바르트·그레
마스·자크 라캉 등과, 제2세대라 할 수 있는 루이 알튀세·미셸 푸
코·자크 데리다 등의 작업이 결코 단절된 것이 아니며 유기적인 연
관을 맺고 있다는 것을 밝힘으로써 이에 대한 하나의 해답을 제시하
고 있다.

　그는 지난 반세기 동안 프랑스 지성계를 지배하였던 구조주의의 운
명, 즉 기원에서 쇠퇴에 이르는 과정에 대한 전체적인 조망을 통해 우
리가 흔히 구조주의와 후기 구조주의라고 구분하여 부르는 이 두 사
조가 모두 인간 및 사회·정치·문학 그리고 역사에 관한 고전적인
개념의 근저를 천착하여 우리로 하여금 그것들의 정당성을 의문시하
게 만드는 탈신비화의 과정에 참여하였다는 것을 밝혔으며, 이런 공통
점들에 의거하여 이들 두 사조를 하나의 동일한 사조로 파악하였다.

　또한 도스 교수는 민족학·인류학·사회학·정치학·역사학·기호
학, 그리고 철학과 문학에 이르기까지 프랑스에서 흔히 인간과학
(sciences humaines)이라 부르는 학문의 모든 분야에 걸쳐 이룩된 구

조주의적 연구의 성과를 치우침 없이 균형 있게 다룸으로써 구조주의의 일반적인 구도를 제시한다. 뿐만 아니라 그는 레비 스트로스의 《슬픈 열대》, 미셸 푸코의 《말과 사물》, 롤랑 바르트의 《라신에 대하여》, 루이 알튀세의 《마르크스를 위하여》, 그리고 자크 데리다의 《그라마톨로지》 등 구조주의의 몇몇 기념비적인 저작에 대한 심층적인 분석을 통하여 주체의 개념을 비롯한 몇몇 근대 서양 철학의 기본 개념의 쇠퇴와 그 부활의 과정을 보여 줌으로써, 옛 개념들이 수정되고 재창조되며 또한 새로운 개념으로 다시 태어나는 과정을 파노라마처럼 그려낸다.

그러므로 《구조주의의 역사》는 보다 냉정한 입장에서 구조주의를 이해하고 그 영향력과 의미를 따져보는 데 있어 가장 적절한 저서임에 틀림없다. 그리고 이러한 평가작업은 한국에서 매우 필요한 작업이다. 왜냐하면 한국 사회에서의 지적 유행이 대체로 그렇듯이 구조주의나 후기 구조주의의 유행과 쇠퇴는 결코 국내적인 연구의 성숙이나 포화 현상에 의해 이루어진 것이 아니라 단순히 외국, 특히 미국에서 이 유행이 발흥하고 쇠퇴하였다는 외부적인 요인에 주로 기인한 듯이 보이기 때문이다. 그러므로 이 책을 통하여 구조주의의 본고장인 프랑스에서의 구조주의 및 후기 구조주의의 역사를 살펴보는 것은 하나의 정리 과정인 동시에 미래에 부상하게 될 새로운 인간과학의 이론을 이해하는 데 필수적인 밑거름이 될 것이다. 왜냐하면 도스 교수의 지적처럼 지난 반세기 동안 지성사에 뚜렷한 족적을 남긴 대가들이 어떤 방식으로건 구조주의와의 연관을 가지고 있었다면——사르트르 등과 같이 이에 반대하는 사람조차도 이를 완전히 무시할 수는 없었다는 점에서——구조주의의 성과에 대한 이해 없이 미래의 인간과학을 논하는 것은 매우 어려운 일일 것이기 때문이다.

《구조주의의 역사》는 프랑수아 도스의 *Histoire du structuralisme* (Paris, La Découverte, 1991)을 원본으로 하여 번역되었으며, 이번에 출판된 부분은 총 4권 중 제1권에 해당한다. 나머지 3권은 1998년 중에 순차적으로 번역, 출간될 예정이다. 프랑수아 도스의 책은 그 대상 영역이 넓은 만큼 번역에 있어서도 여러 분야의 전문 지식이 요구된다. 그러나 광범위한 영역의 전공자들을 모두 번역진에 포함시키는 것은 불가능하였기 때문에, 대신 우리는 각 분야의 전문가들의 감수를 통하여 보다 정확한 개념 이해와 전문 용어 사용을 위해 노력하였다. 이러한 과정에 기꺼이 참여하여 준 여러분들께 깊은 감사를 드리며, 동시에 미처 잡아내지 못한 오류 및 부적절한 용어 사용에 대해서는 질책과 더불어 너그러운 이해를 부탁드린다. 또한 1997-1998년, 2년에 걸쳐 독회 지원을 통해 본 번역작업을 도와 주신 대우 재단에도 감사드린다.

1998년 1월

역자 대표 이봉지

색 인

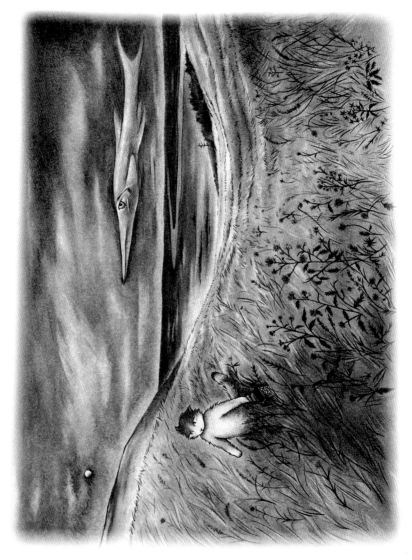

■ 역자 명단 ■

권영옥 (7, 8, 9장 번역)
　서울대 불문과 졸업, 파리 7대학 불어학박사, 목원대 교수

김연권 (13, 14장 번역)
　서울대 불문과 졸업, 서울대 불문학박사, 경기대 교수

김인식 (10, 11장 번역)
　성균관대 불문과 졸업, 성균관대 불문학박사, 성균관대 강사

송기정 (6, 18장 번역)
　이화여대 불문과 졸업, 파리 3대학 불문학박사, 이화여대 교수

송기형 (서론, 1, 20장 번역)
　서울대 불문과 졸업, 서울대 불문학박사, 건국대 교수

이규현 (4, 5장 번역)
　서울대 불문과 졸업, 서울대 불문학박사, 서울대 강사

이봉지 (2, 3장 번역)
　서울대 불어교육과 졸업, 미국 노스웨스턴대 불문학박사, 배재대 교수

임미경 (17, 21장 번역)
　서울대 불문과 졸업, 서울대 불문학박사, 서울대 강사

정재곤 (15, 16장 번역)
　서울대 불문과 졸업, 파리 8대학 불문학박사, 서울대 강사

홍성호 (12, 19장 번역)
　성균관대 불문과 졸업, 파리 3대학 불문학박사, 성균관대 교수

문예신서
137

구조주의의 역사
제Ⅰ권

초판발행 : 1998년 7월 10일

지은이 : 프랑수아 도스
옮긴이 : 이봉지 · 송기정 外
펴낸이 : 辛成大
펴낸곳 : 東文選

제10-64호, 78.12.16 등록
서울 종로구 관훈동 74
전화 : 723-4518

편집 : 曺盛姬
편집설계 : 朴芝薫

ISBN 89-8038-043-7 94100
ISBN 89-8038-042-9 94100(전4권)

東文選 文藝新書 124

천재와 광기

—— 미술과 음악, 그리고 문학에서

P. 브르노 [著]   김웅권 [譯]

　범인들은 예외적 인물, 비범한 인물, 즉 천재를 꿈꾸지만 천재가 짊어져야
할 고통에 대해서 생각해 보는 경우는 드물다. 그들 대부분은 안정을 파괴하는
변화를 두려워하고, 기존 질서와 가치체계에 순응하며 길들여진 대로 살아간
다. 그러면서 동시에 주어진 삶의 틀을 부수고, 세계의 변혁과 역사 창조의 주
역이 되는 천재를 꿈꾸는 모순된 욕망을 드러낸다. 하기야 인간 존재 자체가
모순 덩어리가 아니던가.

　『천재는 모든 사람들을 닮아 있지만, 아무도 그를 닮을 수 없다』고 저자는
말하고 있다. 천재는 그만이 가지고 있는 특별하고 독창적인 자질을 범인들은
가질 수 없기에 아무도 그를 닮을 수 없는 것이다. 이 비범한 자질이 그로 하
여금 몸담고 있는 사회에 반항하게 하며 새로운 세계를 꿈꾸게 한다. 그러나
그것은 또한 그를 사회로부터 소외시켜 고통을 안겨 주고 광기를 부추긴다. 천
재는 기존의 세계로부터 단절되지 않을 수 없으며, 단절은 광기를 부르고, 광
기는 그를 병적 상태로 몰고 간다. 여기에서 해방되기 위해 그는 작품을 창조
하는 산고(産苦)의 세월을 보내야 하는 것이다. 일반적으로 그의 운명은 예술
분야에서, 특히 언어예술 분야에서 비극적인 경우가 많으며, 이 비극의 중심에
광기의 그림자가 드리워져 있다.

　광기, 그것은 천재의 필연적 속성인가? 정신과 의사이자 인류학자인 저자는,
이런 근본적인 질문에 대해 다양한 관련 테마들을 유기적으로 연결시키면서
접근하고 있다. 그는 천재들에 대한 존경과 따뜻한 애정을 가지고 예술작품이
지닌 신비성의 한계에 도전하면서도, 이것이 결국에는 신비로 남아 있음을 인
정한다. 만약 어떤 예술작품이 하나의 도식적인 해석에 의해 완전히 파헤쳐진
다면, 그것의 가치는 금방 추락의 길을 내달릴 수밖에 없을 것이다. 그것이 커
다란 신비로 남아 있을 때, 그것의 위대성은 지속적으로 독자의 마음에 울려
온다.

【東文選 文藝新書】

40 중국고대사회	許進雄 / 洪 熹	22,000원
41 중국문화개론	李宗桂 / 李宰碩	15,000원
42 龍鳳文化源流	王大有 / 林東錫	17,000원
43 甲骨學通論	王宇信 / 李宰錫	근간
44 朝鮮巫俗考	李能和 / 李在崑	12,000원
45 미술과 페미니즘	노르마 부루드 外 / 扈承喜	9,000원
46 아프리카미술	프랑크 윌레뜨 / 崔炳植	10,000원
47 美의 歷程	李澤厚 / 尹壽榮	15,000원
48 曼茶羅의 神들	立川武藏 / 金龜山	10,000원
49 朝鮮歲時記	洪錫謨 外/李錫浩	30,000원
50 河 殤	蘇曉康 外 / 洪 熹	8,000원
51 武藝圖譜通志 實技解題	正 祖 / 沈雨晟·金光錫	15,000원
52 古文字學 첫걸음	李學勤 / 河永三	9,000원
53 體育美學	胡小明 / 閔永淑	10,000원
54 아시아 美術의 再發見	崔炳植	9,000원
55 曆과 占의 科學	永田久 / 沈雨晟	8,000원
56 中國小學史	胡奇光 / 李宰碩	20,000원
57 中國甲骨學史	吳浩坤 外 / 梁東淑	근간
58 꿈의 철학	劉文英 / 河永三	15,000원
59 女神들의 인도	立川武藏 / 金龜山	13,000원
60 性의 역사	J. L. 플랑드렝 / 편집부	18,000원
61 쉬르섹슈얼리티	휘트니 챠드윅 / 편집부	10,000원
62 여성속담사전	宋在璇	18,000원
63 박재서희곡선	朴栽緒	10,000원
64 東北民族源流	孫進己 / 林東錫	13,000원
65 朝鮮巫俗의 硏究 (상·하)	赤松智城·秋葉隆 / 沈雨晟	28,000원
66 中國文學 속의 孤獨感	斯波六郎 / 尹壽榮	8,000원
67 한국사회주의 연극운동사	李康列	8,000원
68 스포츠 인류학	K. 블랑챠드 外 / 박기동 外	12,000원
69 리조복식도감	리팔찬	10,000원
70 娼 婦	알렝 꼬르벵 / 李宗旼	20,000원
71 조선민요연구	高晶玉	40,000원
72 楚文化史	張正明	근간
73 시간 욕망 공포	알렝 꼬르벵	근간
74 本國劍	金光錫	40,000원
75 노트와 반노트	E. 이오네스코 / 박형섭	8,000원
76 朝鮮美術史硏究	尹喜淳	7,000원
77 拳法要訣	金光錫	10,000원
78 艸衣選集	艸衣意恂 / 林鍾旭	14,000원
79 漢語音韻學講義	董少文 / 林東錫	10,000원

【통신판매】 가까운 서점에서 小社의 책을 구입하기 어려운 분은 국민은행(006-21-0567-061 : 신성대)으로 책값을 송금하신 후 전화 또는 우편으로 주소를 알려 주시면 책을 보내 드립니다. (보통등기, 송료 출판사 부담)

보낼곳 : 110-300 서울 종로구 관훈동 74번지
　　　　東文選 고객관리부
전　화 : (02)733-4901